JN233405

心理学論の誕生
◉
「心理学」のフィールドワーク
◉
サトウタツヤ
渡邊芳之
尾見康博

北大路書房

まえがき——心理学のことは心理学者が考えるのだ

　大学院に入って心理学者として訓練を受けているうちに，心理学の面白さを知り，のめり込んでいくと同時に，いっぽうでは心理学のいろいろなことに疑問や違和感を感じるようになった。

　それは，心理学で使われているいろいろな概念の性質とか，実験や統計といった心理学の方法への疑問であったり，心理学が実践され，教育されている制度やしくみに対する違和感であったりもしたし，そもそも「心理学は科学である」という「テーゼ」や心理学が「科学的方法」と呼んでいるものの，どうしようもない胡散臭さへの反感でもあった。

　そうした違和感は，私がいっぱしの心理学者として働くようになってもいっこうに収まらないばかりか，なお強くなっていった。

　「心理学は科学」ということだし，どうも自分が感じている問題は「哲学的」なものらしいので，「科学哲学」の勉強をしてみたら何かの答えが得られるのではないか，と思った。しかし，いくら本を読んでも答えは与えられなかった。なぜなら，科学哲学が問題にしているような「科学」では，心理学がやっているようなことは，実は少しもやっていないからだ。

　結局のところ，それなりの教育と訓練を受けた心理学者が真剣に悩み，苦しむような問題への答えが，心理学の外側にすでに用意されていることなどはなかった。そして，ある学を営む研究者がその学に対して抱く疑問は，本来その学との関係の中でしか分析されえず，解決され得ないということを私は悟った。

　伝統的な科学哲学は「自然科学についての哲学」だ。そして，科学哲学の主要な論者はほぼ例外なく自然科学の教育と訓練を受けた自然科学者であり，ブリッジマンなどの例を挙げるまでもなく，多くはその分野でも一定の業績を残している。つまり科学哲学は，自然科学者たちが自分たちの研究を進めるうえで抱いた疑問や違和感を，自分たちで分析し，解明してきた学問なのだ。

　いうまでもなく，心理学は自然科学ではない。そこには，自然科学とはまっ

たく違う学問のあり方や制度があり，問題があるだろう。心理学を考えるためには，自然科学者たちの科学哲学ではない，心理学者による「心理学の学」がなければならないのだ。

その点で，科学論や科学哲学の概念や学説をそのまま心理学に持ち込んで，心理学を分析しようとする「心理学の科学哲学」は，心理学の実態やほんとうの問題から離れてしまったり，心理学者の「実感」から離れて，ただ心理学を冷たく批判的に突き放すだけのものになりやすい。少なくとも，そういう「心理学批評」は，私が感じた違和感になんの説明も，答えも与えてくれなかった。

同じ意味で，心理学の「科学性」も実は，心理学の中で，心理学者によって構築され，確立されていくものであるはずだ。心理学は，心理学のやり方で科学になればいい。他の科学のまねをすることはないし，心理学者が「科学に入門」したりする必要もない。問題は，心理学がどういうやり方で，どういう科学でありうるのか，あるいはあろうとしているのか，そして，それをどれだけ真剣に考えられるか，なのだ。

もちろん，心理学者が，心理学の中から心理学を考えるときに，科学論や科学哲学の知識や方法論は役に立つ。しかし，それはあくまでも道具であって，それを携えて心理学そのものの中に入っていかなければ，心理学を考えることはできない。その道具が心理学者によって携えられたときに初めて，心理学の学がはじまる。

私たちがこの10年間やってきたこと，そして，これからもやろうとしていることは，心理学者による，心理学のフィールドワーク，心理学という世界への参与観察である。そして，それに私たちは「心理学論」という名まえをつけた。

これはあくまでも心理学という特殊な学についてのケース研究であるから，私たちが見いだす現象や，それについての知識が他の学についてもあてはまるとは限らない。それはそれでいいのだ。私たちは心理学者だし，私たちが知りたいのは心理学という学についてだけなのだから。

しかし，自然科学から出てきた科学哲学が，自然科学以外の学についての思索を刺激したように，私たちの「心理学論」からの知見が，他の科学の理解にも役立つことはありうる。そのように，すべての学がそれぞれ自分たちの学についてのフィールドワークと深い思索を積み重ね，その知を交換していけば，

より広い範囲の学を考えることのできる，本当の意味での科学哲学が生まれてくるかも知れない。しかし，いまはそこまでは考えまい。

心理学論は，心理学者が，心理学者として生き，研究し，心理学を教え教えられる中で感じた違和感や疑問を，あくまでも心理学者として分析し，解読していく学である。そして，心理学論の視点は心理学の現在だけでなく，それを育んできた過去へも，これから創られる未来へも広がる。つまり，心理学論の対象は心理学のすべてなのだ。

どうしてふつうの心理学者のように「心理学的なテーマを，心理学的な方法で研究する」ことだけで満足せずに，心理学そのものを考える心理学論，などというものを始めてしまったのだろう。それはたぶん，私たちがあくまでも心理学者で，心理学が好きで好きでたまらなくて，心理学を骨までしゃぶらないと気がすまないからだ。そして，そうすることが自分たちの心理学をもっともっと面白くすると信じているからだ。バカみたいだけど，それでいいのだ。

"まえがき"担当　渡邊芳之

もくじ

まえがき …………………………………………… i

心理学論　鼎談（前篇） …………………………………………… 1

- **W1** 渡邊論文 1　心理学における構成概念と説明　20
- **W2** 渡邊論文 2　心理学的測定と構成概念　33
- **W3** 渡邊論文 3　メタファーとしての「こころ」〜心的概念が意味しているもの　49
- **O1** 尾見論文 1　人びとの生活を記述する心理学——もうひとつの方法論をめぐって　66
- **O2** 尾見論文 2　納得の基準——心理学者がしていること　81
- **O3** 尾見論文 3　フィールドワーク，現場（フィールド），心理学　96

　なかがき …………………………………………110

- **S1** 佐藤論文 1　心理学論（へ）の挑戦　114
- **S2** 佐藤論文 2　わが国心理学界における学会誌の論文査読のあり方を巡って　135
  　　　　　　——心理学論（へ）の挑戦（2）
- **S3** 佐藤論文 3　進展する「心理学と社会の関係」モード論からみた心理学　154
  　　　　　　——心理学論（へ）の挑戦（3）

心理学論　鼎談（後篇） …………………………………………179

　あとがき …………………………………………223

　収録論文初出一覧
　著者紹介

鼎談について

　この鼎談（ていだん：3人での会談，座談会のことを3本足の'かなえ'の形態にちなんで鼎談という）は1999年8月30日から9月2日にかけて，著者3人が福島市に合宿した際に行なったものである。実は，この本のための鼎談は1998年11月6日に一度行なわれているが，その内容があまりに多岐にわたりすぎ，また公表に適さない部分も多かったため，その記録はここに採用されなかった。しかし，このときに撮った写真は鼎談のようすを伝えるイメージ写真として主に鼎談（前篇）で採用した。収録した鼎談は一度めの反省をもとに，満を持して実施されたものである。なお，鼎談（後篇）の写真には2000年3月13～15日にかけて福島大学で行なわれた『心理学論セミナー』でのものを主に採用している。

論文について

● 渡邊・尾見・佐藤の順にそれぞれ3本ずつの論文を収録している。鼎談中では，これらの呼称として，**W1**，**O2**，**S3** などを使用しているので留意されたい。

● 9本の原論文の本書への収載にあたっては，すべて発行者から転載許諾を受けて行なった。転載に際し，各論文の見出し・項立ての表記等，本書各論文間での統一は特に行なわず，基本的にはすべて原論文の形式に従っている。

● 転載にあたって，著者サイドで誤記・誤植を正すなど，最低限の訂正を行なっている。

● 読者の便に供するため，ごく形式的な表記部分（文章の句読点を統一する，論文の注をすべて脚注形式とする，など）については編集部で手を入れた。また，文献等は表記（特に同一筆者）法について各筆者の表記法を尊重しつつゆるやかな統一を施した。

心理学論 鼎談
前 篇

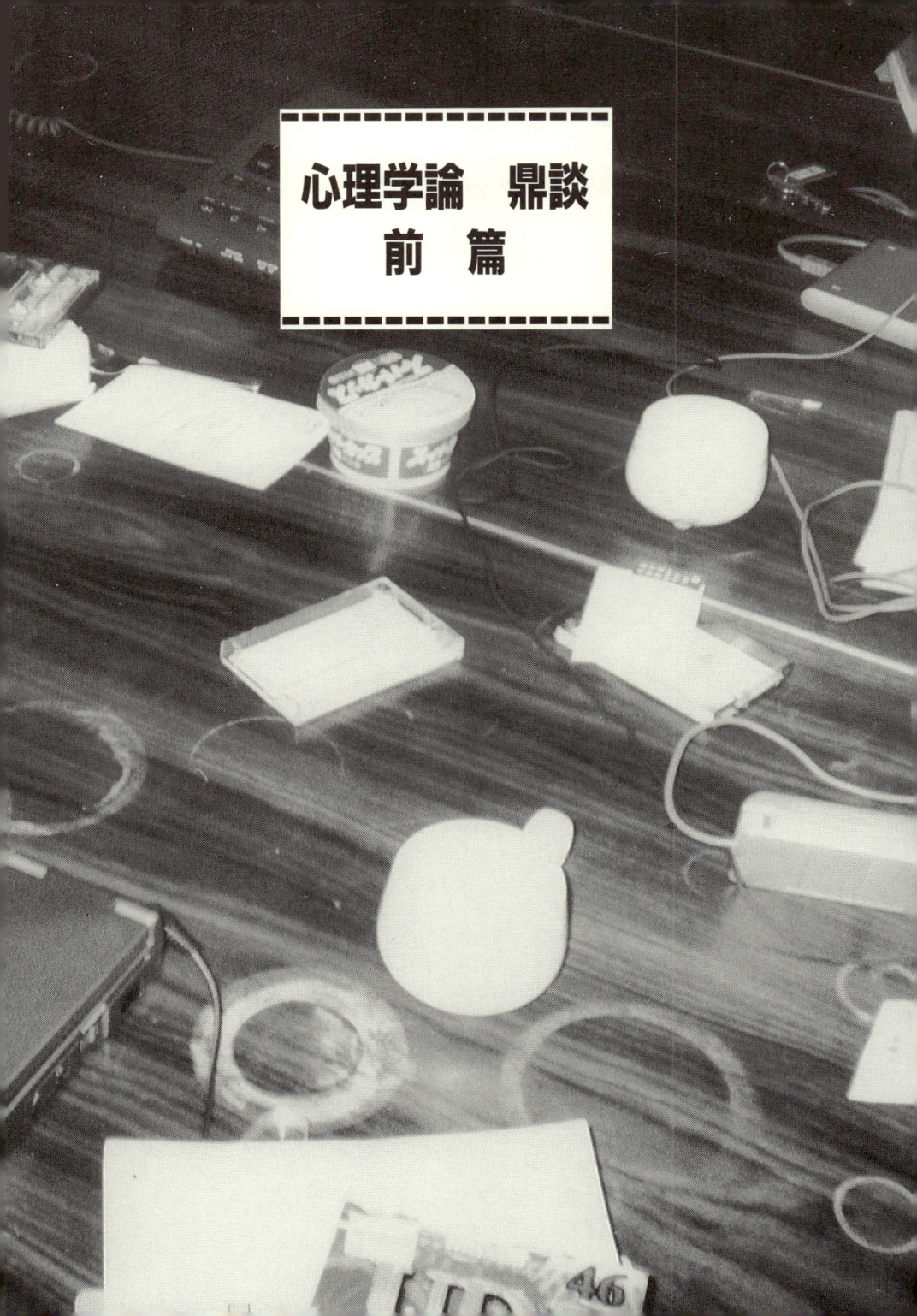

《心理学論とは何か?》

渡邊 帯広畜産大学畜産学部の渡邊です。この本の主な部分はわれわれがそれぞれ書いた心理学論に関する論文を集めた論文集ですが,その前と後ろをわれわれの座談会で挟もうということになりました。論文に書ききれなかったことを話すのももちろんですが,そもそもどうして座談会で前と後ろを挟もうという事になったかも話していこうということなんです。まずはそれぞれ自己紹介をしてもらいます。じゃあ,順番にお願いします。

佐藤 福島大学行政社会学部の佐藤でございます。

尾見 山梨大学教育人間科学部の尾見です。

渡邊 いかにもおざなりだなー。さて,何はともあれまずはこの本の成り立ちという事から話していこうと思います。この本の論文集の部分ていうのはだいたい1994年から98年にかけて,このメンバー3人がそれぞれ書いた心理学論に関する論文を集めた形になってます。といってもこれはけっして何かの計画とかプロジェクトとしてやり始めたんではなくて,それぞれが勝手に自分のテーマで書いていたも

> けっして何かの計画とかプロジェクトとして
> やり始めたんではなくて……

渡邊は概念の問題……、尾見は方法の問題……、佐藤が制度の事を扱っていて……

のがある種の統合した形態をもっているということが重要なんです。

尾見 これらの論文が書かれ始めた94年の段階では，私は東京都立大の博士課程の2年だったわけです。当時達哉さんは，都立大の助手をしていて，渡邊さんは北海道医療大学。で，**この本に収録されたような論文**[*1]を書いたにもかかわらず，その年運良く私は助手になりましたが，それは達哉さんが福島大学行政社会学部に異動したからであります。その後は，この手の論文を私も職をもった立場として書くようになったという経緯があります。

渡邊 さて論文集の部分の形式なんですけれども，ここは渡邊・佐藤・尾見の3人がそれぞれ**紀要**[*2]などに書いた論文をただ渡邊・尾見・佐藤，3本ずつという形で並べてあるだけです。

佐藤 ミもフタもないよ。確かに，ぼくらは意図してこういうものを3人でコラボレーションしたわけではない。だけども，たとえば渡邊は概念の問題を扱っていて，尾見は方法の問題を扱っていて，佐藤が制度の事を扱っていて，

*1　データを取って知見をもたらすような研究論文でもなければ，特定の専門分野のレビューをした論文でもない。わが国の心理学界では奨励されないスタイルの論文。「就職できない」論文。

*2　大学や研究所などの機関が出している研究報告。多くの場合掲載のための審査がないのでその機関の構成員なら好きなことを書いてのせることができる。一般に学術誌に掲載された論文などよりは価値が低いとみなされることが多い。

というふうにうまく棲み分けができているので，それごとにまとめているということになります。

渡邊 その，概念，方法，制度という3つの分野というか領域というのが，心理学論という1つの大きなテーマのかなりの部分を偶然にカバーしているという現実があるわけ。

尾見 もうちょっと付け足せば，渡邊さんが哲学と概念，達哉さんが歴史と制度，尾見が方法と実践なんて感じで言うとカッコいいかな（笑）。

渡邊 カッコいいけど，きれいすぎるかもね。

佐藤 ちなみに，心理学論というときには，心理学を対象にして論じる，ということです。これまで私たちは，心理学「で」何かをすることだけを研究と考えるような面があったんですけど，心理学「を」対象にして考えてみることが立派な研究としてできるようになったんだということを示しています。

尾見 確か，ぼくは達哉さんが心理学論と言い出して，これはいいと思ったわけですが，そもそもなんで心理学論というふうに言ったんでしょうか？

佐藤 心理学論という言葉自体の言いだしっぺなので言いますけれども，ぼくはこの福島大学[*3]に来てから，同僚の仕事ぶりを見ていて，「文学とは何か」とか「社会福祉学とは何か」みたいなテーマ設定をする人がいて，非常に驚いたということがあります。それまで，「心理学はくだらない」みたいなことは言ってましたけれども，くだらないからといって，その理由を突き詰めて考えるわけでもなくて，ましてやそこから心理学という学問の性質を考えようなんてことはなくて，批判ばっかりしていた部分が確かにあった。しかし，学問自体を考察の対象にするということができるんだというヒントを得ることができたわけです。だからこそ，心理学論というネーミングになったんだと思います。でも，ぼくら3人が心理学論という事を，最初から言っていたわけではもちろんないわけで，芳之なんかは，心理学基礎論と言っていたわけですよね？

渡邊 本書収録の諸論文を見てもらえば分かるんだけれども，私はそもそも心理学が科学であるということのあり方とか，それから心理学が使っている言葉の性質とか，心理学が組み立てられる基本のしくみみたいなことに興味をもっていた。まあ，達哉が心理学論なんて言い始める前から

[*3] 福島大学で鼎談をしているので「この」と言っている。

佐藤達哉

心理学論というときには，心理学を対象にして論じる，ということです

すでにそれやってたんだよ（笑）。私が心理学基礎論と呼んでいたのは，そういうことがきちんとしていなければ心理学の研究そのものが成り立たないという問題意識があったわけ。ということは，そのころは「心理学のまっとうな研究」をやるというつもりもまだあったんだなあ（笑）。

尾見 私は，心理学方法論とか言ってました。結局，論文見ていただければ分かりますけど，心理学者が実際にどういう手続きで研究を実践しているのか，それとその，きれいごとというか，セオリティカルからの部分からの乖離ということを。

佐藤 きれいごととセオリティカルが重なるわけですか。

尾見 あっ，ごめんなさい。これは，そう（笑）。やや，そう，重なる。結局いずれにしても，方法がカギを握るんだろうということで方法論と呼んでいたんですけれども，心理学論ということを達哉さんが使うようになって，こっちの方が広く包摂できるんではないかということで，「あ，いいね」と言ったわけです。それと，科学論の心理学版みたいでカッコイイっていうのもありました。

渡邊 ここのところがとても大事で，要は心理学論という言葉でわれわれが何を言おうとしているか。心理学的な研究をやるというのは確かに心理学そのものなんですけれども，心理学の1つの分野なり方法，目的として「心理学そのものを問う」ということがありうるし，できるんだ，そしてそれが面白いんだということなんです。この本に論文集だけでなく座談会がついているというのもそれと深く関係していて，論文集を構成している論文というのは，いろんなことを問えるということを前提としている内容なんだけれども，その問うことができること，かつ問うことがすごく面白いということもぼくら，この本では主張したかったわけ。

佐藤 でも，そういったことは論文に書いてないよね（笑）。

渡邊 学術論文に書くような*4ことじゃないからね。だからこそ，そういったことはきちんと述べたいということで，論文の前と後ろにこういった形の座談会をつけることになったわけです。

尾見 似たような言葉に理論心理学というのが以前からあって，授業科目名なんかにも使われているかと思いますが，

尾見康博

渡邊芳之

「心理学そのものを問う」ということがありうるし、できるんだ、そしてそれが面白いんだ

*4 では，われわれは学術論文にそれにふさわしいことだけを書いているのか？　この本に収録の論文で確かめてほしい。

そのへんとはどう違うと考えてこの言葉はできたんでしょうか。

佐藤 理論心理学というのは，心の内容であるとか，メンタルフィロソフィー（Mental Philosophy＝精神哲学）というか，いずれにせよ哲学的思考の流れを組んでいるようなものが多くて，基本的に「心」なるものの内容を問うことに関して問題設定をしている。一方，ぼくらがやっているのは，基本的に研究を支える土台みたいなものを考えるという面がある。

尾見 基本的には科学社会学に近いですよね。

佐藤 そう。心理学論は「心」についての考察を閉め出すわけではないけど，それがメインではない。だから，そういう意味では理論心理学とは違うんだ，違うんではないかなあと個人的には思っています。

渡邊 今，達哉が言ったことはホントなんだけれども，ただ，今まで理論心理学という形でやられてきたものの中に，われわれが今やっている心理学論的部分がなかったとは言えない。とはいえ，ぼくらみたいな関心がその主な部分ではなかったし，そんなに大きく取り上げられることはなかったというのは確かにあるね。

佐藤 日本にも理論心理学会というのがあって，その会員になってたりもするけど，どうもしっくりこないというのがあったし，今もあり続けてる。理論心理学って何なんだろう？

渡邊 もう1つ関係のありそうな分野というか，従来からあったものに心理学史というものがあるけれども，それと心理学論の関係ってのはどうなっているわけ？

佐藤 むずかしいね，それは。その点はまだ対象化・客体化がうまくできていないのだけれども，ぼくらが何かについて現状を批判的に考えるときに，その事象が遡（さかのぼ）ってどうだったのかということを調べて考えるのが重要だという感

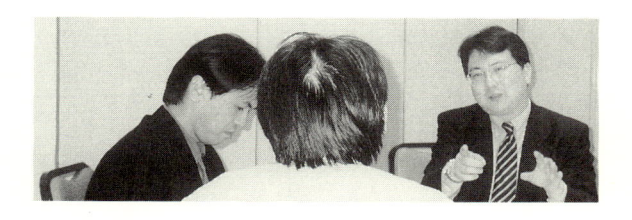

理論心理学とは違うんだ，違うんではないかなあと……

> 歴史をやること、少なくとも研究会でやってたことが、
> 心理学論そのものだという感じは強くもちました

覚は常にもっていたと思いますね。今やっていて，常識のように思えることは，いつから始まったのか？ それが300年続いていることならともかく，心理学の歴史はせいぜい100年のわけだから，今は常識といえるようなものであっても，時間軸上で振り返ってみるとそんなに長いわけじゃないはずだ。だから振り返ることは大事だと思ってたことは事実です。

渡邊 学史というと，偉い人がやってるというか，権威主義というかそういう感じもするよね。

佐藤 歴史には，天武天皇が『日本書紀』を編纂しました，みたいな正史を作るやり方もあるけれども，科学社会学的な問題意識を核にしてどんどん時間的に遡って見ていくみたいなやり方もあるはず。ぼくらは後者の方をやっているんだと思います。だから，端的に言っちゃうとやっぱり心理学史は心理学論の方法の１つになっている部分もあるかなあと思います。このへんは，一緒に歴史をやった尾見なんかはどのように考えるでしょうかね？

尾見 ホントにむずかしいな。ぼくは，心理学史に達哉さんほど本格的に突っ込んではいないんだけれども，あの心理学史の例の本，『**通史**』*5 が出る過程の勉強会というか研究会の中で，なんというのかなあ，非常に，歴史をやると，少なくともわれわれが研究会でやってたことが，心理学論そのものだという感じは強くもちました。だからといって，心理学史がすべてそうであるかはちょっとぼくには分かりません。

佐藤 権威づけのために心理学史をやる例とか，単なる回顧でやるとかっていうのはあるからね。でも，ぼくらは，自分たちが研究するために心理学史をやっている。

渡邊 まあそんなこんなで，心理学論というのをやるようにぼくらはなったわけだけれども，心理学論というのがなぜ意義があって面白いのかということをここできちんと話

＊5　佐藤達哉・溝口　元［編］1997　通史　日本の心理学　北大路書房

していきましょう。われわれがそもそも心理学論的なことに入っていった理由というのは、もともと心理学をやっているけれどもなんか変だとか、ここはおかしいとか、そういう漠然とした気持ちがあったわけでしょう？

佐藤 心理学と言っても社会心理学とか性格心理学、発達心理学の領域だけどね。

渡邊 ただ、心理学の研究をいっぱいやっていると、方法とか概念みたいなことに疑問をもってもね、それは考えないようにしようとか、データを取ることが大事だからということになりがちでしょ。それでそのうちに忘れてしまうとかということがあるんだけれども、ぼくらはその漠然とした気持ちにあくまでもこだわり続けて、こだわり続けた結果こういう本が出るという歴史があるんだ。そこで、どうしてオレたちがそうなったのかということをちょっと考えてみたいと思います。

《心理学論　前史》

佐藤 まあ、心理学に対する疑問はいろんな人がもっていたわけで、ぼくらだけの専売特許ではないと思います。で

▶右の年表中の略記		日心大会年	日本大 85	名　大 86	東京大 87	広島大 88	筑波大 89	都立大 90	東北 91
B1：学部1年		佐藤	M1		D1		都立大助手		
M1：修士課程1年		渡邊	M1		D1			信州大助手	×
D1：博士課程1年		尾見	B1				×	M1	
×：…………										
S1 **W1** **O1** ：本書収録論文		関連事項		庄屋現る				シンポ Mischell 翻訳	

も、ぼくらはその疑問自体を対象化して考察してきたという経緯がある。さらに、それを単なるグチとして語るのではなく、文章で表現してきた。このことも「ぼくらだけ」というと語弊があるけれども。

渡邊 確かに、ぼくらが心理学論と言っているような問題ていうのを今まで誰も考えていなかったということはないんだけれども、一般的に言ってこういうことというのは、ある程度功なり名とげて、いわゆる第一線からはある程度身を引かれた大先生とかがやるのが普通だったわけ。でも、ぼくらは非常に若いうちから、じっさい実証研究の業績な

心理学をやっているけれどもなんか変だとか、ここはおかしいとか……

とりあえず、同じ大学院出身である、と。これは大事。

んて全然ない中で，こういう事を言い始めたという事実がある。それはぼくらが置かれたその時期の環境とか歴史的な背景ということの理解が重要だと思うんです。

尾見 とりあえず，同じ大学院出身である，と。これは大事。でも，3人が同じ大学・大学院に所属していたのは，渡邊さんが修士の1年から博士課程の3年までの計5年間，**目黒の都立大キャンパス***6の最後の5年間だけなんですね。もっと長いような感じがするけど。

佐藤 一緒にいたということはすごく大事なことですね。やはりコミュニケーションの密度が違う。

渡邊 具体的には1985年から90年までの5年間というのがあったわけだよね。さらに重要なことは，今回の論文集に掲載されている論文というのは，その間に書かれたものではなくて，その5年間が終わってぼくらが就職とかいろんなことでバラバラに別れていった後に，それぞれのいる場所でそれぞれが書いた論文だということだよね。で，最初の5年間という話に戻って，その5年間の中で何がわれわれをこうさせたんでしょうねぇ。

尾見 細かいようですが，達哉さんと渡邊さんは，5年間

*6 東京都立大学は1991年3月まで目黒区八雲（東横線・都立大学駅）にあった。現在は八王子市南大沢に移っている。

同志社 92	早稲田 93	日本大 94	琉球大 95	立教大 96	関学大 97	学芸大 98	中京大 99	京都大 2000
		福島大		S1	S2	S3		
×	北海道医療大		W1	W2	W3			
D1		O1 都立大助手		O2		O3 山梨大	帯広畜産大	
→出版				加藤先生逝去				心理学部誕生

かもしれない，ある意味。でも，この手の議論はお2人がドクター（博士課程）入ってからでしょうから，3年間くらいなんじゃない？　わかんないけど。ぼくは最初のころはまだ学部1年生だから，全然そこには加わってなくて，5年間のうちの，渡邊さんが都立大から出るか出ないかの頃，最後の1，2年くらいだけぼくは参加したんじゃないかな。自分が大学院に入る前くらいからですからね。

渡邊 オレたちが心理学論という今にいたる流れに入ってくるのには，大きなイベントがあった。それはミッシェルの本*7『パーソナリティ・アンド・アセスメント』に関連

*7 ミッシェル，W．詫摩武俊［監訳］1992 パーソナリティの理論——状況主義的アプローチ 誠信書房。この翻訳には佐藤と渡邊が全面的に関わった。

した「一貫性論争」だとか,「人か状況か論争」とか,パーソナリティのアセスメントの問題とかいうようなことに,われわれが関わっていったということ。細かいことはあえて言わないけれども,性格・パーソナリティ,パーソナリティのアセスメント（ぼくら測査という訳を当てているわけですが）の一連の論争というのはぼくらが今やっている心理学の概念の問題,方法の問題,それから制度の問題すべて含まれていたわけだよね。

尾見 その当時,つまりドクターにお2人が入った1987年以降の話だとたぶん思うんですけど,その時分では,ぼくは単なる学部生で,お2人とは単に飲み仲間というか遊び仲間に入れていただいていた一学部生だったわけです。心理学は面白くないとは思っていましたが,なぜか心理学研究室の院生とは仲良くさせていただいていました。それはいいとして,ですから,そのお2人が学会やら翻訳やら何やらで,都立の心理学研究室を席巻していたのを横で見ていて,うわぁ,すげぇなと思っていたぐらいでしたかね。

佐藤「席巻」と言えたかどうか……。

渡邊「汚染」とか「凌辱」とかの方が適切かな。

佐藤 それはともかく,時間が前後しますが,ぼくと渡邊芳之は修士課程のときにはテーマ自体は全然違うことをやっていて,芳之の方が**レプテスト**[*8]とか対人認知とかだったから,一貫性論争とかに近かったよね,基本的には。ぼくはその頃は**自分を発達心理学徒だと規定していて**[*9],育児ストレスの研究を質問紙で調査していたわけだ。ところが,ミッシェルの問題で一気に合致して,修論が終わったD1くらいからガーッといって,**行動主義の授業**[*10]を一緒に受けるまでになったということがありましたよね。

渡邊 パーソナリティの問題がどうしてオレたちにとって,すごくショッキングだったかというと,特にオレなんかはもともと心理学畑じゃないところからきてるから,心理学の中の性格研究とかパーソナリティ研究みたいなものに,漠然と変だなーという気持ちがあった。ミッシェルや何かの事に触れることで,そのぼくが変だなーと思っていることが実際に心理学の中の問題として論じられているという現実を知ることができた。だから心理学について変だなーと思っていることそのものがテーマになる心理学の研究というものがあり得るということがそこで分かって,そこに

---

*8 ケリー（Kelly, G.）の考案した,性格認知の個人的構造を明らかにするツール。その個人差は,性格というものが本人の中でなく,観察する側で構成されることを示す。

*9 都立の先輩は「いつから社会心理学になったの？」と佐藤に尋ねたりする。

*10 たまたま学部向けの特殊講義として開講された春木 豊（早稲田大学教授）氏の講義に2人で出席していた。

特にオレなんかはもともと心理学畑じゃないところからきてるから

心理学は血液型とおんなじことやってるじゃん！と笑い飛ばすような雰囲気が出てきた……

のめり込んだというところがあったんだと思います。

佐藤　ぼくなんかは，修士論文のときは質問紙調査なんかをやっていて，これはけっこう大変な仕事で……。毎月30人くらいの産婦さんにアンケートを送って合計で2年間で1300人を対象にするというものだったわけ。毎月学生さんのバイトを動員してアンケートを送る，そのマネージメントが大変。ところが，その結果が1つの相関係数であらわされて，（ぼくは何度も言ってるけれども）これにすごく違和感があった。大学の授業にいって1回アンケートをとってというのだったら満足したかもしれないけど……。その問題，相関係数が何をあらわしているのかという点も，ミッシェルの提起した問題が非常にクリアに捉えていたということがあって，そういう面があったからこそ，ぼくと芳之は問題を共有できたんだと思います。

渡邊　そうこうしているうちに，日大の大村先生*11と知り合って，血液型性格判断の問題，血液型性格学の問題というのに入っていくということがあった。これは自分たちが頑張って勉強していた性格の問題と深く関連しているということで入っていったんだけど，そこでもう1つ何かがブレイクした。というのは，血液型性格判断を批判する中で，その批判の枠組みでそのままピッタリ心理学を批判することができちゃう*12ということだよね。ミッシェルのことを始めたときはせいぜい，パーソナリティの学説の問題としてしかぼくらも考えていなかったんだけれども，血液型の問題は全体としての心理学を見直すというようなね，今から考えれば心理学論の芽生えみたいなものがその血液型との関わりの中で生まれてくる，心理学そのものも血液型を批判するのと同じような形で批判できうる，かつ批判すると面白いという体験がそこで生まれてきたということが重要だったと思う。

佐藤　繰り返しになるけれども，心理学は血液型とおんなじことやってるじゃん！　と笑い飛ばすような雰囲気が出てきたというようなことはあると思いますね。

尾見　ぼくはそういうことで，血液型の話とか達哉さんが積極的に始めたころに，研究者の卵の卵くらいの形で，お2人がやっていた勉強会に混ぜてもらった。というか実は受験対策のために英語を読めということで混ぜてもらったんです。それは何かと言うと，その時ぼくは大学院入試

*11　大村政男（日本大学名誉教授）氏。不安尺度の研究から血液型性格判断の批判的研究に進む。『血液型と性格』（福村出版）など著書多数。佐藤・渡邊の恩師とも言うべき人であり批判的シンパ（支持者）でもある。東京都立大学心理学研究室主催の大学院研究会の講師として「血液型と性格」の話をしていただいたことがきっかけで出会う。大村先生はこの日の私たちとの出会いのことを「自分にとって第2のエポックメイキングな出来事」だと言っている（多少リップサービスありか？）。『現代のエスプリ』第372号「性格のための心理学」の座談会はわれわれと大村先生の4人で行なった。その中で述べている。p.64

*12　『現代のエスプリ』第324号「血液型と性格」，とくに渡邊芳之「性格心理学は血液型〜を否定できるか」を参照。

に落ちてまして，浪人の身だったわけですね。ぼくはもともと心理学が面白くなくて大学院進む気も全然なくて，単に遊ぶ仲間として認めてもらって，先輩たちとはおつきあいさせてもらっていただけの存在だったんです。偉そうなこと言っていて単なる生意気なガキだったと思うんですが。
渡邊　オレたちも生意気だったぞ。
佐藤　自分たちはそう思ってなくても周りからすれば生意気にみえたでしょうね。
尾見　ぼくは心理学なんて面白くないから心理学の勉強なんてしてなかった。短い準備期間だったけど受験勉強も苦痛だったし効率も相当悪かった。それなのに威勢良くいろんな先輩とかとしゃべっているから，まわりの人たちもぼくが心理学の勉強をろくにせずに，大学院を受験するとは思っていなかったというのがありました。
渡邊　油断してたね（笑）。

尾見　2次試験のとき面接で，誰だったかな（都立の）先生に言われたんだけど，基礎知識が（無い）ねえ，と言われて。それでも語学がスゴクできていたりすれば受かっていたんでしょうけど。（英語や第二外国語ならともかく）心理学の基礎知識ができないのはめずらしいと言われてました。
佐藤　勉強すれば何とかなる部分だからね。
尾見　ぼくは変な話だけど心理学専攻にいたんだけれども，渡邊さんとある意味一緒で心理学の教育，教育受けてないと言うと先生のせいになっちゃうかもしれないけど，ぼくはナナメに構えていたから，まったくオーソドックスな知識がないんですね。やり方としては，こうやってああやれば卒論が書けるというようなことは先輩を見て分かってた

**心理学の基礎知識ができないのはめずらしい
と言われてました**

> すでに修論を書き終えていたという……、一応は心理学の修士課程という権威の中で修論を書いてしまっていた

んですね。ぼくは単に渡邊さんや達哉さんを中心として，今の心理学はなっとらんみたいな話ばっかり聞いて，それで面白そうだ，こんなことやってて心理学の院生やってるのもいいよなという部分もあって，だから，ぼくはある意味歪んだ動機で心理学の大学院に入ってるんで，その後の修論はとにかくきつかったというのがありました。

佐藤 それは尾見とぼくらの違うところで，ぼくらはすでに修論を書き終えていたという……，一応は心理学の修士課程という権威（笑）の中で修論を書いてしまっていた。それで，何かが違う，ということから始めた。でも，尾見の場合はその違和感をもちながら修論を書かなければいけなかったというのが辛かったとこなんでしょうね。

尾見 そのころの都立大というのは先輩も先生も，良く言えば自由にやらせてくれるし，悪く言えばほったらかしだということがあって，そういう点でわれわれが普通の人たちがやらない，普通だったら怒られるようなことを自由にやれるような雰囲気みたいなものがあったという点で，**その時期に都立にいたっていうことの意味***13はあるかもしれないですね。

渡邊 ただ，その時期にね，同じような問題意識というのはオレたちだけがもっていたわけではなかったんだよね。いろんな人がいてその話をしている時にさ，興味をもって聞いてくれる人もいるし，共感してくれる人もいたよね，確かに都立の中に。でも，その中で本当に文字にして書いて出してしまった人は他にいなかったんだけど……。そこで1つ大事なのは，オレたちはそのとき書いたのではない，ということなんだ。その後，この5年が終わって，たとえば私が信州大学に行くなど，いろんなことがあってバラバ

*13 都立の心理は小さいながらも全領域をカバーしていて，統計家からフロイト派までいたというのも大きい。院生どうしということでそれなりにアホな質問をし合ったり，厳しい相互批判も可能だった。

ラになってから書き始めた。で，これはこの本全体のことと絡むんだけど，オレたちは論文執筆について事前に相談したりしたことはないんだよね。

佐藤 要するに芳之が信州に行った後は，ぼくと尾見が2人で研究会とかをやってた時期で，その時にも似たようなことは言ってたけれども，書いてはいなかった。まあ書いたのは94年からで，**S1**論文も佐藤・尾見の連名にはなってるけれど，時期的には別れてからだというのは非常に大事ですね。

尾見 今の話は佐藤・渡邊両氏の間の話だと思いますが，ぼくはそういう意味で，さっき言ったように今の心理学は間違っているという議論を聞かされて，それに魅力を感じて大学院に進んでたもんだから，修論というのはえらく大変だったわけです。**尺度研究**[*14]がおかしいとか，**検定**[*15]の利用が間違っているとかという話をしたらもう使えなくなるという問題があって。今は非常に気楽になっているけど，その時はやっぱりそれで修論書くのは考えにくくて，でも，まわりの，特に指導教官を説得しなきゃいけないという苦しみがあって。自分は最終的にはインタビューデータで，多少統計も使って修論を書いたんですけれども，それでホッとしたわけです。統計を使えることにホッとしたんです。

渡邊 尾見の場合，修論を書くときに，ある程度統計を使ってやれたということから，こんどは統計という方法を問うというとこへのつながりがあるわけでしょう。そこをもうちょっと話して。

尾見 つまりその，それまで先輩たちが，一部の本とか論文とかで言っていた「心理学は間違っている」といったものと，自分の修論を整合させる営みのなかから方法という

[*14] 自尊心や孤独感などを例とするような性格特性（心理学的構成概念）について，それがどの程度強いかを調べるために，いくつもの質問文に対してそれぞれ4～9段階くらいで「あてはまりの程度」を尋ねるものが，いわゆる（狭義の）尺度。その尺度値をもとに，概念間の関連を調べたりするのが，いわゆる（狭義の）尺度研究。

[*15] 統計的検定。たとえば，孤独感の強さについて男女差を調べるとする。あらゆる男女からデータを得ることはむずかしいから，実際の研究では，それぞれのグループからその一部をサンプルとして用いることになる。このとき，サンプルの統計量をもとにして，男女全体の平均値の間に，差があるかどうか判断するのが統計的検定（の一例）である。

今の心理学は間違っているという議論を聞かされて，それに魅力を感じて大学院に進んで……

自分たちが心理学徒として「従え！」と言われてきた制度と違うものがあるんだということに気づくわけです

キーワードは出てきたということになるんじゃないかな。

渡邊 尾見が修論書いてさ，今のテーマに至ったというのと同じように，オレが北海道の大学に移る，達哉は福島大学に来るということが今のそのテーマに結びついてくるわけだけど，そこらへんを達哉からちょっと。

佐藤 まあ，ぼくとか芳之は修論のように切羽つまった立場を終えた後で空論を述べ始めたということがあるんですが，逆に言うと，修論の時の被抑圧感というか閉塞感が強かった。そのときの感じで博士課程と助手時代はもっていた部分がある。ところが，福島大学にきてみると，まわりは社会科学者ばっかりなわけで，そうすると自分たちが心理学徒として「従え！」と言われてきた制度と違うものがあるんだということに気づくわけです。

渡邊 たとえば？

佐藤 具体的に言うとね，論文審査のレフリー制度みたいなものなんだけども，こっちの人たちは，論文を公刊する前に人が筆を入れるなんてけしからんという考え方をもっていたりして，これはホントに驚いた。それが，制度に目を向けるきっかけになったというような気がします。あともう1つ重要なのは，やはり心理学者としてのアドバンテージ・利点を他の分野の人たちに示さないといけなくなったってことです。酒飲んで話をするにしても，共同で研究するにしても，自分の学問の否定ばかりではこういうところでは価値がなくなってしまうということ。ぼくの場合は法心理学研究に手を染めたけど，そういう協力体制では，心理学者には心理学の知識こそが求められる。もっと頑張らなきゃ，となっていった。

尾見 外国に行った日本人みたいなものですかね。

佐藤 まあね。だからぼくはホントに芸風（笑）が変わっ

たというか、それまでは心理学という学問に内在する欠点にだけ批判をしていたのが、その批判の視点をちょっと変えて、こうすればもっと頑張れるんだというようなというようになっていった。心理学をとりまく制度に関心がいったのはそんな経験が関係しているのではないかと思います。あと、移ってきたその年に、アエラムックNo.3『心理学がわかる』の編集の手伝いをして、**結果的に***16「ポップとアカデミック」という文を書いたのも大きかった。

尾見 この文章には、心理学は爆発的発展の前夜だ、みたいなフレーズがありますよね。

佐藤 あれは一種リップサービスだったけど、5年たった今の状況をみていると、結果的にそうなっている。それよりもトビラの「心理学はラブソング」というコピーがすごいと思わない？

渡邊 思わないな（笑）。

佐藤 それはともかく、このアエラ『心理学がわかる』自体は多くの人に読まれたし、また「ポップとアカデミック」は少なからぬ編集者たちから評価を受けたのよ。**関さん***17とか。

渡邊 そこが達哉とオレはすごく対照的だったところがあって、達哉は何というのかな、周辺の学問と触れることでむしろ広がる方向に行ったけど、オレは全然逆だったわけだよね。北海道医療大学というところに行って看護福祉学部という、名前的には心理学と関係ないような所だけど、実際に勤めた専攻というのは臨床心理専攻で、同僚が全員心理学者だったわけ。さらにこれはすごく重要なんだけどさ、新設の心理学科でかつ臨床心理士をつくるというはっきりした目的があっただけに、**既存の心理学というものにすごく無批判***18なんだよね。（教員の）ほぼ全員が心理学の今のあり方を受け入れた上で、（学生に）資格を取らせるというシステムでしょ。そこに行って、オレはますます違和感が広がって、むしろますます狭く、細かく心理学批判みたいなことになっていく、その中心になったのがその基本的な心理学のしくみ、概念という問題だし、測定の問題とかもあって、後に出てくる論文になるわけだけど、そういう形になって、書いて主張するという形が出てきたわけ。紀要というメディアも得たし。それが今につながってきたわけだよね。

*16 当初、日本の心理学史を軸とした文章を書く人を探していたのだが、いずれの人にも断られ、結局は自分で書かねばならなくなり、「ポップとアカデミック」の対立と融合から日本の心理学史を見ることで責を果たそうと思うに至った。

*17 関 一明（北大路書房）氏。「ポップとアカデミック」（朝日新聞社、AERA Mook 3、1994年所収）を読んで佐藤に日本の心理学史の本を書かないかと打診。本人たちはまったく考えていなかったが、この打診が大著・奇書『通史 日本の心理学』の発刊につながる。ある意味でぼくらの潜在能力を引き出してくれた人で、恩人のひとり。今回のこの本の編集でも多大な尽力をしてもらっている。

*18 こうした傾向は最近できた「臨床心理学科」の多くが、設置審査等との関係から実際には実験心理学などの非臨床・伝統心理学スタッフの主導権のもとに企画運営されていることとも関連している。

「心理学はラブソング」というコピーがすごいと思わない？　　思わないな

尾見　ぼくの場合，01が，大学院のときに書いた論文で，それでもその当時はやっぱりああいうことを書くのはそれなりに勇気が要ったというか，びびってた部分はあって，見れば分かる通り，川野さん*19という先輩との連名で書いたのも，そのビビリの表われでもあります。自分1人で書ける自信はなかった。院生だったしね。まあ，うん，不思議だったわけですが。とにかく，1つ，その当時のムードを方法という言葉で斬って，書いてみたということになるでしょうか。

佐藤　そういうことで言うと，アエラムックの「ポップとアカデミック」という文も1人で書ける気がしなかった。だから尾見に手伝ってもらって連名になっている。そういう協力プロセスって意外に大事だったりするよね。

渡邊　それで，やっぱりオレたちがそこから現にこういう本になることを書いてくるまでの経緯というのは，まだまだ深い，複雑なことがたくさんあるし，それから，論文以上にもっと主張したいことはたくさんあるけど，そういったことは，また巻末の座談会の方にもっていくということで，ここはまあ，まとめて論文を読んでもらいたいと。「それでは，3時間後にあなたとーっ*20，またお会いしましょう」ていうのはだめ？（笑）。3時間*21じゃ読めない？　まあ，読み終わったところでまた，もうちょっと議論を深めていきたいと思います。

*19　川野健治（国立精神・神経センター精神保健研究所成人精神保健部心理研究室長）氏。都立大へは大学院博士課程から在籍。佐藤・渡邊の後輩で尾見の先輩にあたる。尾見にとっては恩人のひとり。

*20　70年代に一世を風靡したテレビの映画解説者増田貴光の有名なセリフ。映画劇場は2時間番組だったので実際には「2時間後に」。

*21　本書収録論文が9本だから，1本あたり20分で読むということであるが，言った本人はそんな計算はしていない（はず）。

やっぱり……書くのはそれなりに勇気が要った

それでは，3時間後にあなたとーっ

渡邊論文

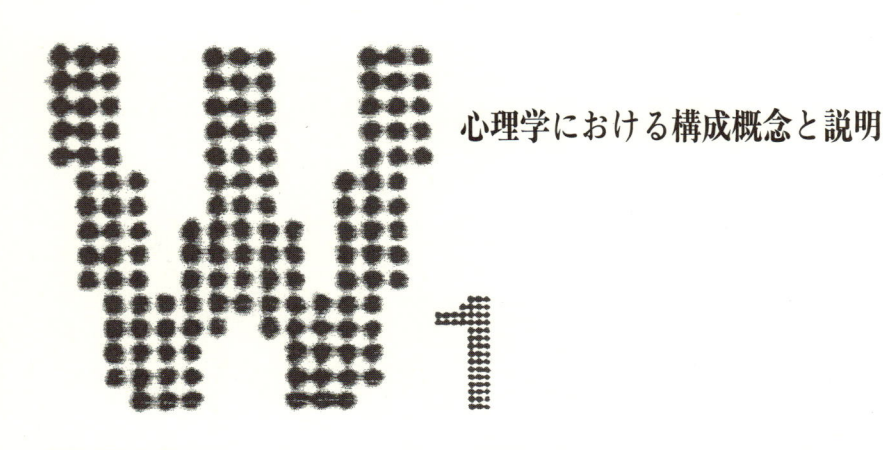

心理学における構成概念と説明

I. 問 題

　心理学においてはさまざまな構成概念が導入され，研究の発展に役立ってきた。現象を構成概念で記述すること，つまり現象に名前をつけることは現象の発見そのものであり，構成概念なくしては心理学のみならず，多くの科学はその存在自体なかったであろう。しかし，構成概念の用法は難しい問題を含んでおり，これまで心理学のさまざまな分野での議論の火種となってきたし，用法の誤りが引き起こす混乱もしばしばみられる。筆者らはこれまでパーソナリティ概念の用法をめぐるさまざまな問題について検討してきたが[1][2][3]，そこ

---

[1] 渡邊芳之，佐藤達哉：パーソナリティ概念を用いた行動説明に見られる方法論的問題点．人文科学論集（信州大学人文学部）；**25**：19-32, 1991
[2] 渡邊芳之，佐藤達哉：パーソナリティの一貫性をめぐる視点と時間の問題．心理学評論；**36**：226-243, 1994
[3] 渡邊芳之，佐藤達哉：一貫性論争における行動の観察と予測の問題．性格心理学研究；**2**：68-81, 1994

に見られる問題は，パーソナリティ概念だけでなく心理学で用いられる全ての構成概念に関係している。本稿では，心理学における構成概念の用法を簡単に整理し，そこで見られる問題点を指摘してみたい。なお，紙幅が限られているため，参考文献の参照によって理解できる事項については簡潔に概要を述べるにとどめたことをご了承いただきたい。

心理学で用いられる構成概念は，その意味内容から2つに分類される[★4]。第1は傾性概念（disposition concept）である[★5]。傾性概念は特定の状況下で観察された行動パターンを抽象的に記述しただけの概念であり，概念の意味内容は観察に完全に還元される。また，傾性概念の記述内容は観察が行なわれた場面の先行条件に依存するため，たとえば状況要因が変化した時の記述の正当性は保証されない。同時に，傾性概念は観察された行動パターンの原因がどこにあるかについての情報をもたない。パターンの原因は，行為者の内的要因によるかもしれないし，状況要因によるかもしれないが，傾性概念自体はそれがどこにあるかを示していないのである。いわゆる「操作的定義」のできる概念の多くは傾性概念である。心理学で用いられる「行動傾向」，「行動特性」などの構成概念は傾性概念と考えられる。

第2は理論的構成概念（theoretical construct）である（仮説的構成概念；hypothetical construct とよばれる場合もある）。理論的構成概念は傾性概念と異なり，観察に還元できない剰余意味(surplus meanings)を持っている[★6]。剰余意味は多くの場合，観察された行動パターンを規定する生体の内的過程など，外的な状況要因とは基本的に独立な理論的実体と対応している。その意味で理論的構成概念は状況が変化しても記述の正当性を維持するし，観察された行動パターンの原因についての情報を含むものと考えられる。もちろん，ある構成概念を理論的構成概念として用いるためには，その理論的構成概念と関連する行動が状況要因が変化しても一貫しているという証明など，それが持つ剰

[★4] 渡邊・佐藤，前掲の[★1]
[★5] Carnap, R. 竹尾治一郎訳：The Methodological Charactor of Theoretical Concepts. *Minnesota Studies in the Philosophy of Science*；1 Univ. of Minnesota Press, 1956 理論的概念の方法論的性格，カルナップ哲学論集，紀伊國屋書店；192-236, 1977
[★6] MaCorquodale, K & Meehl, P.E. On a distinction between hypothetical constructs and intervening variables. *Psychological Review*；**55**：95-107, 1948

余意味や状況要因からの独立性を保証する理論的・実証的裏付けが必要である。心理学で用いられる「欲求」、「情動」、「認知」などの構成概念は多くの場合生理的要因などの内的過程と結び付けられており、理論的構成概念であると考えられる。

このように、同じ構成概念でも傾性概念と理論的構成概念とではその指示対象（レファレント）や含意に大きな違いがあり、心理学において用いられる時の効用も異なる。また、傾性概念と理論的構成概念の用法を混同すると、理論的混乱の原因となることがある[7]。続いて、この構成概念の2分類を念頭に置きながら、心理学における構成概念の用法を整理してみよう。

II. 構成概念による行動の記述と個体の分類

構成概念の主な用法が事象の記述であることはいうまでもない。心理学では、人が示す行動パターンや行動の法則性・規則性を構成概念によって記述している。このことは、観察情報を縮約し、伝達を容易にすることに役立つ。この目的において用いられる構成概念は傾性概念であればよく、理論的構成概念である必要はない。スキナー的意味で用いられる「条件づけ」という構成概念は、こうした用途に用いられる構成概念のもっとも純粋な例であろう。あるオペラント反応が自発した時に、それに随伴してなんらかの刺激が与えられると、オペラント反応が増加したり、減少したりする。この規則性に「オペラント条件づけ」という構成概念を適用することで、観察された行動パターンの記述は画期的に縮約されるし、観察されたことを細かく報告しなくても、「条件づけが生じた」と述べれば、効率的に伝達できる。なお、少なくともスキナー的な用法では、「条件づけ」は全て観察に還元される傾性概念である。

条件づけのような「一般法則」の記述ではなく、個人差の記述にも構成概念が役立つ。一定の単独あるいは複数の「行動傾向」を構成概念によって示し、それらの概念が各個人の行動にあてはまるかどうかを記述すれば、個人の行動特性や、その個人差を簡潔に示すことができる。各種のパーソナリティ概念は

---

[7] 渡邊・佐藤，前掲の[1]

この代表的なものである。たとえば「内向性」という構成概念を用いることによって，それと関連する複雑な行動パターンを簡潔に示し，内向性の程度によって個人差を示すことができるであろう。同時に，「この人は内向的だが，あの人は内向的でない」というように，その構成概念があてはまるか否かによって個人を分類することもできる。

こうした用途のために，心理学者はさまざまな構成概念について，それが各個人にどれだけ適合するかを測定する方法の開発に腐心してきた。いわゆる心理テスト，人格測査の類がそれであって，構成概念の意味内容を具体的な行動指標に還元して項目化し，そのひとつひとつが個人の行動にあてはまるかを，多くの場合数量的に判断して，その人にその構成概念があてはまるかどうか判断しようというものである。

記述と分類という用途においては，構成概念は傾性概念であってもよい。ただし，傾性概念によって記述・分類を行なう場合，その正当性は概念の還元先である行動を規定していた先行条件に変化がない限りにおいてしか保証されない。もし「内向性」を傾性概念と考えれば，「内向的な人」は観察された場面においてそうであっただけで，状況要因が変化した他の場面においても「内向的」であるかどうかはわからないのである。しかし，パーソナリティ概念に代表されるこの種の構成概念は，多くの場合理論的構成概念として用いられ，状況要因から独立に行動パターンを生み出している実体と対応すると考えられることが多い。「内向的行動」は内向的な「心」または「精神」という内的実体によって生じ，心や精神は状況要因から独立に行動に影響を与えると考えれば，状況が変化してもその人は「内向的」であり続けると考えられる。しかし，パーソナリティ概念をこのように理論的構成概念として扱うことには大きな疑念があるのだが[★8]，この点は後で論ずる。

III. 構成概念による行動の予測

[★8] Mischel, W. 詫摩武俊監訳：*Personality and Assessment*. Wiley, 1968　パーソナリティの理論〜状況主義的アプローチ，誠信書房，1992

心理学における構成概念の用法の第2は，それに関連する行動の予測である。傾性概念であれ，理論的構成概念であれ，構成概念は相互に関連する一群の行動を抽象化したものであり，特定の人が特定の構成概念によって記述されるということは，その人がその構成概念に対応する一群の行動パターンを示している，ということを意味している。そして，現にある行動を示している人は，一定の条件下でその行動を再び行うことが予想される。つまり，ある構成概念が適用されるような人は，その構成概念に関連するような行動を，今後行うであろうことが予測されるのである。なんらかの心理テストによって「内向性がある」と記述された人には，今後も「内向的」な行動パターンをとることが予想されるし，それゆえ心理テストが適性判断，虞犯少年の発見などに利用されるのである。しかし，構成概念の行動予測力は，それが傾性概念であるか，理論的構成概念であるかによって異なる。

　傾性概念の場合，現在観察されている行動パターンや行動の規則性の持続は，観察場面にあって，そうしたパターンを生み出しているさまざまな先行条件の持続性に依存している。したがって，傾性概念からそれに関連する行動が予測されうるかどうかは，観察場面と予測が必要となる場面とで，先行条件が同じであるかどうかによって決まる。先行条件は主に行為者の内的要因と状況要因からなるが，内的要因は場面の変化による変化が比較的少ないと考えれば，傾性概念の予測力は観察場面と予測場面との状況要因の一致性によっておよそ定まると考えてよいだろう。「内向性」を傾性概念と考えた場合，学校での行動観察からある子どもが「内向的である」と記述されたならば，その学校においてその子が以後も「内向的」な行動をとることが予測される。しかし，予測の基盤となる「内向性」は先行条件に依存するのだから，たとえば家庭においてもその子が「内向的」な行動をとるかどうかは，その子にとって学校という状況と家庭という状況がどれだけ類似しているかにかかっているだろう[★9]。反

★9　行動に影響する複数の状況の類似性は，行為者にとっての状況の意味の類似性に依存するのであって，客観的・物理的な類似性では判断できない。北村は物理的な状況を「状況」，個人にとっての状況の意味を「情況」とよぶことで，2者を区別している。以下の文献を参照。
　　北村晴朗：パーソナリティを考える〜二段階の接近法の試論，性格心理学研究；1：2-14

対に考えれば，傾性概念による行動予測の精度を上げるために，観察場面と予測場面の状況的類似性を高めればよいわけで，状況の類似性についてなんらかの指標を得ることができれば，特定の傾性概念による特定の場面での行動予測力を推測したり，制御したりすることができる。

一方，理論的構成概念による行動の予測は，状況要因などの先行要因が変化しても可能である。理論的構成概念は状況とは独立した（物理的な，あるいは心的な）内的実体と対応しており，状況がいかに変化してもその行動規定力は変化しないから，状況を越えた行動の予測が可能なのである。「内向性」が理論的構成概念であるならば，学校において観察された「内向性」はその子どもの「心」の中にある傾向であり，状況から独立と考えられるから，学校だけでなく家庭でもその子が「内向的」な行動を示すことが予測されるのである。しかし，理論的構成概念の行動予測力を考える時には，やはり状況要因との関係を考慮しなければならない。理論的構成概念と結びついた内定要因の行動規定力が強く，どのような状況の下でもその行動が必ず生じるような場合と，行動規定力が弱く，状況要因が強い場合にその行動の出現が阻害され得るような場合とでは，理論的構成概念からの行動予測力は大きく異なる。たとえばあきらかに生理的過程である「反射」は非常に行動規定力が強く，多くの反射はそれを引き起こすような刺激が与えられる限り，どのような状況下でも生じる。したがって「反射」という理論的構成概念による行動の予測力は状況要因にあまり影響されない。

ところが，多くの心理学的な理論的構成概念はこれほど強い行動規定力を仮定していない。たとえば「欲求」は確かに人をつき動かすだろうが，さまざまな状況要因は欲求がそのまま行動につながることを常に阻害しようとするだろう。困ったことに，各理論的構成概念のこうした行動規定力を推測することは非常に困難である。つまり，理論的構成概念は状況要因の変化にかかわらず行動を予測することができるが，その予測力がどのくらいであるかは，予測してみなければわからないのである。もちろん，概念が構成された観察場面と予測場面との状況的類似性を高めれば理論的構成概念による予測力も向上するだろうが，それではせっかく理論的構成概念である意味がなくなってしまう。

つまり，行動予測の普遍性という意味では理論的構成概念の方が有利である

が，実際に予測を必要とする場合には傾性概念で十分であるし，むしろ傾性概念の方が予測力を制御しやすい点で有利であるともいえるのである。ただし，傾性概念と理論的構成概念とを混同して用いた場合，本来状況要因の変化した場合の予測力が仮定されていない概念から，別の状況での行動をも予測しようとするといった間違いが生じやすい。とくに，素朴な認識は人の行動を規定する状況要因を捨象して，その原因を心的要因に求めやすい傾向があるので注意が必要である[★10]。

IV．構成概念による行動の説明

　心理学における構成概念の用法のうち，最も微妙であるのが，行動の説明に構成概念を用いる場合である。ここでいう説明とは，観察された行動パターンや行動の規則性が「なぜ生じているのか」という原因論的説明を指す。心理学者に限らず，科学者は事象を観察し，記述するだけでは飽きたらず，それがなぜ生じるのかという原因論的説明を求めるし，多くの科学者は事象の記述や予測自体も原因の探究によってより精密に保証されると考えている。心理学者が主な研究対象とする人間の行動パターン，行動法則についても，このことはあてはまるだろう。

　傾性概念は，こうした用法からは最初から除外される。これまでくりかえし述べてきたように，傾性概念は一定の条件下で観察された行動パターンを抽象的に記述しているだけで，パターンの原因についての情報を含まない。いわば，傾性概念は観察された行動パターンそのものにつけたラベルに過ぎないのである。したがって，傾性概念からそれによって記述された行動パターンを原因論的に説明しようとすれば，トートロジー（同義反復，循環論）に陥る。先にあげた傾性概念としての「条件づけ」概念の例でいえば，「オペラント行動に強化刺激を与えたらその行動の頻度が増えたのは，条件づけが生じているからだ」という説明は一見もっともらしいが，実際には何も説明しておらず，無意

[★10] 筆者から見ると，心理学者の多くは人間行動について一般人よりもよほど素朴な認識を持っているようなので，なおさら危険である。渡邊・佐藤（前掲の★1も参照）

味なのである★11。

　原因論的説明に用いることのできる構成概念は，理論的構成概念である。理論的構成概念は観察された行動パターンに還元されない剰余意味をもっているから，それから行動パターンを説明することは，少なくともトートロジーにはならない。それだけでなく，理論的構成概念がもつ剰余意味は，多くの場合そうした行動パターンを規定する，状況から独立の内的要因と関係しており，その意味でも原因論的説明に用いるのに適当である。理論的構成概念としての「内向性」は人間内部の心的実体（「心」や「精神」）と対応しており，彼の「心」が「内向的」な傾向を帯びていることが，彼の行動に影響して，内向的な行動をとらせるものと考えられる。この場合，心的な「内向性」は内向的な行動パターンに時間的にも因果的にも先行すると考えられるから，「内向性」という構成概念から内向的な行動パターンを説明することには何の問題もないであろう。「欲求」や「動因」など，行動に先行する内的過程あるいは内的エネルギーと結びついた構成概念は理論的構成概念であり，これらの概念からそれと関連する行動を原因論的に説明することができる。

　このように，構成概念からそれと関連する行動を原因論的に説明するためには，その概念が観察に還元できない剰余意味をもった理論的構成概念であることが必要であり，観察に還元されてしまう傾性概念による行動の説明はトートロジーになる。したがって，ある構成概念から行動を原因論的に説明しようとするなら，その概念に観察に還元できない剰余意味があることが保証されていなければならない。

V．理論的構成概念の剰余意味の保証

　ある構成概念の剰余意味を明らかにし，それを理論的構成概念として用いようとする場合，もっとも有効なのはそれを人の内部にあるなんらかの実体（過程，エネルギーなど）と関連づけることである。生理的反応や筋肉運動などに

★11 こうした無意味なトートロジー的説明は，心理学者のもっとも得意とするところである。「自分がどう生きていったらよいかわからないのは，あなたのアイデンティティが混乱しているからなのです」などという無意味な言説は日常いくらでも見ることができる。

関する構成概念の場合，それは比較的容易である。観察された反応パターンを生み出す生体内部の機構を解剖学的あるいは生理学的な方法で明らかにし，概念をそれと結びつければ，構成概念は観察された反応パターンには還元されない意味をもつようになり，反応の原因論的説明に用いることができる。しかし，多くの心理学的構成概念においてそうした方法で剰余意味を見出すことは困難である。たとえばさまざまな「欲求」や「動機づけ」の源泉の所在を明らかにし，その過程を解剖学的に明らかにすることは，本能的な一次的欲求であればともかく，「親和欲求」など社会的欲求ではかなり難しいだろう。ましてや「内向性」や「劣等感」などといった心的概念の源泉を解剖学的に明らかにすることはできそうにない。心は物理的な意味での実体ではないからである[★12]。

　したがって，心理学的構成概念の多くは理論的に内的過程と結び付けられていることだけを根拠に，理論的構成概念として用いられている。ハルは学習を説明するために用いた数多くの構成概念をやはり理論的に生理的過程と結びつけることによって，それらの概念を理論的構成概念として用いたし，アイゼンクをはじめとする多くのパーソナリティ理論家も，行動の観察から導かれたパーソナリティ概念を理論的に内的過程と結びつけて，それを行動の原因論的説明に用いようとしている。しかし，こうした心的概念と内的過程との結びつきは，どれも理論的に（多くの場合は恣意的に）仮定されているだけであり，実証的な根拠によって保証されていることはまずない。

VI. 行動の通状況的一貫性と観察されない状況要因

　心的概念が内的過程との対応がないまま理論的構成概念として用いられる場合，その剰余意味の根拠としてよく用いられるのは，その構成概念が記述する行動パターンの通状況的一貫性である。もしその概念が傾性概念にすぎなければ，そこで記述された行動パターンは状況要因などの先行条件の変化に応じて変容し，通状況的な一貫性はもたないであろう。しかし，もしその概念が理論

[★12] こうした心的概念の諸性質については以下の文献を参照。
　Ryle, G. 坂元百大，宮下治子，服部裕幸訳: *The Concept of Mind*. Hutchinson 1949　心の概念，みすず書房，1987

的構成概念であれば，それによって記述される行動パターンは状況要因とは独立の内的過程によって規定されているのだから，状況が変化しても一貫して観察されるであろう。多くのパーソナリティ概念が理論的構成概念として状況を越えた行動予測や行動の原因論的説明に用いられるのは，人の性格が状況要因によって変化せず，一貫していると考えられているからである[★13]。

しかし，こうした論理には欠点がある。行動パターンがある特定の状況要因の持続性によって維持されている場合に，観察者がその状況要因を観察できなかったり，あるいは観察しなかった場合，他の状況要因の変化と行動パターンの一貫性だけが観察されて，あたかも行動パターンが状況を越えて一貫しているように見えてしまうのである。この場合，こうした行動パターンを記述した構成概念は傾性概念に過ぎないのに，理論的構成概念として扱われる。とくに，観察者の側にその概念を理論的構成概念として考える構えがある時に，こうした過ちが起こりやすい。そこに存在するすべての状況要因を観察することが実質的に不可能である以上，関連する行動の通状況的一貫性から理論的構成概念の剰余意味を確認しようとする論理は，この「観察されない状況要因」の問題から自由になれないのである。

VII. 理論的構成概念と時間的パースペクティブ

一方，全く同じ状況において複数の個人を観察した時に，その行動パターンが異なっている場合，その個人差は観察内容に完全に還元できないし，個人差は状況要因以外の要因，つまり行為者の内的要因によって規定されていると考えられるから，それを記述した構成概念は理論的構成概念として用いられる[★14]。パーソナリティ概念の構成にはこうした同一状況における行動の個人差の観察が寄与することが多いことも，パーソナリティ概念が理論的構成概念として用いられる根拠のひとつである。しかし，こうした論理は思考の時間的パースペ

[★13] 渡邊・佐藤，前掲の[★1]
[★14] ただし，観察者からは「全く同じ状況」に見えても，複数の行為者の観察時点ごとに実際には状況要因に変化があり，観察者がその状況要因や変化に気がついていない場合も考えられるが，ここではその可能性は除外する。

クティブを観察時点だけに限定した場合においてのみ有効である。時間的パースペクティブを過去にまで広げると，観察された個人差を観察に還元できる可能性がでてくる。同じ状況での行動の個人差は，それと類似した状況での過去経験の違いに起因しているかもしれないと考えれば，そうした個人差は過去の状況要因という観察可能な外的要因に還元することができ，個人差を記述する概念は傾性概念となる。逆に，観察のパースペクティブを無理やり狭くすれば，傾性概念だったものを理論的構成概念にすることもできる。たとえば「条件づけ」の例で，条件づけが成立した直後だけに観察を限り，そこから見たら過去である条件づけ過程を意識的に無視した上で，条件づけた個体と条件づけていない個体とを同時に同じ状況下で観察すれば，同一の状況下で行動の個体差を観察することができる。そして，本来観察可能な要因に還元できていたその個体差は，観察可能な要因には還元できなくなるのである。「欲求」や「動機づけ」といった心理学的概念のある部分は，こうした観察パースペクティブの恣意的な限定によって理論的構成概念に仕立て上げられている可能性がある。ある構成概念を理論的構成概念として用いる時には，研究者による恣意的な時間の切り取りが生じているのである。行動をとりまく時間の流れが，本来は連続的なものであることはいうまでもなく，それを恣意的に切り取ることは決して奨励できることではないだろう。

　もちろん，過去の経験とか，過去の状況要因は現前しないから観察することはできない。しかし，だからといってそれらの存在を意識的にせよ，無意識的にせよ無視して個人差概念を内的過程と対応する理論的構成概念として状況を越えた行動予測や行動の説明に用いた場合，個人差を実際に生み出してきた重要な要因を見落す可能性がある。この点で，ある概念を傾性概念として用いるか，理論的構成概念として用いるかは，研究者の時間的パースペクティブによって恣意的に選択可能であるともいえる。傾性概念として用いるなら，状況を越えた行動予測や行動の原因論的説明はできなくなるが，行動のありかたを広い時間的パースペクティブからとらえることができるし，理論的構成概念として用いるなら，行動予測や説明の可能性は広がるが，理論的思考の時間的パースペクティブは狭くなるであろう。同時に，心理学者が人の行動を構成概念を用いて説明しようとする時には，大なり小なり時間を恣意的に切り取ってしま

っているのだということも，常に意識されるべきである。

Ⅷ．まとめ

　これまで検討してきたように，人間行動の理解に構成概念を用いる場合，状況を越えた行動予測や行動の原因論的説明といった高度な用途が求められるなら，それは観察に還元されない理論的構成概念でなければならない。しかし，とくに心的・精神的過程との対応によって剰余意味が仮定されるような構成概念では，剰余意味を保証する手続きに大きな問題点が見られる。そうした問題点がもっとも浮き彫りになったのが，パーソナリティ概念をめぐる論争である[15]。論争はパーソナリティ測査の行動予測力をめぐる議論から始まったが，結果としてそれまで仮定されていたパーソナリティ概念に関連する行動の通状況的一貫性をめぐる「一貫性論争」に発展した。それまで自明のものと考えられてきたパーソナリティ概念の理論的構成概念としての地位が疑問視され，それまで等閑視されていた個人差への状況要因の影響が認識されるようになった。その結果，現在ではパーソナリティは従来のように行動に因果的影響を与える内的要因と考えられるよりも，内的要因と状況要因の相互作用の結果生み出される行動パターンそのものと考えられるようになった[16]。つまり，パーソナリティ概念は理論的構成概念ではなく，傾性概念であることがわかってきたのである。同様の理論的変換は，今後「欲求」や「動機づけ」といった多くの心理学的概念についても生じてくると予想される。

　たしかに行動を記述したり，そこから個体を分類したりという構成概念本来の控え目な用法に限っては，それが傾性概念であるか理論的構成概念であるかということは重要ではない。しかし，行動の予測や説明という高度な用途においては，用いる構成概念の性質を良く理解し，傾性概念と理論的構成概念を区

---

[15]　Mischel, 前掲の[8], 渡邊・佐藤, 前掲の[1]〜[3]
[16]　パーソナリティに関するこうした考え方は「相互作用論」と呼ばれ，今後のパーソナリティ心理学の中心的な位置を占めると予想されている。以下の文献を参照。
　堀毛一也：社会的行動とパーソナリティ，大坊郁夫，安藤清志，池田謙一編：社会心理学パースペクティブ 1；207-232, 1989

別して用いることが要求される。この区別を欠いた場合，行動の理解は無意味なトートロジーや誤った予測などによって妨害されるのである。心理学でよく用いられる質問紙法調査や質問紙式の心理テスト法で得られる結果は，さまざまな工夫で行動を記述しているに過ぎないし，それらが導き出す概念が傾性概念であるか理論的構成概念であるかは多くの場合全く検討されていない。しかし認知主義的志向が流行している現在の心理学では，質問紙法で得られたデータや，単純な行動観察データが，何の検討もなく内的な「認知過程」の要素として扱われている例が数多く見られる。また，「内発的動機づけ」など，特定の条件下における行動パターンを抽象化したにすぎない概念が理論的構成概念として扱われ，一人歩きしている例は枚挙に暇がない。こうした混乱は結果として無意味な言説，無意味な研究を生み出すだけだが，混乱の原因はすべて構成概念の性質と用法に対する無関心にあるといえるだろう。

　先にも述べたように，他の科学者と同様，心理学者は観察した事象を原因論的に説明することに大きな魅力を感じ，その実現を急ぐ。彼らが傾性概念に過ぎないものを理論的構成概念と間違えて用い，無意味な説明に陥りやすいのも，原因論的説明の魅力の故であろう。しかし，心理学が用いる構成概念のうち，理論的構成概念であることが明確に保証されるものはほとんどない。たしかに，一定の条件がクリアされていれば，ある構成概念を傾性概念として用いるか，理論的構成概念として用いるかは研究者の恣意に任されてもよいだろう。とはいえ，観察されない状況要因の問題や時間的パースペクティブの問題など，理論的構成概念としての用法にまつわる問題点を意識することは常に重要である。

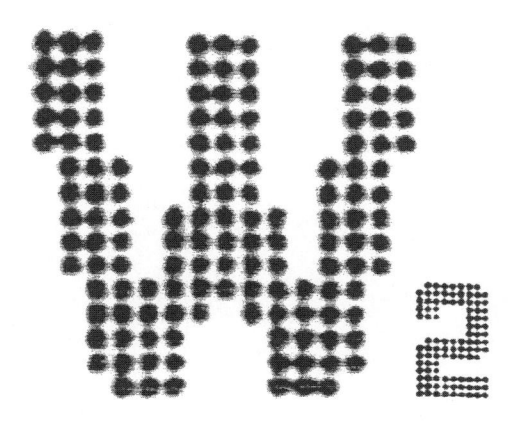

心理学的測定と構成概念

I. 問 題

　さまざまな人間科学の中で心理学がもつ特有の問題のひとつに，心理学的測定がある。「測定」という問題自体は多くの実証科学が共有しているものであり，特に心理学に独自のことではない。

　しかし，心理学が扱うテーマの多くが，直接に観察することができず，物理的な意味での実体とは言いにくい人間の心理的要因であり，心理学的測定はそうした心理的要因を測定する方法を追求している点で，測定一般とは別の問題を抱えるようになっている。人の知能の測定が札幌からヘルシンキまでの距離の測定と質的にまったく異なることは直感的に理解できるだろう。

　心理学における測定の問題は，内的で物理的実体ではなく，客観的に観察することもできない心理的要因に関する構成概念を，客観的に観察可能な人間行動からいかに正確に測定するか，ということにつきる。測定の妥当性や信頼性の問題も，結局は測定されるべき構成概念と測定結果の一致を保証するという

ことに帰結するのである。

　これらの問題を正しく議論するためには，心理学的測定において測定されるべき構成概念の性質，それらの構成概念を測定する手続き，測定結果と構成概念との対応などに関連するいくつかの理論的問題について明確にしておく必要がある。

II．心理学的測定の対象

　心理学的測定は，心理学的な構成概念を計量して，数値に変換することを目的としている。測定の原理は構成概念の性質によって異なり，問題がおきやすいのは理論的構成概念の測定においてである。

1．傾性概念と理論的構成概念

　心理学的構成概念には傾性概念と理論的構成概念の2種類がある[★1]。傾性概念は観察を抽象化しただけの概念であり，観察にすべて還元される。したがって，傾性概念が記述しているのは観察された人の行動パターンそのものであり，傾性概念の意味には現象の原因や，その原因がどこにあるのか（人か，状況要因か）などの情報は含まれない。また，傾性概念によって記述される行動パターンは状況要因から独立ではなく，先行条件の変化によって変化しうると考えられる。

　心理学における典型的な傾性概念は「オペラント条件づけ」である。あるオペラント行動の自発に対して，なんらかの結果を与えたところ，その結果が強化となってオペラント行動の自発が増加した場合，「条件づけが生じた」と考える。このとき，「条件づけ」という概念はそこで生じた現象を抽象的に記述しているだけであり，その原因を説明してはいない。このことは「行動の自発が増加したのは，条件づけが成立したからである」という説明が循環論になることからもわかる。また，オペラント行動に対する強化などの先行条件が変化

[★1] 構成概念の種類についての詳細な議論は以下の論文 **W1** を参照。
　渡邊芳之：心理学における構成概念と説明。北海道医療大学看護福祉学部紀要； **2**：81-86，1995

した場合には，条件づけが生じなくなることもありうる。

　理論的構成概念（仮説的構成概念）も観察から抽象されるものだが，その意味内容は観察に還元されない剰余意味[★2]をもつ。剰余意味は，多くの場合観察された行動パターンの原因となる人の内的要因の仮定という形をとる。この場合，行動の原因は外的な環境からの刺激ではなく，行為者の内部にある心理的な，あるいは生理的な過程ということになる。したがって，理論的構成概念は状況要因とは独立に行動に因果的な影響を及ぼすと考えられる。

　たとえば，「知能」という概念はもともと知的行動の個人差の観察から生まれたものである。しかし，この概念はたび重なる観察や理論的考察によって知的行動の能力を生み出す内的・心理的な過程と結びつけられ，理論的構成概念となった。「知能」はその人が示す知的行動にすべて還元されるものではなく，むしろその原因と考えられる。「英語の成績が良いのは知能が高いからである」という説明は循環論ではない。また，知能はその人がおかれる個々の状況とは独立に知的行動に影響を及ぼすと仮定されるだろう。

2．構成概念の種類と測定

　心理学的測定を考える場合，傾性概念の測定は非常に単純である。傾性概念は観察可能な行動パターンにすべて還元されるから，概念をもとの観察に還元して，概念のもとになった行動パターン群を計量し[★3]，それらを総和したものを測定値とすれば，測定結果は概念と完全に一致する。

　実際には，傾性概念の測定はその概念が還元される行動パターンの計量だけであるから，心理学的測定というほどのものではない。オペラント行動に強化が与えられた時にその行動の自発が増加したということを行動の頻度の計量などによって確認すれば，オペラント条件づけの生起は測定できるが，このことを心理学的測定と呼ぶ人はいないであろう。

[★2]　渡邊，前掲の[★1]
[★3]　一般に心理学では「測定」と「計量」を明確に区別することはなく，英語でも普通はどちらもmeasurementを用いる。しかしここでは議論を明確にするために，「客観的に観察可能な現象を測ること」を特に「計量」と呼んで「測定」そのものと区別したい。計量は心理学的測定の重要な要素であるが，測定のすべてではない，ということである。

ほかの傾性概念についても同様である。傾性概念は客観的に観察可能な行動パターンの計量だけで完全に捉らえられるという点で、長さや重さなど物理量の測定と同じように考えることができる。つまり、測定されているものは測定対象自体なのである。
　理論的構成概念の測定はそれほど単純ではない。理論的構成概念が意味しているのは人の「こころ」の内部にある心理的な特性や過程であり、それらを目視などによって直接観察することはできない。また、理論的構成概念の意味をすべて観察可能な行動パターンに還元することはできないことも先に述べたとおりである。
　「知能」は人の内部にあるものであり、われわれの五感によって直接観察することはできないし、どんな装置を用いても直接に計量することはできない。しかし、観察可能な知的行動はあくまでも知能から因果的影響を受けた現象にすぎず、知的行動の観察に知能を完全に還元することもできない。
　こうした難題をかかえた理論的構成概念を測定するために心理学が編み出した方法が、狭義の心理学的測定であるということができる。しかし、ここで心理学的測定の根本的な問題が生じてくる。つまり、理論的構成概念は直接観察できないから、そのままでは測定できない。測定を行なうためには計量可能な行動パターンにそれを還元しなければならないが、概念の剰余意味は還元できないから、測定結果と概念とが完全に一致することはないのである。
　この問題を論ずる前に、まず実際の心理学的測定の論理や手続きにについて整理したい。

III. 心理学的測定の論理

　一般に心理学的測定は、測定すべき理論的構成概念の操作的定義、操作的定義の内容を計量するための尺度の構成、尺度による計量と計量値の測定値へのあてはめという3つの段階を経て行なわれる。

1．理論的構成概念の操作的定義
　理論的構成概念そのものは観察不可能な仮説的過程を意味しており、それ自

体を直接に計量することはできない。そのため，理論的構成概念を計量可能な行動パターンに還元することが必要である。

このために理論的構成概念を操作的に定義することが必要となってくる。操作的定義とは，構成概念を明確に定義するためにそれを客観的で再現可能な操作によって定義すること，つまり「～という操作を加えた時に生じる現象」として構成概念を定義することをいう。

心理学では，操作的定義はそれほど厳密には考えられておらず，構成概念をそれと関連する実際に計量可能な行動パターンにほぐすことを操作的定義と呼ぶことが多い。この手続きによって理論的構成概念の指標となる計量可能な行動群を得ることができる。

「知能」を操作的に定義するには，知能の高さを示すと思われる行動を列挙して，それがある個人に多くあてはまる時にはその人は知能があり（あるいは高く），そうでないときは知能がない（あるいは低い）などと定義すればよい。知能であれば文章の読み書きができる，数値計算ができる，正確な記憶ができる，手先が器用であるなどといったことがこれにあたり，これらの行動が多く示されれば，その個人には高い知能があると推測される。

操作的定義を適切に行なうには，その理論的構成概念によって示される内的過程の構造や機能がよく分析されている必要があり，概念の理論的根拠が明快であればあるほど操作的定義は容易で正確なものとなるだろう。

2．尺度の構成

操作的定義によって理論的構成概念の指標となる一連の行動やそのパターンが確定したら，それを正確に計量するための方法を用意する。こうした行動の計量のための装置を「尺度」と呼ぶ。尺度が実際に計量しているのは理論的構成概念の指標となる行動だが，慣例ではこうした尺度は「理論的構成概念を測定する尺度」とみなされる。

「社会的態度」は理論的構成概念だが，ある対象についての社会的態度の指標となる行動群を計量する尺度はふつう「社会的態度尺度」と呼ばれる。さまざまな欲求の尺度，パーソナリティ特性の尺度なども同様であり，それらが実際に計量しているのは指標となる一連の行動の量や頻度である。

尺度の性質は，行動を計量するために用いられる手続きによって異なるが，大きく分けて，指標となる行動の量や頻度を直接に計量しようとするもの，指標となる行動の量や頻度について対象者の意識報告を求めるものの2種類がある。

　知能における知的行動のように，構成概念の指標となる行動群が比較的容易に観察でき，またわずかな条件の操作によって容易に再現可能である場合には，行動の直接観察によってその量や頻度を計量することが多い。知能の測定においては，先に挙げた知的行動を計量するための課題を列挙した尺度（一般には知能検査とよばれる）を構成し，それを対象者に試行することによって知的行動の量を計量する。

　一方，社会的態度やパーソナリティ特性などの構成概念の指標となる行動は，その内容によって千差万別である上に，直接観察したり，手続き的に再現したりすることが困難であることが多い。この場合，直接行動を計量するのではなく，それら行動の量や頻度を対象者に尋ねて，それに対する報告を計量値とする。内向性の測定のために「パーティーなどではひとりで黙っていることが多いですか」などと尋ねることがこれにあたる。こうした手法は計量の簡略化，効率化にもつながるため，現在では心理学的尺度のかなりの部分がこうした意識報告に依存している。

　これらの尺度による計量結果は，連続量とみなしうるような数値になることが望ましいとされる。これは，計量結果（測定値）をさまざまな統計的技法によって分析可能にするためである。態度やパーソナリティ特性測定における評定尺度法は，3件法や5件法などの目盛り上で評定させることによって，ものの好き嫌いなど本来は連続量にならないような意識報告を巧妙に連続量に変換している。

　こうした目的にかなうように行動の計量方法を洗練させることが狭義の尺度構成法であるが，これに関しては議論の本質から離れるので詳しくは論じない。

3．尺度による計量と測定値

　尺度が構成されたら，それを用いて理論的構成概念の指標となる一連の行動を計量し，計量値を得る。そして，得られた計量値の総和をもって，構成概念

の測定値とみなす。知能の例でいえば，知能尺度の各要素によって計量されたさまざまな知的行動の量や頻度を合算したものが，「知能」の測定値ということになる。

　指標となる多くの行動の計量値を合計する時には，各行動と理論的構成概念の結びつきの強さに応じて重みづけを行なうことが望ましい。重みづけの大きさは理論的考察や先行研究によって決定される

　以上の手続きによって，理論的構成概念の心理学的測定が実現されている。知能検査の結果を知能の測定値とみなす，態度尺度によって態度を測定する，性格検査を作って性格を測る，といった心理学の日常的な営みは，すべてこうした論理にもとづいているのである。

IV. 測定結果と構成概念との対応を低める要因

　これまで述べてきたように，心理学的測定とは理論的構成概念を操作的定義によって一連の行動的指標に還元し，尺度を用いてそれらの行動的指標を計量して，その計量値を構成概念の測定値とみなすことである。

　こうした心理学的測定の手続きには多くの問題点が指摘されてきたが，そのなかでもっとも重要と考えられるのは，測定によって得られた測定値と測定対象である理論的構成概念との対応の問題である。構成された尺度による計量結果が，もとの構成概念と一定の対応をもっていなければ，構成概念が測定されたとはいえない。そのため，心理学的測定においてはその測定結果と理論的構成概念との間の対応が保証される必要がある。

　こうした対応を低めるような要因を，心理学的測定における誤差要因と考えることができる。こうした誤差要因として，操作的定義による概念の変質と，状況要因の影響について検討する。

1. 操作的定義による概念の変質

　心理学的測定においては，本来直接観察することのできない理論的構成概念を計量するために概念の操作的定義を行ない，概念を観察可能な行動的指標に還元する。

このとき，理論的構成概念の意味内容のうちで行動に還元できない剰余意味は行動的指標に変換されずに残ってしまう。こうした剰余意味の内容としては，その概念が指し示す内的過程の構造や機能についての本質的な部分が考えられる。

知能の例で考えれば，操作的定義によって指標として得られた知的行動は，理論的には「知能」という内的特性あるいは過程の「結果」として生じるものであって，知能そのものではない。行動的指標は知能の構造や機能，知能によって知的行動が引き起こされるメカニズムといった問題を捨象して，知能の結果として生じる行動パターンだけを代表しているのである（図１）。

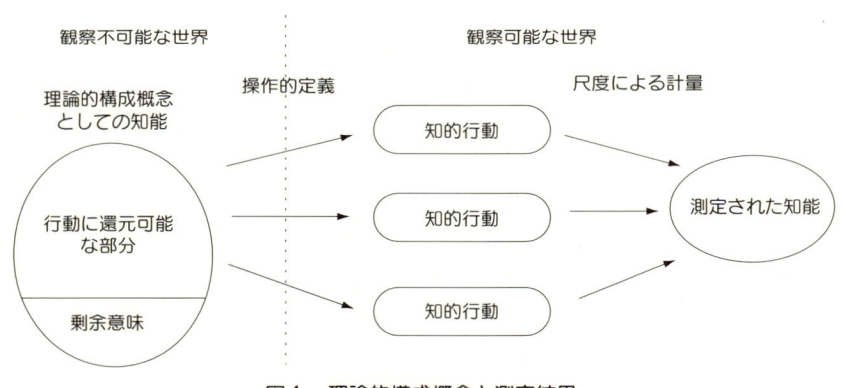

図１　理論的構成概念と測定結果

この点で，操作的定義によって得られた行動的指標を用いて計量される「知能」は，理論的構成概念としての性質を失っていると考えられる。行動的指標の計量結果である知能の測定値は，すべて観察可能な行動に還元することができる。つまり，知能が本来どのように考えられているかに関係なく，測定された知能は傾性概念になってしまうのである。

心理学の教科書には操作的定義の例として「知能とは，知能検査によって測られたものである」という定義がよく引用されるが，この場合の知能は観察にすべて還元される傾性概念であって，そこから知的行動の原因や，その内的構造について論じることはできない。この意味で，操作的定義によって定義され

た構成概念はすべて傾性概念であるということができる。理論的構成概念は操作的定義を与えられた時点で傾性概念に変質するのである。

　これは，ある意味でとても奇妙なことである。理論的構成概念も元来は行動の観察をもとにした傾性概念だったのが，長年の観察や理論的研究によって行動を決定する内的過程のモデルと結びつけられて理論的構成概念となっていく。これによって傾性概念では不可能だった行動の原因論的説明などの能力をもつようになるのである。しかし，ひとたび測定が必要になると，操作的定義で構成概念を行動に還元して計量しなければならず，理論的構成概念のせっかくの特性が失われてしまうのである。ここでは，観察された行動の構成概念による抽象化，理論的考察による剰余意味の付与と，操作的定義による剰余意味の剝奪，行動への再還元という一種の堂々巡りが生じている。このことが，心理学的測定をある意味で特殊な問題にしていると考えることもできる。

　いずれにしても，心理学的測定においては理論的構成概念から傾性概念への還元にともなって生じる理論的構成概念と測定結果とのずれをいかに小さくするか，ということが測定の妥当性を高めるために重要になってくるであろう。

2．状況要因の影響

　行動的指標への還元はもうひとつの問題を生じさせる。それは，行動は理論的構成概念が示す内的過程だけでなく，状況要因の影響も受けて成立している，ということである。

　知能という理論的構成概念が本来意味するものは，人間の内部にあって，状況要因とは独立に知的行動をうみだすような特性，あるいは過程であって，周囲の状況とは関係なく，人の知的行動に一定の影響をあたえる。しかし，知的行動の生起に影響するのは知能だけではなく，その行動が生じる場面における状況要因も非常に有力である。人の行動に状況がどれほど大きな影響を及ぼすかは，あえて論じるまでもなく，実際の人間行動は人の内的要因と状況要因とが複雑に相互作用して決定されていると考えられる。

　この関係を図2にあらわす。心理学的測定が仮定しているのはAの対応であるが，実際に知的行動がどのように生起するかは，知能が知的行動に及ぼすAの力と状況要因が知的行動に及ぼすBの力の相互作用の関数となる。したがっ

て，もし知的行動の生起が観察されたとしても，それがそのまま知能の結果（知能の行動的指標）だと判断することはできない。その行動が状況要因によって引き起こされており，知能の指標とはなっていない可能性が残る。また，行動に影響する状況要因には観察可能なものとそうでないものがあり，有力な状況要因が観察されなくても，実際には影響が生じている場合がある。

　理論的構成概念と測定値との対応を低下させる状況要因の力を，心理学的測定においては測定誤差と考える。この場合，状況要因からくるBの力を完全に把握し統制することができれば，誤差はなくなり，理論的構成概念と測定値の対応は強まるであろう。

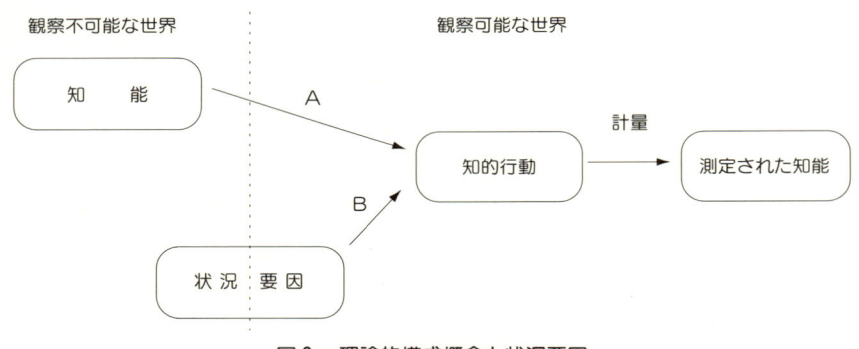

図2　理論的構成概念と状況要因

　このように，心理学的測定によって得られた測定値は，理論的構成概念が指し示すような内的特性や過程の影響（本来測定すべきもの）と，状況要因の力（誤差）の影響とを混合して示していることが多く，構成概念と測定値との対応はふたつの力の相互作用によって変動するのである。このことは傾性概念では常に仮定されることであり[★4]，理論的構成概念を測定のために行動に還元し，傾性概念に変質させてしまったことからこうした問題が生じたといえる。

　そこで，測定において状況要因をいかに統制し，理論的構成概念と測定値との対応を強めるか，ということが問題になってくる。

★4　傾性概念のこうした性質についても渡邊，前掲の★1を参照

V. 測定の妥当性を高める方法

これまでの議論で，理論的構成概念とその測定値との対応は，理論的構成概念を操作的定義によって行動的指標に還元する時の意味内容の変化，行動的指標が状況要因から受ける影響という2つの誤差要因によって低められることがわかった。

これらの誤差要因の影響を低減し，理論的構成概念と測定値との対応を向上させることが，すなわち測定の妥当性を高めることである。そのために考えられる方法や可能な方法，ならびにそれらを実行する上での問題点について検討する。

1. 構成概念の変質を抑える

理論的構成概念を操作的定義によって行動的指標に還元する時に，理論的構成概念がもつ意味を最大限正確に行動的指標に移し替えることができれば，測定の妥当性は相対的に向上する。とくに，構成概念の剰余意味をなんらかの形で取り込めるような操作的定義が可能になれば，構成概念の変質は最小限に抑えられるだろう。このことは，一般には測定または尺度の「構成概念妥当性」と呼ばれる。

構成概念の変質を抑えるためには，まず，対象となる理論的構成概念の構造や機能についてできるだけ詳細な理論的分析を行ない，その構成概念の力によって引き起こされることが予想され，他の構成概念からは説明できないような行動パターンを可能な限り多く同定して，操作的定義の内容を豊かにする必要がある。このことにより，構成概念の意味と行動的指標の一致が向上する。

また，操作的定義によって得られる多くの行動的指標の間に潜在する構造について，因子分析などの手法を用いて検討することも有意義である。行動的指標にみられる潜在的構造が，構成概念の理論的な構造と一定の対応を示していれば，構成概念の剰余意味がある程度反映されていると考えることができるし，潜在的構造から外れる行動的指標は構成概念との対応が低いと考えて排除することができる。因子分析などによって得られるこうした情報をとくに「因子的

妥当性」と呼ぶことがある。また，一次元的尺度の内的一貫性もこれと類似した問題を扱っている。

　しかし，これらの方法によっても先に述べたような理論的構成概念と測定値の原理的な乖離は埋められない。測定尺度によって計量される行動的指標が概念そのものになることはないからである。

　理想的には，行動的指標に頼らずに，理論的構成概念が示している内的特性や過程自体により近いものに依存して測定を行なうことができれば，測定の妥当性は向上する。たとえば知能を知的行動から測定するのではなく，知的行動に影響する脳内の生理学的に観察可能な現象によって測定することができれば，少なくとも行動よりは構成概念が意味しているものそのものに近づくであろう。また，測定への状況要因の影響も低減できる。

　しかし，心理学の理論的構成概念の多くは「心理的である」という点で内的であると考えられるに過ぎず，人体内の生理的・物理的過程に還元できるほど厳密な理論的構造をもっていない（多くのパーソナリティ概念がその典型的な例である）。認知心理学や知覚心理学で用いられるある種の理論的構成概念は，今後の研究の発展によって，脳の生理的構造や生体の情報処理機能など内的に実在する過程と結びつけられ，高い妥当性のある測定法を得るであろう[★5]。しかし，心理学における理論的構成概念の大半については，近いうちにそのような測定法が得られることはほとんど考えられない。

2．状況の影響を抑える

　理論的構成概念とその測定値とを対応させて測定の妥当性を向上させるためには，構成概念の指標となる行動の生起に及ぼす状況要因の影響を低減する必要がある。

　まず，操作的定義によって行動的指標を決める時に，比較的状況要因の影響を受けずに構成概念の指標となりやすいと思われる行動を選択することが考えられる。知能の測定であれば，「飛んでいる鳥の数が数えられる」といった指

★5　しかし，生理的指標による測定が一般的になった分野は生理学者に浸食される。「大脳生理学がもっと進歩すれば心理学はなくなる」などという悲観論の主な論者はこうした分野の心理学者である。もちろんこうした考えは誤っている。

W2 心理学的測定と構成概念

標よりも,「繰り上がりのある足し算ができる」といった指標の方が状況要因の影響を受けにくいであろう。

状況の拘束が小さいような場面での行動をおもに計量することもこれに役立つ。「性格の明るさ」の指標として「笑う行動」を計量するならば,葬式や結婚式,寄席や劇場などのように笑うか笑わないかが状況によって強く拘束される場面ではなく,状況の拘束が弱くて笑うか笑わないかが個人の性格によって大きく異なるような場面での笑いを計量した方が,測定結果と構成概念との対応が高まる。

どのような行動指標や測定尺度が状況要因に影響されずに仮説的構成概念をよりよく反映するかを判断するには,さまざまな状況における測定結果が一貫しているかどうかを確かめればよい。これを通状況的一貫性という[6]。どのような状況でも,個人の測定値とその相対的な個人差について等質な結果を得ることができるような測定尺度は,仮説的構成概念との対応において妥当性が高いとみなすことができるだろう[7]。

ところが,通状況的一貫性の確認は実際には困難である。さまざまな状況での測定値の一貫性を問題にするのは,異なった状況でも同じ測定値が得られれば,それは状況要因とは別の要因,つまり仮説的構成概念を測定している可能性が高まるからである。しかし,状況要因には観察可能なものとそうでないものがあり,観察可能な状況要因を規準に2つの状況が異なると判断しても,観察されない状況要因が共通していて,それが測定値の一貫性を生み出している可能性がある。

特に,心理学的測定においては周囲の状況が変化しても測定の方法は変化しないため,測定方法そのものが一貫した状況要因として測定値の一貫性を生み出している可能性もある。これを「方法分散」と呼ぶ[8]。

行動観察をもとにした測定値の通状況的一貫性を確認しようとする時には,

---

[6] 渡邊芳之,佐藤達哉:パーソナリティの一貫性をめぐる視点と時間の問題。心理学評論;**36**:226-243, 1994
[7] 測定結果の一貫性はふつう測定の信頼性の問題と考えられるが,ここでは構成概念と測定結果の一致を重視して,妥当性の問題として扱う。
[8] Mischel, W. 詫摩武俊監訳:*Personality and Assessment*. Wiley, 1968 パーソナリティの理論〜状況主義的アプローチ,誠信書房, 1992

観察されない（できない，しない）状況要因の問題がつねに生じ，原理的には通状況的一貫性の完全な観察は不可能である，と考えざるを得ない★9。

とはいえ，かなりの数の状況で繰り返し測定した時にある程度一貫した測定値が得られれば，その測定が構成概念と対応している可能性は確率論的に高まると考えてよいだろう。ところが心理学的測定についてはその程度のこともかなりの手間と時間を要するため，実際に確認された例は少ないし，確認しようとする試みはよく失敗する★10。

3．規準関連妥当性の意味

測定と尺度の妥当性の検討では，今まで挙げてきたようなことの他に，「規準関連妥当性」ということが問題にされる。これはその尺度以外の測定や計量との関係から測定の妥当性を確認しようとするもので，ここで議論している構成概念と測定値との対応とは別の問題だが，これについて簡単に述べる。

規準関連妥当性のひとつは，併存的妥当性と呼ばれるものである。これは，その尺度が測定しようとしているのと同じ構成概念，あるいはその構成概念と深く関連すると思われる構成概念のいずれかを測定する既存の尺度の測定値と，その尺度の測定値との関連性を検証して，十分な関連性が見られれば，その尺度に妥当性があるとみなすものである。同じようなものを測っている既存の尺度と同じような測定値が得られれば，その尺度には妥当性がある，ということである。

併存的妥当性は既存の尺度の妥当性を規準にしており，それらの尺度の妥当性が保証されていなければ何の意味もない。ましてや理論的構成概念と測定との対応についてはなんの情報も与えないので，この論文で問題にしていることとは直接の関係がない。

もうひとつの規準関連妥当性は，予測的妥当性といわれるものである。測定値から構成概念に関連する行動が予測できた時に，測定に妥当性があると考えるものである。これは，厳密には測定の妥当性でなく，計量の妥当性を検討し

★9 渡邊芳之，佐藤達哉：一貫性論争における行動の観察と予測の問題　性格心理学研究；**2**：68-81，1994
★10　Mischel，前掲の★9

ていると考えた方がよい。尺度が直接計量しているのは行動であり，尺度がその行動を正しく測定していれば，同じような行動についての予測力が生じるのは当然である。この点で，行動の計量による行動の予測は，一種の同義反復といえる。

　測定値からある行動が予測できるかどうかは，操作的定義の結果同定された行動的規準の中にその行動が含まれ，かつそれが尺度によって正確に計量されているかどうかによって定まり，測定値が理論的構成概念と対応しているかどうかとは無関係である。

　とはいっても，尺度の測定値から行動が予測できるかどうかは尺度値の実際的な利用を考える時には非常に重要であり，理論的構成概念との対応の問題とは独立に，よく検討されるべきであろう。

VI. まとめ

　以上のように，理論的構成概念の心理学的測定にはいくつかの問題点があり，それを解決するための手続きにも不十分な点が多いことから，心理学的測定の結果が構成概念ときちんと対応しているかを明確に判断することは難しい。

　しかし，心理学的測定を行なう時にこれらの問題をきちんと検討することは，測定値の意味をよく理解して，その測定値を正しく用いる上で必要である。とくに，測定値に状況要因が与える影響について常に考慮し，測定結果を謙虚に用いることは，測定の誤用を防ぐ上で重要であろう。

　最近の心理学では，理論的構成概念の提唱とその尺度化が常にセットになって考えられるような傾向があり，「〜特性」とか「〜欲求」といった構成概念は必ず「〜特性尺度」を伴って提唱されている。しかし，多くの場合その構成概念についての理論的考察は不十分であり，測定の妥当性も明確になっていない。それでも測定値だけが一人歩きして人間行動の説明がなされたり，ときにはその測定値がそのまま内的過程の指標として用いられたりしている。このことが内包する問題の大きさはこれまで述べてきたことからも明らかであろう。

　理論的構成概念と測定値の対応について真剣に分析することに，その理論的構成概念自体の理論的問題点や定義のあいまいさを浮き彫りにし，研究全体の

発展に役立つ。

　パーソナリティ心理学における一貫性論争はそのよい例である[11]。この論争も本来は性格検査による測定の妥当性が問題になったと考えてよいが，そこからパーソナリティ概念やそれによる行動説明の論理自体の問題点が広範囲に論争された。その結果，それまで理論的構成概念と考えられてきた「パーソナリティ」を，人の内的要因と状況要因との相互作用の結果として生み出された個人独特の行動パターン自体を記述する傾性概念としてとらえなおそうとする考え方，すなわち「相互作用論」が生まれ，研究分野全体の大きな変化を招いたのである。

　心理学に限らず，研究方法についての詳細な理論的分析は，かならず研究自体の本質に関する深い洞察を導くものである。もちろん，大半の研究者は一般に用いられる方法に特に疑問を持つことはなく，その基盤上で実験・調査やフィールドワークを蓄積していくものだし，心理学という学問の日常的で着実な進歩にはそうした立場が大きく貢献するであろう。しかし，われわれの心理学がどこから来て，今いったい何をやっているのか，そしてこれからどこに行くのかということを考える上では，自分たちが使っている方法をまず疑ってみることが大切だろう。しかし，全ての研究者が方法を疑うようでは日常的な研究が停止してしまう。懐疑論者はどこかに少数いることが大切なのである。

---

[11] 渡邊・佐藤，前掲の[6]および[9]

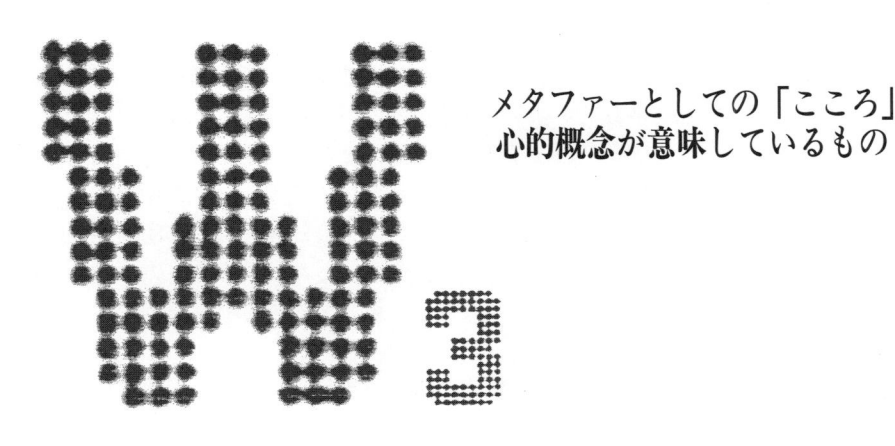

メタファーとしての「こころ」
心的概念が意味しているもの

I. 問　題

　「こころ」やその構成要素であると思われるような人の内的過程や状態を意味する概念，つまり心的概念を人間行動の原因論的説明に用いることは，人の日常生活において一般的であると同様に，心理学においても古くから一般的であった。そうした心的概念としては「精神」「意志」「意識と無意識」「パーソナリティ」「欲求」「動機づけ」「認知」「記憶」などがある[1]。「こころの科学」という心理学の一般的イメージからいえば，そうした概念を用いてこころ

---

[1] これらの概念の一部は，使い方によって心的概念にも，そうでない概念にもなる。「意識」は医学的な用法のように客観的に見て「外界からの刺激に反応する」ことを指す用法もあるし，「認知」「記憶」なども環境へのある種の反応のしかたを指す概念として用いることができる。しかし心理学においてはこれらの概念は多くの場合心的概念として用いられ，人の内部にあるなんらかの過程や状態を意味している。

を理解し，人間の行動を説明する「科学」★2こそが心理学であると考えるのが一般的ですらあるかもしれない。

　しかし，こうした心的概念を用いて行動を説明することの根拠は，実は非常に脆弱である。多くの心的概念は人の内部にあり行動に因果的に先行すると仮定されているが，そうした内的過程の存在は観察された行動や行動の規則性から類推されているに過ぎず，ほとんどの場合客観的に観察された事象，つまり外的なものに還元されてしまう。実際，心理学では心的概念に操作的定義が求められることが多く，それなしには測定や実験といった「科学的」方法が適用できないとされるのだが，操作的定義とは心的概念を観察可能な事象に還元することなのである★3。

　観察された行動から心的概念を抽象化し，それを行動の原因とみなすことには論理的な根拠はなく，形而上学に陥る危険を伴う。そして，こうした心的概念による行動の説明は同義反復に過ぎず，科学的説明として無意味であることは，著者がこれまで繰り返し指摘してきたことである★4★5。心的概念を人間行動の科学的説明に用いることは，「霊魂」「神」「運命」といった超越論的な概念から事象を説明することと同様の問題をもつといえよう。

　心的概念のこうした性質に対して徹底的な批判を加え，それによる説明が無意味であることを論証し，実証してきた最大の勢力は行動主義である。そして，行動主義の心理学は人の行動を環境からの刺激と生体との相互作用の結果として位置づけ，客観的に観察可能な環境と行動との関係の分析から，心的概念を

★2　この論文では，反証可能な論理を備え，再現可能な方法による実証的手続きをとる事象理解の営み，という狭義の意味での科学という用語を用いる。いっぽう学（学問）という語は，事象を理解し説明し表現しようとする，一定の体系をもった営みすべてを示す。したがって人文科学など科学という語を広義に用いた学の中には科学でないものが存在することになるし，一般に理数系医歯薬系に分類され典型的な科学と考えられている学問の中にも科学とはいえない部分がある。そこで，その学がなんらかの科学性を主張していても上記の規準を満たしているか不明確な場合は，文中で「科学」「科学的」などカッコ付きで示すことでその意味を区別することにする。
★3　渡邊芳之：心理学的測定と構成概念 W1　北海道医療大学看護福祉学部紀要；3，125-132，1996
★4　渡邊芳之：パーソナリティ概念を用いた行動説明にみられる方法論的問題点　人文学報（信州大学人文学部）；25，19-31，1991
★5　渡邊芳之：心理学における構成概念と説明 W2　北海道医療大学看護福祉学部紀要；2：81-86，1995

用いずに人間行動を説明★6，予測，制御することに成功している。

　もちろん，行動の決定には環境と相互作用する生体も関与するから，内的過程の存在が否定されるわけではない。しかし，そうした内的過程は物理的な実体であり，より厳密な科学的方法によって研究され得るという点で，形而上学的な基盤しかない心的概念とは別のものであるべきだろう。「認知過程」などの概念も本質的には心的概念であり，それが内的な実体とじかに対応すると考えることには根拠がない★7。

　真に内的であり，環境と相互作用する生体側の要因であるのは神経生理学的な要因だろう。しかしそれにアクセスすることは方法論的にも，能力的にも徐々に心理学者の手を離れる。また，実際の人間行動の説明という目的からいえば，神経生理学的な過程は環境と行動とを媒介する過程に過ぎず，行動の説明力という点で環境刺激そのものには遠く及ばない。人の行動を説明するために内的な神経生理学的過程にこだわることは，うまい料理がなぜできたかという説明として電子レンジの構造をくわしく述べるようなものである。ふつうはどのような材料をどのように準備し，電子レンジをどう操作したかを説明するだろう。

　心理学が，他の学への優位性を保ちながら現在の心理学者の多くが定義するような「人間行動の科学」としての科学性を持つためには，行動の説明に心的概念を使用したり，神経生理学的過程にこだわったりしないで，心理学者が科学的で独自な方法でアクセス可能な環境と行動との関係を行動主義的に分析していくのが最良の道だろう。しかし，こうした考えはいまのところそれほど多くの心理学者に受け入れられてはいない。心理学の出自や歴史から考えて，説明概念としての心的概念の廃止，内的過程との決別と住み慣れた「こころの科学」からの脱却は天動説から地動説への変換に匹敵するパラダイム・シフトで

★6　ただし，行動主義的な説明は「これが，ああして，こうなった」という手続き的な説明，"how"の説明であり，「なぜそうなるか」という"why"の原因論的説明にはならない。一方，心的概念は原因論的説明を行なえるように見える。しかし，科学は究極的には原因の説明を行なわないものである。宇宙が「どのように」生まれたかは科学的研究の領域だが，「なぜ」宇宙が生まれたかは宗教などの形而上学的体系によってしか説明されないのである。

★7　Skinner, B.F., 岩本隆茂ほか監訳：*Upon Further Reflecion*. Prentice-Hall 1987　人間と社会の省察，勁草書房：139-166, 1996

あり，まだ相当の紆余曲折と時間を要するだろう。

いずれにしても心的概念を科学的概念として用いることができないのは明らかなのだが，では，そうした概念を一般の人々や多くの心理学者が古くから使い続けてき，これからも使っていくと考えられるのはなぜなのだろう。これは，心的概念が科学的概念として失格だ，ということとは別の問題であり，かつ心理学的な検討を要する問題でもある。

心的概念が使われ続けるのは，それがわれわれの生活においてそれなりの意味（あるいは情報価）を持ち，心的概念の使用がなんらかの利益を生んでいるからだと考えることができる。心的概念を用いることで，なにかが捉えられ，伝えられていることは間違いのない事実であろう。そこで，この論文ではそうした「心的概念のほんとうの意味」について考え，それが心理学的な研究や臨床的活動にどのような含意を持つのかを検討してみたい。

II. 心的概念は人の歴史のメタファーである

自分が心理学者としてでなく日常生活において心的概念を使っている場面[★8]で内省したり，身近な他者が心的概念を用いる態度を観察したりすると，興味深いことに気づく。われわれは心的概念を自分や他者の内部にある（と仮定される）ものを指すために用いてはいるけれども，その「内部」というのは物理的な「体内」というのとは微妙に違う感覚なのである。

こころはたしかに自分や相手の中にあるが，それは相手の体内の具体的な器官や臓器と対応するわけではないし，脊椎や脳の中の中枢神経系のはたらきに還元されるわけでもない。日常感覚では，こころはそうした物理的実体とは無関係に，人の中に「存在」しているのである。こころが特定の臓器の中で活発に活動しているとか，血管の中を流れたり，神経系を伝わって移動していると

[★8] 著者は心理学者としては行動主義的な立場をとり，心的概念の使用には慎重である。しかし人としての著者は日常会話では心的概念を躊躇なく用いるが，このことはこの論文の論点とも関連する。いずれにしても，科学的説明以外の文脈で心的概念を用いることは現在の言語的文化の性質上しかたのないことである。Skinner も以下の著書の中でこのことを強調している。
Skinner, B.F. 犬田充訳：*About Behaviorism*. Knopf 1974，行動工学とは何か，祐学社，1978

ころを想像することは難しい。また「自分のこころはどこにあるか」という問いに対する答えも,「自分の内部にある」という点以外では大きな個人差を示す。「頭の中」「目の後ろのあたり」など,実に人それぞれである。

つまり,われわれにとってこころが内的であるというのは,物理的に人の体内にあるというわけではないが,とにかくなんとなくその人の中にあるとしか感じられないという意味で,である。では,こころはどういう意味で人の内部にあるのだろうか。

1. 観察できない環境要因の心的概念への投影

先にも述べたように,人の行動は環境の影響を受けた生体の反応として生じるもので,実際には人の行動の原因のうち相当の部分は過去の環境からの刺激(つまり経験)に帰されるものだし,真に内的な要因として,環境と相互作用するのは心的ではなく生理的・物理的な実体である。その点で心的概念による行動の因果論的説明は科学的根拠をもたない[9]。

しかし,心的概念による行動説明を行なっているわれわれが,そうした事実にまったく気づいていないわけではない。自分がいまこういう人間であり,こういう行動をしていることには,自分の遺伝的・生理的特質だけでなく,自分が生まれてからこれまでの人生におけるたくさんの経験,周囲の物理的・社会的環境からの無数の刺激が反映されていることを,われわれは漠然と知っている。自分の行動がすべて遺伝によってプログラムされていると考える人はいないだろう。人は誰でもある程度は素朴な環境論者なのである。

しかし,そうした環境からの影響は,いま自分がしている行動,あるいは目の前の他者がしている行動よりも過去に生じたことである。過去の事象は文字どおり過ぎ去ってしまっており,もはや存在しない。いま現在で存在するのは,過去の環境事象の影響を受けて行動した行為者と,行動そのものだけである。このとき,「過去の環境事象」という行動の先行因の痕跡は目に見えないが,確かに存在するはずだろう。どこに? 行為者の内部に![10]

---

[9] 前掲の[4],[5]
[10] 行為者が自分自身であるときには,過去の経験がまったく未知であるわけではない。しかし,過去の経験は「記憶の表象」という主観的で内的な経験に現われるため,行動の原因を行為者の内部に帰属する傾向は同様に高まるだろう。

自分の配偶者が日頃から怠けもので，掃除や洗濯などもあまりしないとする。このとき，こうした行動の原因が家庭環境や親のしつけ，学生時代の生活環境，結婚してからの夫婦の相互作用など，（その瞬間から見て）過去の環境要因によって形成されているとしても，それらの環境要因はすでに過ぎ去ってしまい，観察できない。自分の目に映るのは配偶者自身と，その怠惰な行動だけである。この行動はどこから出てきたのか，彼女からだ。原因は？　急いで彼女の後ろに回ってみても，その原因はどこにも見えない。さしあたり原因は彼女の中にあると考えるしかないだろう。そしてそれは「遺伝的怠惰性」といったことではなく，「怠惰な性格」とか「意欲減退」とか「夫への愛情のなさ」といった心的概念によって説明されることが多いだろう。

　このように，われわれは行動の先行因となっている環境要因の存在は漠然と認識していながら，実際に行動が生じたときには，それに先行する環境要因を同時に観察することができないことがほとんどである。そこで，そうした未知の「過去」を行為者の内部に投影する。そして，多くの場合それは「こころ」にまつわる心的概念のかたちで認識される。

　つまり心的概念は，過去に存在して現在の行動の原因になっているが，現在は観察できない環境事象（行為者の過去の経験）を行為者の内部に投影し，仮説的に実体化したものである。それはいわば，行為者が生まれてからこれまで経験してきた，無数の環境事象という目に見えない「歴史」を，行為者という主体を透かして過去の方向へ眺めていくためのメタファー（隠喩）★11なのである。

　また，心的概念が内的であることもやはりメタファーであって，それが含意する歴史がほかでもない行為者自身と不可分であるという意味で内的であるだけである。心的概念が物理的に内的であったり，物理的な内的要因と対応する必要はないし，われわれも必ずしもそう感じてはいない。これが，先に述べたこころの空間的所在のあいまいさの原因であろう。

　心的概念は，過去にその人が経験したであろう歴史が，ある種の映像に変え

★11　本論文ではメタファーの中にメトミニー（換喩）的な比喩も含むものとする。また，ここで述べられているメタファーは，多くの場合使用者がそのほんとうの意味対象（レファレント）を明確に意識することなしに用いている点で比喩一般とは区別するべきだろう。

られてその人というスクリーンに映しだされているようなものである。映像はその人の中にあるように見えるが，実際にはそこに投影されているだけの「かげろう」なのである。

2．メタファーとしての心的概念の価値

　では，こうしたメタファーとしての心的概念には，どのような価値があるのだろうか。第1に，メタファーを用いることで，観察できない過去の環境事象も含めてその人の行動の原因となるもの全体を直感的に俯瞰することができる。「あの人は内向的な性格だ」と述べることには，目には見えないが，その人を過去にとりまいていた環境要因が彼に内向的な行動をさせるように仕向けてきたのかもしれない，あるいはそうした環境要因は現在も持続していて，彼の内向的な行動それぞれの直前に彼に働きかけているかもしれない，という含意が隠されている。

　また，必要であれば共通の言語的文化に属する第3者に，行為者の行動とその原因について伝達することができる。先の例であれば，「うちの女房は怠けものでさあ，困っちゃうよ」といった言語的報告にこめられたメタファー的意味を，伝達された第3者の多くは認識することができるだろう。伝達精度は二人が同じ言語的文化をどれだけ共有しているかや，被伝達者の感受性などに依存するだろう。これが心的概念のコミュニケーション枠としての価値である。

　臨床心理学的な場面で心的概念が多用されるのも，そのコミュニケーション枠としての価値と関連している。クライエントと環境との相互作用が問題行動や悩みにつながってきた歴史が明確になりえない中で，クライエントは自分の問題を心的概念を用いてカウンセラーに語りながら，メタファー的に自分の歴史を伝えていく。カウンセラーはそこにあるメタファーを受け取ると同時に，自分も心的概念を用いてクライエントに語りかけていく中で，クライエントの問題が生みだされた歴史への解釈や解決のヒントをメタファー的に伝えていくのである。

　すぐれた臨床家にはクライエントの心的概念による語りに隠されたメタファーを的確に読み取る能力と同時に，それを解釈し咀嚼した結果を新たなメタファーとして心的概念に託し，伝えていく能力が求められる。彼／彼女らが醸し

出すある種の芸術的・文学的センスはこれと結びついているのだろう。同じように心的概念を多用しながらも，それを客観的実在に還元して物理的に扱おうとする「科学的」心理学に彼らの多くが示す嫌悪感は，その手続が心的概念のメタファー的豊かさを剝ぎ取ってしまうことからきている。

3．心的概念と時間的パースペクティブ

いっぽう，心的概念を用いない行動主義的な心理学は，心的概念がメタファーによって示していた人の歴史をそのまま歴史として扱おうとする。ある行動が観察されたとき，その行動には必ず環境的な先行物があると考え，時間を遡って実際にそれらを見つけだそうとするのである。心的概念が人の行動をメタファーによって芸術的，文学的に説明するとすれば，行動主義は歴史学的，考古学的に説明しようとする。

もちろん，過去自体は過ぎ去ってしまっており，タイムマシンが開発されない限りそれ自体にアクセスすることはできない[★12]。したがって説明のベースとなるデータが目の前にいる行為者とその行動だけであることは心的概念を用いる場合と変わらない。しかし行動主義者は行動を観察し，行為者を観察することから過去の環境の痕跡を探すとともに，現在行為者をとりまいている環境を観察して，その中からも過去の環境の痕跡を探す。これは考古学者が現在の地下に埋っている遺跡を掘り出して，過去を知ろうとするのと同じである。

心的概念による説明と行動主義的説明をこのように比較すると，二者が時間的なパースペクティブの点でも大きく異なっていることがわかる。心的概念は，現在観察されている行動やその規則性そのものを抽象化した概念の中に，過去をメタファー的に包含しようとするが，その視点はあくまでも現在を中心としたごく狭い時間的パースペクティブの中にしかない。いっぽう行動主義は，現存しない過去の方向にも視点を広げ，広い時間的パースペクティブを持つようになる。

もちろん過去の環境事象は現存せず，類推するしかない。心的概念はその類

[★12] この点で，もしタイムマシンが発明されるようなことがあれば，われわれの心的概念の用法や行動説明のパラダイムが劇的に変化することが予想される。

推を内的で形而上学的なものへと投影していくが，行動主義は過去に実在して，その時には客観的に観察可能であったと思われる物質的な事象へと仮説的に還元していく。日常生活におけるわれわれは，現存する痕跡から過去の環境事象を系統的に類推したり，それらを現前しない物理的事象に仮説的に還元したりする科学的想像力をもっていないので，心的概念のメタファーに頼らざるを得ない。しかし，行動主義の思想が心理学者の一部にそうした想像力を与えるようになったのである。

　しかし，すでに起きてしまった行動の原因を分析する，ということについては双方ともに遡及的な類推（あるいは仮説）であり，究極的にはその結論の正しさを証明する方法がないという点で同じである。この場合に心的概念より行動主義の方が科学的であるとは限らない。むしろすでに生じてしまった行動の原因を類推する情報量という点では行動主義の方が劣っているだろう。

　しかし，行動主義の時間的パースペクティブは逆の方向，つまり未来にも広がっている。過去の環境事象の類推から得られたその行動の先行物についての仮説は，同様の環境事象が与えられれば再び同じ行動が生じるだろう，という仮説を派生するが，われわれはそれを客観的観察によって検証することができる。もし仮説が支持されれば，類推が正しかったという蓋然性は確率論的に向上するだろう。同時に，環境事象からの未来の行動の予測，環境の調整による行動の制御の可能性が高まる。

　いっぽう心的概念のパースペクティブは未来に対しても狭いものである。心的概念のメタファー的意味は過去の歴史を俯瞰的に示しているだけで，それが今後どうなるか，ということへの情報量は小さい。「彼は消極的な性格である」という心的概念による記述は，過去については豊富な意味を暗示するが，彼が今後も消極的であるかどうかは，そこに含まれない未来の環境要因に依存するだろう。もちろん「これまでそうであった」ということから「今後もそうであろう」と予測することはできるが，それがどの範囲で有効なのかは明確にはならない。

　この点で心的概念は未来の行動の予測や，行動変容のための指針や方法を示す，科学的な道具とはならない。予測や制御を科学的に行なうためには，メタファーではなく客観的な過去の分析と，原因の環境事象への還元を行なって，

それを未来の環境の分析と調整に用いることが不可欠なのである。

　このように，人間行動の心的概念による説明と行動主義的な説明とでは時間的パースペクティブの幅に大きな違いがあり，とくに未来に向けた予測，制御といった用途には心的概念はあまり力をもたない。心的概念を用いた従来の心理学が具体的な行動の予測や制御にことごとく失敗しているのに対して，行動主義的な心理学がそれをむしろ得意としているのは，心的概念のこうした性質による[★13]。

　いっぽうで，心的概念のメタファー的性質を意識的に，あるいは無意識的に理解し，利用している心理臨床家たちが，行動の客観的な予測や制御にほとんど興味を示さないことも，同じ理由からであろう。もっとも，臨床家たちもクライエントの問題行動や悩みの修正，解決という場面では，具体的な環境の調整や環境の意味の調整という行動主義的な作業を，意識的にせよ無意識的にせよ行なっていることが多いと考えられる。

Ⅲ. 他者の「こころ」のアフォーダンス的性質

　先に，心的概念の価値をそのメタファーとしての意味と，ある種のコミュニケーション枠という点から論じた。しかし，とくに対人関係という場面を考えると，心的概念にはもう一つの価値があると思われる。それは，他者が自分に対してもつ意味や自分との関係についての情報が，他者の「こころ」を示す心的概念によって整理される，ということである。いいかえれば，自分の生活空間において他者に見出したアフォーダンス（利用可能性）[★14]が心的概念に示されると考えられるのである。

[★13] 心理学的概念による行動の予測，制御の問題については前掲の[★6]および以下の文献を参照。
渡邊芳之，佐藤達哉：パーソナリティの測査　堀毛一也，大渕憲一編：パーソナリティと対人行動，誠信書房；211-232，1996
[★14] 生態心理学者 J.J.Gibson の造語。事物の性質はそれの客観的で物理的な属性だけで定まるのではなく，生体がそれに働きかけてどのように使用（利用）できるか，という可能性によって定まると考え，事物のそうした関係的な性質をアフォーダンスとよぶ。ただし，アフォーダンスが生まれる可能性そのものは実在の物理的性質として事物の側に潜在すると考える点で，唯我論や唯心論とは異なる。アフォーダンスの概念の平易な解説としては以下の文献を参照。佐々木正人：アフォーダンス〜新しい認知の理論　岩波書店，1994

W3 メタファーとしての「こころ」～心的概念が意味しているもの

1. 心的概念と関係性

　われわれが他者にどのような心的概念を帰属してその人の行動を説明するかは，他者の実際の行動パターンだけで決まるわけではない。われわれが他者の行動を観察し，それをどのような心的概念を用いて説明するかには，観察が行なわれた状況や観察のしかたが大きく影響するだけでなく，自分とその他者とがこれまでどのような相互作用の歴史を持つか，自分をとりまく人間関係の中でその他者がどういう位置付けを持っているかという，自分と他者との関係性が大きく反映されるのである。その点で，同じ人の同じ行動であっても，誰が観察するかによって，どのような心的概念が用いられ，どのように説明されるかは変化するだろう。

　こうしたことは，とくにパーソナリティ概念のような心的概念において容易に想像できる。ある人が冷静沈着で，人の行動にも常にクールに対応するような態度をとるとともに，他者の失敗や問題点は率直に指摘するとする。この人の性格を周囲の人はどのように考えるだろうか。ある人は，「責任感のある，信頼できる性格」と考えるだろうし，またある人は「独立心があり，能力が高い」と考えるかもしれない。いっぽうで，「自己中心的で，思いやりのない性格」とか「近寄りがたい人」などと考える人もいるだろう。

　このような，観察者の違いによる同じ人に対する心的概念のあてはめ方の違いは，観察者と行為者との関係性の差異によって引き起こされる。たとえば，冷静で率直な行動を示すその人と比較的親密な関係にあり，かつ自分がその人に感情的に依存するような関係性が存在するときには，その行動は「責任感のある，信頼できる性格」という心的概念と結びつくだろうし，その人と情緒的な結びつきはあまりないが，仕事などでその能力や手腕に頼っているような関係なら「独立心があり，能力が高い」ということになろう。いっぽうで，その人と比較的親密な関係にあるが，自分の期待や希望がその人の行動とあまり調和しないような関係ならば「自己中心的で，思いやりのない性格」と感じられるし，そもそも人間関係も薄く，利害関係もないならば「近寄りがたい人」ということになる。

2．対人関係における「こころ」の意味

このように，他者の行動にどのような心的概念をあてはめて考えるかには，自分とその他者との関係性が大きく影響する。その意味で，ある人がどういう「こころ」を持っているかは，その人本人の持つ固有の特性によってではなく，その人と周囲の人との関係性においてそれぞれの他者がその人にどのような意味を見出しているかによってさまざまな形をとりうるだろう★15。

このとき，他者の「こころ」を心的概念を用いてとらえることにはどういう意味があるのだろうか。それは，自分と相手との関係の中で，自分が相手にどう働きかけることができ，それに対して相手からどういう反応が期待できるか，ということを示す，ということではないか。

太郎君が「冷酷なこころを持つ人」であるかどうかは，見る人によって異なるだろう。しかし，自分から見て太郎君が「冷酷なこころ」を持つように見えるということは，前にくわしく述べたような意味で自分からは見えない太郎君の歴史のメタファーであると同時に，太郎君との人間関係の中でこれまで自分が冷たく虐げられてきたとか，善意を無にされたという関係性の歴史のメタファーでもある。そして自分は，「冷酷なこころ」を持つ太郎君に対して愛情や親切を期待したり，親密な関係に結びつくような行動をとったりはしないだろう。

この意味で，他者に対してあてはめられた心的概念，つまり他者のこころは，他者の対人関係的アフォーダンスを示しているといえる★16。他者のこころがどう見えるかは，その人固有の行動的あるいは内的な特性そのものによってではなく，対人関係の中で自分がその人の諸特性にどのようなアフォーダンスを見出しているかによって決まる。人間という複雑な有機体に潜在するアフォーダンスは無限である。したがって自分以外の人がその人に見出すアフォーダンスは人によって大きく変異するだろうから，その人のこころも異なって見えて

★15 自分自身がどういう「こころ」を持っていると考えるかも，生きて行動する自分と，それを解釈する自分とのある種の関係性によって定まると考えることもできる。
★16 同様に，たとえば「霊魂」という概念は死者（あるいは死者についての記憶）の自分に対するアフォーダンスを，「運命」は人生の自分に対するアフォーダンスを，「神」は宇宙の人間に対するアフォーダンスを示しているのかもしれない。

くるだろう。そして，その人が自分がその人にどのようなアフォーダンスを見出しているかが，自分から見たその人のこころという心的概念のなかにメタファー的に示されるのである。

臨床心理学的場面での心的概念の使用も，心的概念のこうしたアフォーダンス的価値と強く結びついている。心的概念がメタファーに過ぎず，科学的な行動説明や予測・統制に結びつかなくても，クライエントの行動を心的概念によって説明することは，クライエントと臨床家自身との関係性がどうであり，臨床家がそのクライエントにこれからどのように治療的介入を行なっていけるかという，臨床家が見たクライエントの中に見出し得るアフォーダンスを暗示してくれるだろう。

同じクライエントの問題について臨床家どうしの解釈や原因論の説明が大きく異なることが多い事実は，「科学的」心理学からはよく批判されてきた。しかし，とくに心的概念を用いたそうした説明が臨床家間で一致しないことは，単にそれぞれの臨床家がそのクライエントに見出すアフォーダンスの違いを示しているに過ぎないかもしれない。臨床心理学者たちがこうした不一致を他の心理学者よりも深刻視しないのはこのためだろう。

Ⅳ. 討論：心的概念と心理学

これまで述べてきたように，心的概念による行動説明は行動を生み出してきた過去の観察できない環境事象のメタファーであり，その人の歴史を俯瞰的に理解するとともに，それを第三者に伝えるコミュニケーション枠としての意味がある。また，特定の他者の行動の心的概念による説明は，自分がその他者に見出している人間関係上のアフォーダンスのメタファーでもある。

こうしたメタファーとしての心的概念は，とくに二者関係や臨床心理学的場面のような濃密な人間関係において他者の行動やその原因を理解し，それに対処していくための一定の力を確かにわれわれに与えてくれる。しかし，心的概念による行動の説明はあくまでも形而上学的なメタファーであり，行動の真の原因を示してはくれないし，行動の科学的な予測や制御にも役立たない。

心理学の歴史を顧みると，心理学者も本来こうした心的概念をメタファー的

な意味で用いてきたことは間違いない。しかし，「精神物理学」★17以来の心理学の歴史は，心的概念を自然科学的な方法で取り扱える，物理的な実体と取り違えてきた。しかし，精神やこころはいうまでもなく直接アクセス可能でないから，それを観察可能な行動に還元し，測定や実験の対象にするという奇妙な方法を採らざるを得なかった。このことは心的概念のメタファーとしての豊かな意味を失わせたため，それを大切にする多くの人々が「科学的」心理学から離れていったのである★18。

同時に，心的概念を内的過程と同一視し，そこから行動を原因論的に説明しようとしたことで，心理学の方法論が非常に混乱したとともに，心理学の応用的価値も限定されてしまっている。そうした問題の典型的なものが，心理学的測定とそれによる行動予測にまつわる諸問題である★19。心的概念が内的な行動の原因であると考えると，それは環境や状況とは独立に行動に影響していると考えられる。であれば，測定によって心的概念を把握することができれば，そこから状況を超えた将来の行動予測が可能になるはずである。

このことは，本来環境刺激と独立ではなく，かつ狭い時間的パースペクティブしか持たない心的概念に通状況的な一貫性と将来の行動予測力を仮定したという点で間違っていた。心理検査や性格テストなどでは，それで計量された行動パターンと結びついた心的概念の測定から，その人の行動の特徴を説明した

★17 精神を物理学する，というこの名称が，問題のすべてを物語っている。実際にはそれまで「精神的」と呼ばれていたような，刺激に対する生体の反応や行動を自然科学的に分析したにすぎない。
★18 メタファーと科学というふたつの基準から現在の心理学を分類すると，以下のようになるだろう。
(a)メタファーである心的概念を，そのメタファー的意味を再認識し，生かしながら人間行動の理解に用いようとする「科学でない」心理学。客観的観察よりも了解的，共感的姿勢を重視する精神分析的な心理学，人間性心理学のような心理学がこれにあたるし，文学的，芸術的な方法による人のこころの理解や表現もこれにあたる。
(b)心的概念はメタファーではなく，行動に因果的に先行する心的あるいは物理的な実体と対応していると考え，それを観察可能な行動に還元し客観的方法で把握することで行動の科学的な説明に用いようとする「科学的」心理学（疑似科学的心理学）。実験心理学や，そのパラダイムから派生した現在の心理学の多くがこれにあたる。いわゆる「方法論的行動主義」もこれにあたる。
(c)メタファーである心的概念を排除し，客観的に観察可能な環境と主体のダイナミックな相互作用から人間行動を分析しようとする科学的心理学。現存するものとしてはスキナーの徹底的行動主義とギブソンの生態心理学が（二者の方法や思想には大きな隔たりがあるものの）こうした科学的心理学の代表であろう。もっとも，遠からずスキナーとギブソンの根底的な類似点が注目されるようになるだろうと筆者は考えている。
★19 前掲の★3

り，後の行動を予測したりする。これは，その人の行動が成立し，変化している時間的流れを勝手に止め，その時の状態に勝手に一貫性を仮定して，その後のその人の人生を決めつけてしまうことになる。

こうした論理は科学的な妥当性をもたないため，心的概念を測定する心理検査や性格テストの結果は実際にはほとんど行動の予測力をもたない[20]。ただその結果にもメタファー的な意味があるために，テスト結果からなんとなく自分や他者の何かがわかったような気がするし，メタファーの読み取りかた次第では実際に役に立ったりするので信じられ，利用されている。しかし，こうした価値はテスト制作者たちの意図したものではないだろう。同時に，心理検査による人間行動の説明や予測という考え方自体が人間疎外であり，差別の温床であるとすら考えられはじめている[21]。

これらのことは，この論文の冒頭でも述べたように，人間の行動の原因を科学的に分析し，行動を予測・制御するためには，理論的システムの中に心的概念を含めてはならないことを示している。科学としての心理学は，いずれこれらの教訓を次第に理解し，環境と生体の相互作用とその結果としての行動を客観的に分析する行動主義的なものへと収斂し，進化していくだろう。

いっぽうで，本人の目に見えない個人の歴史や，自分が他者の中に見出した対人関係上のアフォーダンスを暗示するメタファーとしての心的概念がもつ意味は，決して否定されるものではない。単にそれが科学的説明には使えない，というだけのことである。

人間の学問としての心理学が問題とし，研究対象とする問題がすべて科学的な検討になじむものであり，科学的に解明できるものだと決めつける必要はない。たとえば精神分析は科学とはいえないが，それが人類の歴史に果たした役割は測りしれないだろう。主観的な意識や，特定の人と人との実存的な関係性などといった実体のない，形而上学的な問題を扱えるのは科学的方法ではなく，了解的な思弁である。こうした了解的な方法も古くから心理学独自の，得意な

---

[20] Mischel, W. 詫摩武俊監訳：*Personality and Assessment*. Wiley, 1968 パーソナリティの理論〜状況主義的アプローチ，誠信書房，1992
[21] 渡邊芳之，佐藤達哉：「よい性格」と「わるい性格」〜性格について価値判断することについて 日本性格心理学会第3回大会発表論文集，**38**，1994

方法として発展してきた。そして，そこでは心的概念のメタファー的な価値が十分に認識され，活用されているのである。たとえば「無意識」がメタファーである，ということには現在の多くの精神分析学者が同意するだろう。しかしそれによって無意識概念の有用性が揺らぐことはない。

　問題は，「科学的」心理学が心的概念を科学的概念と取り違えて，それを客観的に取り扱うためのひねくれた方法を百年にわたって編み出し続けたことにある。メタファーである心的概念は人というスクリーンに映る映像であり，その裏側には何の実体もない。

　ビートルズ全盛期のファンたちはビートルズの映画に熱狂し，それが映画であることを忘れてスクリーンのジョン・レノンやリンゴ・スターに突進し，抱きついたという伝説が残っている。心理学者たちが，心的概念がなんらかの実体であり，それを測定したり実験したりできると考えてきた歴史も，いずれはこうした楽しい伝説の仲間入りをすることになるだろう。

尾見論文

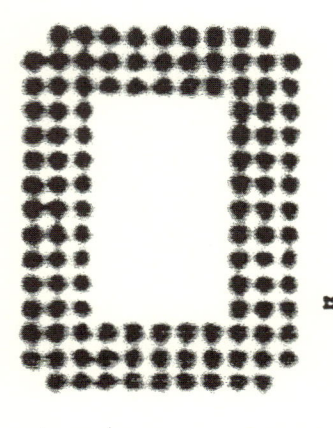

人びとの生活を記述する心理学
――もうひとつの方法論をめぐって――

●尾見論文1　　　　　　　　　　　　　　　1994年　尾見康博★1・川野健治★2

はじめに

　"心理学の研究に人間味がない"とか"現実味がない""生活感がない"といったことを以前から時々耳にする。学部学生が心理学に対する失望の表現として口にするほか，心理学を専門とする研究者が心理学の現状を批判して表明することも少なくない。これらの批判の対象となっているのは，たいてい「実験（室）」「おもに統計的検定をよすがにした仮説検証」あるいは「数量化」といったものである。例えば，"現実の状況とはあまりにかけ離れた実験室実験の結果が現実に適応できるわけがない！"とか"むやみに個人差をつぶして一般

★1　本論文の作成にあたり，第一著者の指導教官である東京都立大学人文学部の加藤義明教授，ならびに第二著者の指導教官である同大学人文学部の増山英太郎教授にご指導いただきました。また，同大学人文学部の佐藤達哉助手には，貴重な資料を紹介していただいたほか，適切な御助言をいただきました。ここに記して感謝いたします。
★2　現東京都老人総合研究所研究員

化すべきでない！"とか"人の心を数字にして何がわかる！"などである。しかしその一方，"数量化せず，実験せず，仮説を検証しないでどのように研究を実施するのか"という反論が出た場合，それに対する強力な解答を現在のところ持ち合わせているとはいい難い。少なくとも本邦における最近の心理学関係の有力な学術雑誌を見渡す限り，ほとんどの研究が数量化し，（広い意味で）実験し，仮説を検証している。

本論ではまず，こうした現状の中で少しずつ表面化してきている新しい流れ，すなわち，数量化，実験，検証といったものからの解放を目指し，新たな心理学研究のあり方を提起しているテーマである「フィールドワーク」そして「仮説生成的研究」を簡単に紹介し検討する。「フィールドワーク」は「実験室実験・質問紙調査」，「仮説生成的研究」は「仮説検証的研究」と対比させることによりその位置づけを明確にする。さらに，「個性記述的研究」「記述統計」をそれぞれ「法則定立的研究」「推測統計」と対比させながら検討することにより，新しい心理学研究のあり方をより堅固な土台にのせ，より包括的な枠組みとして確立させることを目指す。

フィールドワーク

「フィールドワーク」とは，参与観察とよばれる手法を使った調査を代表とするような，調べようとする出来事が起きているその「現場」（＝フィールド）に身をおいて調査を行うときの作業（＝ワーク）一般を指す（佐藤郁哉，1992）。

そのフィールドワークが今，心理学で注目され始めている。日本心理学会第55回大会において，"パラダイムとしてのフィールドワーク"という題でワークショップが企画されたのが1991年。1993年には，同学会第57回大会においてシンポジウムが開かれるまでに至っている。また，1992年には，社会学的社会心理学の立場から，佐藤郁哉が『フィールドワーク』を出版，一部の心理学者の注目を集めている。これまでフィールドワークがタイトルに含まれている著書はわが国でもいくつか出版されているが，多くが人類学者の民族誌的著作であり，しかもそのほとんどが未開社会をフィールドにしたもの（泉，1969；泉，

1972a；泉，1972b；大野，1974）である。佐藤郁哉（1992）の『フィールドワーク』が注目されるのは，フィールドワークの理念や方法についてまとめた著書がわが国において見あたらないことに加えて，特に心理学では，現状の方法論に対する不満を解消する手段としてフィールドワークを捉えているためと思われる。この他，石井（1993）は，沖縄本島一集落出身者の事例研究をフィールドワークの成果として報告しており，この論文がこの年の日本社会心理学会の学会賞を受賞したことも注目に値する。

　いうまでもないが，フィールドワークは最近現れた，新しい技法・立場ではない。人類学と社会学では1920・30年代に活発な動きが見られる。人類学では，マリノフスキーが『西大西洋の遠洋航海者』を1922年に発表し，社会学ではその頃，シカゴ派のフィールドワークによる都市研究が盛んであった。なお，これらの分野では1970年代の後半から「フィールドワークルネッサンス」（佐藤郁哉，1992）と呼ばれる時代をむかえ，大きな流れとなっている。

　心理学においても，すでに『心理学研究法　第10巻　観察』にフィールドワークを説明する箇所が設けられている（阿部，1974）。しかし，現在のところフィールドワークの手法はその理念とともに，心理学において定着しているとは言いがたい。

　では，ここ数年，心理学においてフィールドワークに対する注目が集まってきたのはなぜなのだろうか。南（1993）によれば，1991年の日本心理学会のワークショップにおいて以下の4点のパラダイムチェンジが示され，フィールドワークが心理学に提議する問題が明らかにされている。1．「実験者－被験者」のパラダイムから共同作業（collaboration）のパラダイムへ，2．「測定」のパラダイムからコミュニケーションのパラダイムへ，3．「客観性」のパラダイムから「相互主観性」のパラダイムへ，4．理論的構成概念と素朴概念との交渉，である。これらを見ると，従来の自然科学に由来する（実験室実験や質問紙調査による）心理学的アプローチに疑問を抱く心理学者が，それへのアンチテーゼとして受け入れようとしているようにも見受けられる。

　フィールドワークをいかに心理学に取り入れていくべきか。いくらフィールドワークが魅力的だといっても，実験室実験や質問紙調査を否定して，ただひたすらフィールドワークのみに走るのは問題外である。むしろ，それぞれの方

法の長所と短所を相互に補いあうべきであろう★3。そしてそのためには，各手法の特徴（長所や短所，限界と効用など）を充分把握することが不可欠となる★4。以下ではフィールドワークの短所を挙げた上で，心理学におけるフィールドワークの意義を考えたい。佐藤郁哉（1992）によれば，フィールドワークの短所は，調べられる事例数が少なくなること，及び調査活動に伴う干渉のバイアスの排除に問題がある点とされている。その他，コストがかかる，関わりを深く持つためにプライバシーや倫理的問題が生じやすくなる，（相対的に）緩やかな基準の下での主張による危険性などのほか，研究結果の表現としてのエスノグラフィーは科学性・反証可能性・再現性を持つかどうか，といった問題点も挙げられる。

　しかし，こうした短所や問題点がかすむほどの魅力をフィールドワークは秘めている。なにせ，ある現象に興味を持つ研究者が，その現象に直接関わっていけるのである。俗にいうところの「客観性」に欠けると言われようが，直接研究者自身が体験するのだからその研究者の納得・理解も格別のものとなろう。要はその納得・理解をいかに論理的に他人に伝えるかである。この点は以下の仮説生成的研究にもあてはまる。ともかく，被験者との対話を忘れてきた，あるいは被験者との対話を故意に避けてきた（つもりになっていた）心理学者にとってフィールドワークの視点，あるいは理念はかなり有用であろう。

仮説生成的研究

　実験室実験や質問紙調査に基づくいわゆる実験科学が仮説検証的であるのに対して，フィールドワークはしばしば仮説発想型（仮説生成的）の性格を帯びることが多い★5（阿部，1974；原岡，1990）。最近ではフィールドワークの流

★3　佐藤郁哉（1993）は，方法としてのフィールドワークと技法としてのフィールドワーク，そしてイデオロギーとしてのフィールドワークの3つを分けて考えることを提唱した上で，「方法」としてのフィールドワークはすぐれて「マルチ・メソッド」的な調査法でありうるし，そうあるべきだ，と述べている。
★4　詳細は佐藤郁哉（1992）を参照されたい。
★5　無論，仮説検証のためのフィールドワークもあり得るし，仮説生成を目的にした実験や質問紙調査がないとはいえない（佐藤郁哉,1992）ので注意しなければならない。

行とともに，仮説生成的研究の意義が主張され始めている（伊藤，1993；箕浦，1990；箕浦，1991；佐藤達哉，1993；高木，1992）。

　心理学の学術雑誌に掲載されている論文を見る限り，現状では心理学の研究のほとんどが仮説検証的である。そして，具体的な検証の手段としては統計的検定が用いられるのが一般的である。統計的検定をしていない研究を見出すのが難しいほどである。（尾見・川野・川尻，投稿中）。統計的検定の利用上の問題点は「記述統計」の箇所で触れることとするが，統計的検定とともに仮説検証の研究スタイルに対する批判が現れ，仮説生成的研究がクローズアップされてきている。また，実験室実験や質問紙調査と仮説検証的研究，フィールドワーク（参加観察）と仮説生成的研究はそれぞれかなり密接に絡んでいるため，フィールドワークの支持者と仮説生成的研究の支持者がかなり重複しているように見受けられる。

　箕浦（1990）によれば，仮説生成的研究では，まずデータを得てくる場を限定し，その場を観察し記述することから始めることになる。仮説生成的研究はこのように，仮説検証的研究では軽視されがちな観察や記述を重視する。また，仮説生成的研究への支持者が主張する点の一つに，欧米（ほとんどアメリカ）で開発された枠組みやカテゴリーを安易に日本人に適用することに対する疑念（箕浦，1991）がある。アメリカでとりあげられない現象，日本に特徴的な現象は心理学の研究対象となりにくくなっている（原岡，1990；大橋，1991）現状がそうした疑念の背景にある。また，宮川（1990）は，わが国の自我同一性研究を取り上げ，アメリカで発明され人気のある理論や概念あるいは研究方法を（比較文化差があるかどうかも考えずに）翻訳や模倣をしていれば大丈夫だというような研究動向を批判している。

　観察や記述が科学研究の基礎でありながら，心理学ではないがしろにされてきた（箕浦，1990）ことは確かである。心理学者はなんでもとにかく仮説検証的研究にもっていこうとし，独立変数と従属変数を決定することを急ぐ。場合によっては，うまい結果が出なかったときに"独立変数と従属変数とを入れ換えてみよ"といったアドバイスすら生まれる。統計を使いさえすれば科学である，客観的である，といった誤解も多いし，理論的考察もままならぬままに統計的分析の結果だけで因果関係が同定されたと勘違いする。このようなことに

対する批判も，仮説生成的研究の意義を叫ぶ背景にあるのではないだろうか。

では，科学研究の基礎となるべき仮説生成的研究は，仮説検証的研究の予備的なものとして機能するのであろうか。それとも仮説検証的研究とは異なる独自の道を切り開くのか。この問題については，「検証とは何か，どうなったら検証されたことになるのか」といったことまで含まれてくるので複雑である。本論で扱いうる範囲を越えているので今後の課題としたい。ただし，仮説検証的研究に対する批判に見るように，少なくとも現在の心理学界でいわれている「検証[★6]」には問題が多いといわざるをえない。また，かりに仮説生成的研究が仮説検証的研究の予備的なものであったとしても，その意義はけっして小さくない。的確な視点を持たずデータを蓄積するだけでは研究の真の発展は難しいのであり，的確な視点を持つためにもおざなりの仮説検証的研究で満足するべきではないのである。

個性記述的研究

記述を重視するアプローチには，かなり以前から「個性記述的（idographic）」なアプローチと呼ばれるアプローチがある。このアプローチは「法則定立的（nomothetic）」アプローチとの対立図式で論じられることが多い。また，「個性記述的研究」そして「個性記述か法則定立か」に関する議論は，おもにパーソナリティ心理学の領域でなされてきた。しかし，現在の心理学においては一般に個性記述的研究は受け入れられにくいといえよう。

そもそも，個性記述的方法とは，歴史的に規定された事象の「一回的内容」をその「特殊性」ならびに「全体的ゲシタルト」において把握しようとする認識形態もしくは認識方法であり，法則定立的方法とは，つねに，同一の仕方で多回的に生起する事象の「普遍性」ないしは「恒常不変」なる特性を，「自然法則」の形式において把握することを意味している（高瀬，1975）。例えば，観察における個性記述的研究では，個々の人について，そのパーソナリティを

[★6] 第1種の過誤のみをよすがにして「仮説を検証した」というときの検証を指す（「記述統計」の箇所参照）。

包括的に理解する目的で観察される。(小川・浜名，1974)。

　心理学界内部で個性記述的研究の意義を主張したので有名なのは，パーソナリティ心理学のオールポート（1942　大場訳，1970）である。当時のパーソナリティ心理学も法則定立的研究が多く，個性記述的研究は軽視されており，彼は，それを遺憾としてこの側面の研究を推進しようとつとめた。しかしながら，50年以上過ぎた現在，心理学の風潮はオールポートが期待したように変わっていないといわざるをえまい。

　ところで一般に，「個性記述的研究」は「法則定立的研究」との対立項として用いられる用語であるが，山田（1986）は，個性記述を法則定立のために利用し，個別的なものの特殊性に徹することで，普遍性，一般化へ向かうアプローチを提唱している。オールポート（1942　大場訳，1970）も，法則定立的か個性記述的のいずれかの評価の枠組みだけがとられることはあまりに偏狭すぎる，と述べている。また，Lamiell（1981）はパーソナリティ記述の基礎的問題へアプローチするために，個性記述的方法で法則定立的原理を探究しようとした。Lamiell（1981）はこれを idiothetic（「個性法則的」とでも訳すのであろうか）アプローチと呼んだ。このように，「個性記述的研究（アプローチ）」と「法則定立的研究（アプローチ）」を対立項としてでなく，共存，融合させていこうという試みもなされており，興味深い視点といえよう。

　山田（1986）のように，法則定立的な目的のために個性記述的観点を利用するのは，かなり骨の折れる作業となることが予想されるが，きわめて真摯な姿勢といえるであろう。個性記述的観点を大いに取り入れることにより，「一般的人間」にはあてはまらないような個人（統計用語で言えば外れ値）の探究をし，人間の可能性を考察するアプローチも考えられよう★7。ただし，吉村（1989）が指摘するように，個性記述的観点を利用するにあたって，自らの方法に無批判に事例研究を繰り返しても，後に無価値なデータの山を残すことになりかねず，注意が必要である。

　「法則定立的研究」一辺倒に対する批判は，「仮設検証的研究」に対する批判

★7　もちろん，"何でもかんでも可能性がある"といった超楽観主義，似而非ヒューマニズムに陥らないよう注意しなければならない。

と同様，むやみに法則定立をめざすあまり個々の記述がおろそかになり，結果的に現実世界と乖離する点にある。しかし逆に，「個性記述的研究」一辺倒になる際の危険も考慮しなければなるまい。もしも個性記述的観点だけがとられるなら，当該事例以外の事例への一般化は慎まなければならない（オールポート，1942 大場訳，1970）。

記述統計

一般に，学術雑誌などに掲載される心理学研究のとりあえずのゴールは，仮説を検証することである。そしてその際大きな威力を発揮するのが，統計的検定に代表されるような推測統計である。

近年のコンピューターの驚異的な発展，普及は心理学にも大きな影響を及ぼした。統計パッケージが充実し，複雑な解析手法でもほんの僅かの時間で結果の出力を手にすることができる。しかし，統計パッケージの普及がかえって統計手法の不適切な使用法，あるいは誤用を増加させてしまった（村上，1990；中野，1990；渡部・大塚・鈴木・山田，1984；柳井・市川，1985）。多少首をかしげながらも心理学者の多くが客観的な基準として利用している統計的検定も，その問題点や誤用に関する指摘には枚挙に暇がない。標本数を十分多くとれば有意差は必ず出る，帰無仮説が検定するまでもなく誤りであるという指摘（南風原，1991；林，1985；繁桝，1976；橘，1986；戸田，1972），そして利用者が有意水準の高さを帰無仮説が正しい確率と誤解してしまうという指摘（Bakan，1966；Cohen，1990；南風原・芝，197；Lykken，1968；Meehl，1978；橘，1986）などが代表的である。その他，南風原（1986）や渡部（1984）は，教育心理学における無相関検定を無意味なものとして痛烈に批判しているが，この批判は教育心理学以外にも十分通じるものであり，深く考えさせられる。

当然のことながら，短絡的に推測統計を使うべきでない，と結論づけられないし，ここでそうした主張をするつもりもない。ケースバイケースで推測統計が有効な武器となる場合もあろう。ただし，現状でこれだけ問題を抱えていながら何がなんでも検定する，検定しなければならない，という風潮には疑義を

はさみたい。そして，本来貴重なそして豊かな情報をもたらしてくれるはずの記述統計を今一度見直すことを提案したい。現状では記述統計があまりに軽視されすぎているように思われるためである。例えば，Tukey（1977）が開発した探索的データ解析（Exploratory Data Analysis；EDA）は心理学の研究にあまり利用されていないが，たいていの統計パッケージにもサポートされており，今後大いに利用する価値があるだろう（渡部・鈴木・山田・大塚，1985参照）。

生活心理学──「フィールドワークの視点」そして「記述」

「フィールドワーク」「仮説生成的研究」「個性記述的研究」「記述統計」。これら全てに共通するキーワードは「記述」である。では，「実験室実験・質問紙調査」「仮説検証的研究」「法則定立的研究」「推測統計」重視の現状の心理学で記述は全くなされていないのだろうか。おそらく，それぞれの研究者の頭の中では，何らかの記述めいたものが実施されているものと思われる。暗黙の記述とでも呼べるかもしれない。心理学者も日常生活でさまざまな人との関わりを持っているので，テーマにもよるが，全くトンチンカンな記述がなされることはさほど多くあるまい。あたりまえのことではあるが，記述研究が軽視されてきたからといって，そして，ここであえて記述研究の意義を強調するにしても，現在隆盛を誇っている研究の枠組みのもとでの蓄積を否定することにはならない。

ただし，南（1992）が述べているように，現状の心理学の研究の枠組みは，人間生活の実態や，日常的経験の実感から離れた知的なパズル解きの様相を呈しており，それはしばしば科学的心理学という名の下に合理化されている。では，心理学は人々の生活を置き去りにしてしまったのだろうか。生活文脈を無視する人間観だけでなく，日々営んでいる生活文脈を考慮する人間観を語る心理学があってもいいのではないだろうか[★8]。「生活」は心理学にとってだけで

[★8] 論旨から外れるが，この他にも，むやみやたらと一般化を求めるだけでなく，人間の可能性について探求する心理学があってもよいように思われる（「個性記述的研究」の箇所参照）。

01 人びとの生活を記述する心理学——もうひとつの方法論をめぐって

なく，「科学」にとってほとんど未開拓のまま残されている領域なのである（川添，1984）。少なくとも「実験室実験・質問紙調査」「仮説検証的研究」「法則定立的研究」「推測統計」が中心の心理学においては，「生活」というものが研究の枠組みにあてはめにくく，捉えにくかったのではなかろうか。尾見（1993）は現状の心理学，とりわけ社会心理学に飽き足らずに「生活心理学」を提唱したが，ここで再びとりあげることとしたい。

人々のふだんの生活，あるいは日常的な現象を丹念に記述する意義（南，1992；尾見，1991；尾見，1993；尾見・井上，1993；佐藤郁哉，1992）は改めていうまでもないし，実際にふだんの生活を心理学観点から記述する試みもなされている。（川野・佐藤・友田，1993；南・澤田，1991；澤田・鹿島・南，1992；尾見，1993；尾見・川野，1993；佐藤郁哉，1993）。また，「生活学」という学際研究領域を構築しようとする試みもかなり以前からなされている（川添，1984）。なかでも，「生活学」の立場から「生活のフィールドワーク」による「民俗誌」ならぬ「生活誌」の作成が提唱されており（石毛，1984），本論の立場にきわめて近いものといえる。

「生活心理学」は，生活をフィールドワークの視点[★9]で記述し，たたき上げ式（佐藤郁哉，1992）に理論を構築していくことを目的としたい。「フィールドワークの視点」としたのは，何がなんでもフィールドに入らなければならないという極端な主張を避けるためである。研究の目的によっては実験室内で「フィールドワークの視点」にもとづく調査・実験[★10]があっても不思議ではない。当然，こうした研究は，相対的に仮説生成的，個性記述的アプローチを重視することになるだろうし，少なくともこうしたアプローチのもとでの記述の蓄積が必要条件となるだろう。現象と結果との乖離（井上，1993）にも注意したい。そして，もし数量化するならば，EDAをはじめとする記述統計を今以上に重視したい。さらに，統計を使おうが使うまいが，プレゼンテーションには，図式化を大いに活用（山田，1984）し，有意水準のアスタリスクの数を誇

[★9] 尾見（1993）は「フィールドワークの視点」ではなく「ジャーナリスティックな視点」としていた。「ジャーナリスティックな視点」は，そこでは俗にいうところの「おもしろい視点」と同義で使用されており，「フィールドワークの視点」とは若干ニュアンスが異なるかもしれない。
[★10] 主として観察法か面接法を利用することになるであろう。

るのではなく，より視覚に訴える表現法を工夫していくべきだろう[★11]。

いずれにせよ，被験者との対話を忘れてきた，あるいは被験者との対話を故意に避けてきた（つもりになっていた）心理学者にとって，フィールドワークの視点，そしてその理念はかなり有用である。データの発生源との意味の共有を求めるのである。その共有された意味をいかに論理的整合性をもって表現できるかが鍵となる。具体的な方法論には，現象学的社会学やエスノメソドロジーがモデルの一つになるかもしれない。前者は自然な態度で経験される社会生活の姿をていねいに記述することで理解しようとし，後者は会話を含む行動パターンを手がかりに日常の背後にある現実構成の手続きを暴き出そうとした（南，1992参照）。データの発生源との間で共有された意味を，次には研究者間で，さらには研究者以外の人びととも共有するための要件とは何か。これを問い続けるのがこれらの課題である。

むすび

ところで，「生活心理学」という用語は，第2次世界大戦前から用いられており，当時はほぼ現在の社会心理学，臨床心理学，産業心理学にあたる領域をカバーする用語として用いられていた（野島，1937）。また，戦後も，「生活心理学」と銘打った本が出版されている（岡本編，1962；ルクラン，1974　南博監訳，1974）。特に岡本編（1962）は，本論でも取り上げた「個性記述的研究」を積極的に推奨し，ヒューマニスティックで，実存主義的色彩が濃い書であり，本論の論旨と重なるところが少なからずある[★12]。しかし，「生活心理学」という用語，領域は定着しなかった。「フィールドワーク」「仮説生成的研究」が注目されはじめた今こそ，「生活心理学」いう用語，領域が，姿形を多少変えて蘇らせるにふさわしい時とはいえないだろうか。

本論で取り扱った「フィールドワーク」「仮説生成的研究」「個性記述的研究」「記述統計」のいずれも非常に大きなテーマであった。本論ではごく限ら

[★11] EDA はこの点で非常に優れた発想・手法であるといえる。
[★12] ただし，著者らは実存主義，あるいはヒューマニズムの立場に少なくとも現段階で与するつもりはない。

れた側面を扱ったに過ぎず，論旨が飛躍している，あるいは薄っぺらな議論に終わっている点も少なくない。また，本論の対象は主としてわが国の動向であり，諸外国の知見についてはかなり物足りないものとなってしまった。さらに，「一般化」の問題，ジャーナリズムとの関係についても論及すべき点が残されている。勉強不足，力量不足を痛感している。"欲張りすぎ"との批判は甘んじて受けたい。今後の課題としたい。

[引用文献]

阿部年晴　1974　フィールド・ワークの特徴　続　有恒・芋阪良二(編)　心理学研究法　第10巻　観察　東京大学出版会　pp.147-156.

オールポート，G.W.　大場安則(訳)　1970　心理科学における個人的記録の利用法　培風館（Allport, G.W.　1942　*The use of personal documents in psyhchological science*. NewYork：Social science research council.）

Bakan, D.　1966　The test of singnificance in psychological research. *Psychological Bulletin* **66**, 423-437.

Cohen, J.　1990　Things I have learned (so far). *American Psychologist*, **45**, 1304-1312.

南風原朝和　1986　相関係数を用いる研究において被験者数を決めるための簡便な表　教育心理学研究，**34**, 155-158.

南風原朝和　1991　有意性検定からの脱却は可能か　日本教育心理学会第33回大会発表論文集，L17-L18.

南風原朝和・芝　祐順　1987　相関係数および平均値差の解釈のための確率的な指標　教育心理学研究，**35**, 259-265.

原岡一馬　1990　心理学研究の方法と問題　ナカニシヤ出版

林知己夫　1985　データ分析の論理と問題点　林知己夫(監修)　調査とサンプリング　同文書院　pp.308-316

井上裕光　1993　集計データの記述(Ⅰ)──データ記述法としての双対尺度法　東京都立大学心理学研究，**3**, 13-30.

石毛直道　1984　価値の相対比とフィールド・ワーク──文化人類学の立場から　川添登(編)　生活学選書　生活学へのアプローチ　ドメス出版　pp.7-27.

石井宏典　1993　職業的社会化過程における「故郷」の機能─生活史法による沖縄本島──集落出身者の事例研究　社会心理学研究，**8**, 9-20.

伊藤哲司　1993　データ収集の前に──高木論文を読んであらためて考えたこと　発達

心理学研究，**4**，69-70．
泉　靖一　1969　フィールド・ワークの記録　講談社
泉　靖一　1972　泉　靖一著作集1　フィールド・ワークの記録(1)　読売新聞社
泉　靖一　1972　泉　靖一著作集2　フィールド・ワークの記録(2)　読売新聞社
川野健治・佐藤達哉・友田貴子　1993　短大1年生の気分の変化と生活構造　東横学園女子短期大学女性文化研究所紀要，**2**，181-208．
川添　登　1984　生活学の構築にむかって――あとがきにかえて　川添　登(編)　生活学選書　生活学へのアプローチ　ドメス出版　pp.221-233．
Lamiell, J.T.　1981　Toward an idiothetic psychology of personality. *American Psychologist*, **36**, 276-289.
Lykken, D.　1968　Statistical significance in psychological research. *Psychological Bulletin*, **70**, 151-159.
Meehl, P.　1978　Theoretical risks and tabular asterisks：Sir Karl, Sir Ronald and the slow progress of soft psychology. *Journal of Consulting and Clinical Psychology*, **46**, 806-834.
南　博文　1992　素朴心理学再考――ハイダーの着想からエスノメソドロジーの展開へ　対人行動学研究，**11**，1-12．
南　博文　1993　現場からの発想――フィールドワークは心理学に何をもたらすか　日本心理学会第57回大会発表論文集，S50．
南　博文・澤田英三　1991　記念の作業――危機的移行過程における象徴的行為のはたらき　広島大学教育学部紀要，**40**，139-148．
箕浦康子　1990　文化のなかの子ども　東京大学出版会
箕浦康子　1991　社会・文化研究と心理人類学　日本心理学会第55回大会発表論文集，S34．
宮川充司　1990　パーソナリティ――研究この1年　教育心理学年報，**29**，64-71．
村上　隆　1990　データ解析の理解とコンピュータ利用　行動計量学，**17**，34-36．
中野純司　1990　データ解析における知識工学の利用行動計量学，**17**，35-36．
野島忠太郎　1937　心理學發達史　大都書房
小川一男・浜名外喜男　1974　自然的観察法　続　有恒・苧阪良二(編)　心理学研究法第10巻　観察　東京大学出版会　pp.53-94．
大橋英寿　1991　社会心理学と民族学――シャーマニズム研究を例に　日本心理学会第55回大会発表論文集，S35．
岡本重雄(編)　1962　朝倉心理学講座第8巻　生活心理学　朝倉書店
尾見康博　1991　「お人好し」への現象面からのアプローチの試み――内的性格特性としてでなく　東京都立大学心理学研究，**1**，47-54．
尾見康博　1993　日常対人面のサポートに関する記述的研究　異常行動(PBD)　研究

会誌，**32**，25-36．
尾見康博・井上裕光　1993　集計データの記述（II）――双対尺度法のサポート研究への応用　東京都立大学心理学研究，**3**，31-40．
尾見康博・川野健治　1993　日常生活における他者とのつきあいの記述――その事例研究　日本性格心理学会第2回大会発表論文集，13．
尾見康博・川野健治・川尻敏晴（投稿中）　心理学における統計手法再考――数字に対する「期待」と「不安」
大野盛雄　1974　フィールドワークの思想――砂漠の農民像を求めて　東京大学出版会
ルクラン，M．南　博（監訳）　1974　現代応用心理学10　生活心理学　白水社（Reuchlin, M.　1974　Traite' de psychologie appliquee'. *Fascicule* 10：*la psychologie appliquee a' la vie quotidienne.* Paris：Presses universitaires de France.）
佐藤郁哉　1992　フィールドワーク――書を持って街に出よう　新曜社
佐藤郁哉　1993　フィールドワーク――社会学（？）の立場から　日本心理学会　第57回大会発表論文集，S51．
佐藤達哉　1993　血液型性格関連説についての検討　社会心理学研究，**8**，197-208．
澤田英三・鹿島達哉・南　博文　1992　母親の素朴な発達感の特徴と構造について：事例的研究　広島大学教育学部紀要，**41**，89-98．
繁桝算男　1976　ベイズ統計学の心理学的データへの適用　心理学評論，**19**，95-115．
橘　敏明　1986　医学・教育学・心理学にみられる統計的検定の誤用と弊害　医療図書出版社
高木和子　1992　仮説生成型の研究を論文にしていくには――「検証」の新しい基準作りに向けて　発達心理学研究，**3**，43-44．
高瀬常男　1975　実践研究　方法論的課題　続　有恒・高瀬常男（編）　心理学研究法　第13巻　実践研究　東京大学出版会　pp.21-36．
戸田正直　1972　数値模型の使用　高木貞二（編）　現代心理学と数量化　東京大学出版会　pp.25-39．
Tukey, J.W.　1977　Exploratory data analysis. Reading, MA：Addision－Wesley.
渡部　洋　1984　測定・評価　教育心理学年報，**23**，62．
渡部　洋・大塚雄作・鈴木規夫・山田文康　1984　行動科学データ解析のための探索的方法　行動計量学，**12**，59-80．
渡部　洋・鈴木規夫・山田文康・大塚雄作　1985　探索的データ解析入門――データの構造を探る　朝倉書店
山田洋子　1984　表象行動の構造分析モデル　愛知淑徳短期大学研究紀要，**23**，15-32．
山田洋子　1986　モデル構成をめざす現場（フィールド）心理学の方法論　愛知淑徳短期大学研究紀要，**25**，31-50．
柳井晴夫・市川雅教　1985　多変量解析とパソコンプログラムパッケージ――その可能

性を展望する　心理学評論, **28**, 392-403.
吉村浩一　1989　心理学における事例研究法の役割　心理学評論, **32**, 177-196.

納得の基準
―心理学者がしていること―

●尾見論文 2　　　　　　　　　　1996年3月　尾見康博・川野健治[★1]
東京都立大学人文学部『人文学報』No.269　pp.31-45.

「いわゆる頭のいい人は，言わば足の早い旅人のようなものである。人より先に人のまだ行かないところへ行き着くこともできる代わりに，途中の道ばたあるいはちょっとしたわき道にある肝心なものを見落とす恐れがある。頭の悪い人足ののろい人がずっとあとからおくれて来てわけもなくその大事な宝物を拾って行く場合がある。」（寺田寅彦『科学者とあたま』）

はじめに

1. 理論的背景や予備的（先行）研究をもとに（時に明確な仮説をもって）興味のある現象にアプローチするために，適切と思われる手法を選択してデータをとり，
2. さらに適切と思われるデータの解析方法を選択して結果を得て，
3. 考察した内容を論文にする。

★1　現所属　東京都老人総合研究所

論文を書くということを一つの区切りに，心理学者の研究活動を表現すればこのようになるだろう。無論，これは極端に単純化しており，また仮説生成的研究や個性記述的研究，臨床心理学における事例の積み重ねやフィールドワーク的な活動にはあてはまりにくい枠組みかもしれない。しかし，心理学の雑誌に掲載される論文の多くが仮説検証型になっている現状を考えるとさほど不自然とも言えまい。

　ところで，この心理学における仮説検証的研究において，重要な機能をもつのが，数値化と統計的手法，とくに有意性検定である。重要というのは少し控えめな表現であり，現状においては，心理学におけるほとんど唯一の仮説検証のための道具である，と言ってもいいだろう。例えば，わが国の心理学界における代表的雑誌である『心理学研究』に1992年の4月から翌年4月までに掲載された68編の論文のうち，検定を用いていない論文はわずかに3編（4.4％）に過ぎない。（尾見・川野，1994b）。

　しかし一方で，心理学における統計的手法，とくに検定についての誤用と弊害については，統計学者を中心に多くの批判がなされている，という現状もある（Bakan, 1966；南風原，1991；橘，1986など）。では心理学者は，そのような批判からは目をそむけ，あるいは聞き流して，綿々と誤った結果を積み重ねて行くしかないのだろうか。あるいはこれまでの多くの成果を白紙に戻し，はじめから知見を積み直すべきなのだろうか。

　本論ではまず，検定を軸に進められている心理学の研究活動について考察する。そのうえで，心理学的事実が具体的にどのような形で集積されているのかを検討し，検定と心理学者の営みとしての研究活動の関係について，第3の道を探ることにしよう。

心理学の研究を枠づける統計的検定

その1　データを取る

　心理学者はときどき妙なことをいう。
　　「これじゃデータになんないよ。」
　データを取っているのに，である。

02　納得の基準──心理学者がしていること

　こうした発言は例えば，母子の日常場面でのやりとりを撮影したビデオを見ているときなどに出てくる。多くの心理学の研究データが，ある程度仮説をもった研究者によってとられる以上，被験者が当初予期できなかったような反応を示したり，実験状況が思わぬ変化をしてしまったりしたときには，当然の反応といえるかもしれない。ましてや，他の研究者がとったビデオを何の説明もなく見せられたときには，ほとんどデータには見えないのである。

　ビデオに限らず，数量化していなかったり，検定できないようなローデータをみせられてもやはり同じ言葉を発してしまう。心理学者の言う"データ"とはつまり，検定することのできる数値の集まりのことである。

　また，卒論生が，事前に相談もなく，しかも締め切り間近になって，いきなり記入済みの質問紙の束だけ持ってきたときなど，思わず口をついてしまう。「解析の仕方をある程度考えてからデータをとるべきなんだ」などと説教の一つもしたくなる。この場合は先の例より事情は明確で，解析の仕方，検定の仕方が思いつかないということなのである。

　逆に言えば，心理学者にとって，数値化され解析方法や適切な検定の仕方が明確になっているデータほど，扱いやすく，気が楽なものはない。できることならば，そのようなデータを扱いたいと思うのは自然な傾向だろう。

　そして，仮説検証的研究，あるいは統計的検定を結果判断の基準とする研究は，このような傾向を促進する絶好の仕組みを持っているといえる。つまり，"科学的"体裁を持つ心理学論文では，「問題→目的（仮説）→方法」という順序をもっているが，研究計画の段階では「問題→可能な（よく知っている）方法→目的（仮説）という逆転が起こった方が，すっきりした研究になるのである。場合によっては，結果しだいで目的や仮説を変更することすらある。いずれにせよ心理学者は，数値化し検定できるようにデータをとることによって，論文作成に向けて着実に，しかも大きく前進することになる。

その2　データを解析する

　心理学者はときどき，妙なことをいう。
　　「結果が出ない」
　データ解析の結果が手元にあるのに，である。

この発言は大抵，予測通りの，つまり仮説通りの結果が出なかったときに出てくる。なかでも，検定の結果有意なものが見あたらないと，その落胆ぶりは非常に大きい。予想と逆の相関係数でさえ，有意であれば無相関よりましなくらいである。"結果"も，先に挙げた例の"データ"も中立的な意味で用いられていないところがおもしろい。論文の中で用いられている，"目的・方法・結果・考察"の"結果"は本来おそらく中立的な意味のはずであるが，有意でない結果が結果でないなら，その中立性は失われることになる。ここでいう"結果"に望ましくない結果は含まれていない。"目的・方法・いい結果・考察"なのである。

　仮説検証的研究の場合，特に剰余変数をコントロールした実験法を用いた場合は，有意な結果を得ることが，研究者の目的・仮説を検証し，「見たいもの」を見ることになる。そこで，5％水準で有意になることを求め，1％水準で有意になれば大いに安心し，せめて10％の水準では結果を得たいと思えるのである。つまり，有意ななかにもランクがあり，しばしば P の大きさによって検定結果の記述が変わる。P が 5 ％以上だったが10％未満だった場合に「有意な傾向，傾向差（marginally significant）」と言うのがそれにあたる。それほど頻繁には見かけないものの，P が0.1％を下回った場合，「高度に有意（highly significant）」と言うこともある。

　有意な結果を得た場合には，それを根拠として結果を理解し，考察することが可能となる。一方有意でなかった場合には，極めて苦しい解析活動が続くことになる。投入してない変数が残っていれば，残差分析などを試みることもできよう。しかし，それすらない場合，心理学者は明確な根拠を持てぬまま，推測を続けていかなければならない。ときには，有意な結果が得られなかったデータは，「使えないデータ」として永久に葬り去られることすらある。

　しかし，有意でない結果を望む場合がないわけではない。例えば，実験条件として用いている複数の場面の等質性を保証したい場合，ある変数について場面間で何らかの検定をする。検定の結果，有意でない（n.s.）と「場面間に差がない」としていいということになり，その場合めでたくその先の解析に進める。いずれにせよ，P の値が5％あるいは10％を下回るかどうかで，研究の命運が大きく左右されることに変わりはない。

02 納得の基準──心理学者がしていること

ところで，この単純な二分法的理解（有意か有意でないか）にたどり着くためには，極めて複雑な計算をしなければならない。それは今日，コンピュータと統計パッケージが担っている。コンピュータに指令を出して，検定の結果を見るまでの間，Pの値がどうなるか，心理学者の心を期待と不安が渦巻く（最近はコンピュータの性能が良くなりすぎて，期待と不安が渦巻く間もなく結果が出力されることも多いが）。こうした環境の下，どのような検定をするかは，どのようなコンピュータと統計パッケージ・ソフトを持っているか，また使いこなせるか（使いこなせる人が身近にいるか）に依存する部分も大きい。

また，心理学科あるいは心理学専攻が文学部か教育学部といった文系の学部に所属することが多いためか，心理学者の中には，そもそも数字や数式を見るのもいやだという人も少なくない。「知識がない」「難しい」といった理由で悩む人も多い（尾見・川野，1994b）。コンピュータと統計パッケージの普及は，そうした数字・数式に対するアレルギーを多少なりとも軽減するのに役立ったという面もあろう。最近の統計パッケージは，あまり統計の知識がない人でも，簡単な操作で（デフォルトで），ミスさえなければ短時間で，必要以上の結果を出力してくれる★2。そして，統計に詳しい人から聞けば，手に余るほどの情報のどこを見ればいいのか，どの数字を論文に記述する必要があるのかがわかる。こういった技術は本を読んだだけではなかなかわからないことである。

かくして，論文作成という大きな目標は，データ解析という最難関をクリアすることによって，大方達成されたということになる。

その3　その他，論文を書くまで

心理学者はとにかく数におびえる。

「そんな少数データでどこまで一般化できるんですか？」

研究発表の場で，研究に用いたデータの数が少なかったりするとすぐに言われてしまう。

こういうときには，

★2　ところが，統計パッケージの普及が逆に統計手法の誤用を増加させてしまっているという面もある（柳井・市川，1985）。

「サンプルが少ないので断定的なことは言えませんが・・・」と前置きしておくのが，あるいは"今後の展望と課題"で述べるのが，うまい逃げ口上となる。

　心理学者は，特定の誰かを知るために研究しているわけではない。かりに事例研究をしているとしても，たいていの場合，目指すところはその事例を越えて考察しうる何かについてであり，一般化である。このことは，心理学者集団内でコンセンサスの得られるところではないだろうか。したがって，研究活動の区切りである発表や論文作成の段階においては，一般化できるかどうかが重要な問題となる。

　いうまでもなく，統計的検定は，母集団に一般化することを目的として行われる。一般化を求める心理学者にとって，これが有効な道具であることは間違いない。さらに重要なことは，心理学では，統計的検定が有効な道具であるとして認知され，共有されている点であろう。一人の研究者を越え，心理学という学問全体において知見を蓄積していくためには，その効率からいっても，共通の言語あるいは論理を持つことは不可欠なのである。

　ところが，先の例のようにサンプル数が多いことの方が，検定で有意な結果が出ることよりも，一般化という点からは説得力がでてくることがある。検定の基準ほど，サンプル数の基準は明確でないにも関わらず。

　サンプルが少なくても問題だが，逆に，サンプル数があまりに多い場合，たいてい有意な結果が得られることを心理学者は何となく感じている。そしてそれはちょっとズルイような気もしている。テクニックがある人ならば，何らかの方法で，有意な結果も出れば有意でない結果も出る，という程度のサンプル数にまで減らすことで，この場を何とか切り抜けようとするかもしれない。

　また，全数調査に近いことができたときですら，検定をしないとどことなく不安を感じてしまう。差があると言っていいかどうかの基準がわからずに動揺するのである。

　こうして，多くの点で心理学者の研究に影響を与えていると思われる統計的検定は，"適当な"サンプル数があってその効力を増すことになる。

　ちなみに，もう一つ日本の心理学者がおびえるものがある。

　外国（主として米欧）の研究である。

論文の書き出しは，
「Smith（1997）によると・・・」
あるいは
「Brown, and Johnson（1999）の ABC モデルは・・・」
といった形になっているとかっこいいし，安心できる。引用文献は日本語のものが多いと格好悪い。自らの論文以外は全て英語の論文を引用する，といったこともあるようだ。

さあこれで，あとは運を天に任せて，統計に詳しい人が審査者とならないことを祈りつつ投稿するのみである。

統計的検定ではない？

教科書（候補）の運命を文部省の教科書検定が決定づけるように，心理学の研究の運命を決定づける統計的検定。この統計的検定の結果に多くの心理学者が一喜一憂するわけであるが，先述の通り，心理学における検定の誤用と弊害が他方で叫ばれている。では，一体どのようにしてこの現状を捉えたらいいのだろうか。

どういう統計を用いるか，あるいはどういう検定を使うか，については，先生や先輩に相談したり，先行研究でどうしているかを調べることで解決することが多い。それでも解決がつかないときに頼りとなるのが，統計・データ解析関連の教科書である。頼りとなるとは言ったものの，実際はかなり難解で，一般ユーザー（多くの心理学者）に向けて書かれているものは少ない[★3]。読んでも数式の羅列ばかりで，また例の数字アレルギーがでてしまう（心理学者の努力不足と言われればそれまでだが）。わかりやすい書でも，用いられる具体例が"学校での試験"とか"動物実験"といったかなり解析手順が明確なものであることが多く（わかりやすくするためには当たり前ともいえるが），もっとドロドロした（一部の）心理学独特のデータをどうすればよいかに優れた指針が与えられているとはいえない。

[★3] 統計の教科書にも問題点があることについては橘（1986）が詳しい。

少々脇道に逸れてしまった。検定の話に絞って考えてみよう。一般に，学部で心理学を専攻した者であるなら，多変量解析となると授業で確実に習うとはいえないが，検定を習っていないということはないだろう。さて，学部のときに学ぶこの検定の知識が，その後の研究実践（で使っている検定）にどれほど正確に生かされているといえるだろうか。

ホンネとタテマエ

　心理学で一般に利用されている統計関連の教科書は，ネイマン・ピアソン流の検定理論に則っている，あるいはネイマン・ピアソン流とフィッシャー流の混合物（橘，1986）であるといえる。"対立仮説"や"第2種の過誤"についての記述のない教科書はほとんど見受けられないことから，心理学の統計教育にはネイマン・ピアソン流の検定理論が少なからず反映しているといっても間違いない。ところが，心理学の統計教育に反映しているはずの"対立仮説"や"第2種の過誤"については，心理学の実際の研究に考慮されているとはいえない。"対立仮説"や"第2種の過誤"といった用語は，学部の授業をまじめに聞かなかったりすると，せいぜい大学院入試の勉強の際に触れることがある程度で，その後研究活動を続けていくうちに忘れ去られていく運命にある。善し悪しは別にして実際の研究にそれらが必要ないからである。このように，授業や教科書で学習すること（タテマエ）と心理学の研究実践（ホンネ）のあいだには大きなズレが存在する。

　かりに心理学の研究実践がフィッシャー流の検定理論に則っていると考えるとどうなるだろうか。そうだとすると，少なくとも現状の心理学における統計教育はムダが多く，"対立仮説"や"第2種の過誤"の話はかえって混乱を招くだけだということになる。また，こうした用語を取り上げるにしても，複数の検定理論が存在することを説明していないという点で大きな問題が残る。

　では，タテマエはともかくとして，心理学ではホンネとしてはフィッシャー流の検定理論に則って検定を行い研究を進めているのだからいいではないか，という主張にはどう答えられるだろうか。これに関しては，南風原（1995）の議論が明快である。南風原（1995）は，いわゆるフィッシャー流の考え方では，実際のサンプルを"仮に"ある母集団からの無作為標本であると"みなし"て

02　納得の基準——心理学者がしていること

統計的推論に利用するが，母集団自体を明確に規定しない場合に標本をどこに推論するのか分からなくなる，という。そして，結局心理学者が"検定"として実践した結果の"P値"なり"有意である云々"は，記述的解釈の補助としてなら意味をもちうるが，たかだかその程度の情報である，と結論づけている。以下では，この議論を前節の議論と結びつけて論じていく。

　確認しておくが，ほとんどの心理学の研究は，先にPの値を決めて検定し，帰無仮説か対立仮説のいずれかを採択するというネイマン・ピアソン流の検定理論に則っていないといえる。さて前節で，有意でない結果を得ることによって「場面間に差がない（ない，を強調）」とみなすという例を挙げたが，こうした表現はフィッシャー流に則っている場合には不可能となる。フィッシャー流では有意でなかった場合，判断は保留となるからである。例えば「2群間に差があるかないか」を検定することによって決める，といった作業は，心理学の研究であまりに多くなされることであるが，この作業には検定理論の裏付けなしに，せいぜい2つの理論のつまみ食いによって，なされているということになる。

　でも素朴に考えてみれば，例えば同じ条件でいくつか実験した場合，2群間の平均値の差が小さかったときには有意にならないし（n.s.），ある程度差があれば5％水準で有意になるのだから，何らかの基準で2群間の差の有無を決めているような気がする。それに，さらにその差が大きくなればなるほどPの値は小さくなり，1％水準や0.1％水準を設けてその差の大きさに対応させている。だんだんこのあたりで怪しくなってくる。でも少なくとも手元のデータ，サンプルについては何か言っていいのではないか。あれ，母集団は？

　どうしてこうなってしまったのだろうか。

　データとして得られる統計量は，t値あるいはF値といった検定統計量に変換されるものの，結局自由度との関連で導き出されるP値が記述統計レベルで利用されているに過ぎない。さきほどの素朴な考えでは，得られたデータに基づいて検定統計量を求め，P値を算出することで，仮説の確からしさを検討してしまっている。だから全数調査でも検定したくなるのである。これではフィッシャー流であれネイマン・ピアソン流であれ，ついていけない。話が逆である（Bakan, 1966）。もはや検定ではない。では何だ？

先に同条件で実験した場合の例を挙げたが、"同条件"というのが実はミソである。サンプル数以外の条件が同一の実験計画に基づいていれば、サンプル数が多ければ多いほど（自由度が大きければ大きいほど）有意になりやすくなる。心理学の諸領域において、実験・調査結果に基づくさまざまな議論が成り立つのも、おそらくかなりの部分このミソが利いているためである。それぞれの領域でほぼ同条件の実験・調査が行われており、さまざまな理由から研究間のサンプル数の違いもそれほど大きくないから、何とかまるく治まっているのではないだろうか。この違いが大きくなると問題が発生する。サンプル数を多くとれる研究（者）ほど有意な結果を得やすくなってしまい、ひいては論文が書きやすくなるということになる。言い換えれば、コストパフォーマンスをかけられる研究者ほど業績を稼げるということになってしまうのである。あくまでも、有意でない結果が軽視されがちな現状をふまえてのことであるが。

　さまざまな問題点を抱えているにせよ、検定理論に則らずになされてきた心理学における"検定"結果を全否定するわけにはいかない。"検定"という手続きは、結果を判断するための一手段として利用しているのであり、その手続きが否定されたからといってその研究の有効性までもが否定されることにはなるまい。そこで、南風原（1995）の「記述的解釈の補助」とどれだけ整合するか分からないが、"(心理学的) 検定"で得られる結果を、記述（統計）レベルのものとして積極的に（？）見直してみてはどうだろうか。もちろん自由度を考慮した上でのことだが。くどくなるが、検定でないのだから、結果から直接母集団を統計的に推論することも、一般化することもできない。結局このように見直すと、「2群間で10%以上の差があったら、意味のある差と見なす」とか「2群間の合成得点の差が10点以上あったら、意味のある差と見なす」といった記述統計に基づく表現法とほぼ変わりがないことになる。それでも、記述的な知識が蓄積されることの意味はけっして少なくないだろう[★4]。逆にこれまで、"(心理学的) 検定"というスーパーパワーを前に、記述統計がおろそかにされすぎた（南風原, 1994；井上, 1994；渡部, 1984）と考えた方がよいで

[★4] 大局的にみれば、実際にもこれまでの心理学の研究活動が"検定"を記述的な結果として利用してきているといえるかもしれない。

あろう。そして，おそらく心理学ではこれまで，検定することによってそのたびごとに一般化できたと考えてきた，表明してきたわけだが，先のように見方を変え，楽観的一般化を慎むということで検定誤用論との間の問題をいくらかでもクリアできないだろうか。

結び：あらたなるカギは？

以前，とある研究会で発表者が次のようなことを言っていた。
「検定していないので，印象ですが，・・・」
データは数値化されており，わりと単純な記述統計レベルの解析結果を表現する際であった。

統計的検定あるいは"（心理学的）検定"というスーパーパワーの呪縛から解放されると，少なくとも「検定していないので」などという言い訳をしなくてもよいようになる。しかし，"はじめに検定ありき"でなくなることで，別の問題が生じることも予想される。

当然ながら，"検定"しないことが，一般化という大目標を捨ててしまうことにはならない。"検定"を利用するにせよしないにせよ，その結果には記述としての意味が残される。記述の積み重ねをするしか一般化への道はないのである。もちろん，ごく限られた時間で結論を出さなければならないという場合もありうるため，悠長に記述の積み重ねとばかりは言っていられないこともあるだろう。いずれにしても，これまで大多数の心理学者が合意，納得してきた"検定"結果の代わりに，あるいは"検定"結果に加えて，新たなコンセンサス・納得の基準が必要になってくるのである。

一般化に関するものではないが，心理学の研究の一部では検定以外の結果判断のための基準が採用されている。スクリーニングテスト，テスト理論に基づく信頼性係数や妥当性の指標（の一部）などがその例として挙げられよう。因子分析の因子数や因子負荷量の高低の基準などもそうかもしれない。臨床的活動における事例の理解や治療方針の決定なども，おそらくは検定ではない何らかの共通基準に基づいているものであろう。

さて，多少気張って，何が心理学にとっての事実となるか，を考えてみたい。

心理学的な事実になるためには，まずその時代の多くの（各専門領域毎の）心理学者が，それを事実だと納得し，その上である程度のコンセンサスが形成される必要がある。それでは，その時代の多くの心理学者が，納得し，コンセンサスを得るための条件とは何だろうか。以下では，何らかの形で得たデータを表現する際に限定して，この条件について論を進めていく。

　"検定"結果を基準にしている場合では，往々にして数字（統計的・数学的事実）におんぶにだっこなる。"検定"結果でなくとも，数量化されたものをデータとして扱うときにも，数字は研究の結論づけに重大な役割を果たす。いうまでもなく，計算結果としての数字は，それが何らかの理論を背景にしている限りとても大事であるし，意味のあるものである。しかし時として，数字の重みの前に理論としての合理性や論理的整合性が屈服してしまう。よい例が複数尺度間の相関研究である。架空の例であるが，孤独感尺度と向性尺度の相関をとって，「孤独感が高い人ほど内向的である」といった結論を出すような場合がそうである。概念間の理論的整理が全くなされないままにデータをとって，さももっともらしく結論づけるのである。両尺度を構成している項目をみると，ほとんど同じ記述文の項目がそれぞれの尺度に入っていたりすることもある。"孤独感""向性"といった概念・尺度が独り歩きしているのである。数字に振り回されるとこういうことになりかねない。納得し，コンセンサスを得るために必要な条件の一つは，理論としての合理性や論理的整合性という至極当然なものである。

　つぎに，第2の納得・コンセンサスのための条件として"リアリティ"を取り上げたい。

　研究者が問題を設定する際の問題意識が，いかに現実に沿っているものであるか。問題に対するアプローチの方法，データの取り方が現実性をそぎ落とすようなものではないか。獲得した（数値化された，あるいは文字化された）データが現実を反映しているか。データを解析した結果表現が，問題とした対象あるいは現象に直接結びついているか。これらは相互に関連しているが，本論ではこのような基準の総称として"リアリティ"を考えてみたい。

　"リアリティ"をさまざまな側面で用いることによって，多少混乱が生じるかもしれない。また，上述の次元とは別の次元として，研究者とデータの発生

源（被験者，被調査者，インフォーマント，被観察者など）とのあいだの"リアリティ"と研究者間での"リアリティ"では違いが出るかもしれない。しかしながら，"リアリティ"が，納得・コンセンサスの条件として，心理学（の少なくとも一部）において強く意識されることには意義があるのではないだろうか。ただしそうなることで，今まで以上に一回一回の研究の評価が難しくなることは覚悟せねばなるまい。研究対象の属性，実験・調査などのその場の状況をいかに押さえるかが鍵になるだろう。

では，"リアリティ"のある研究にするにはどうすればよいだろうか。

例えば，男女別に不安尺度の合計値を平均して，「t検定をしたところ女性の方が不安が高いという結果が得られた」などとするときに，「男性でも不安が高い人もいますよね。」と聞かれることがある。そうしたときに「確かにそうですが，これはあくまでも一般的な傾向を見るのであって，個人個人を説明しているものではありません。」などという言い訳を心理学者はよく使う。主として平均値を利用した統計を用いることで結論の正当性を主張するのだが，いうまでもなく，統計を使ったというだけで正当性を主張するのは本来ナンセンスである。

そもそも「男性よりも女性の方が不安が高い」という仮説は，おそらく「あの女性もいつも不安がってるし，そういえばあの女性もそうだ」という実感（≒リアリティ）に基づいているのではないだろうか。せいぜい，「男で極端に不安がらない人を数人知っている」という実感が加わる程度ではないだろうか。この実感が，身近な人間だけでなく，知らない人間にまで当てはまるかどうかを確かめようとするには，「別な場所に行ってもやっぱりそうだ」という実感にできるだけ忠実なデータ解析を利用するべきであろう。この実感に忠実たらんとすれば，あらゆる人間が対象にはならない。不安尺度を用いるとすれば，おそらく不安得点の高い人々と低い人々についての情報さえあれば満足がいく。平均的な人については想定していないのだから。もちろん当初の仮説の記述が問題だとも考えられるが。

心理学者だけでなく人びとが日常的に「一般論」や「一般（的）に」ということばを使うとき，あるいは，心理学者が一般化を目指して仮説を設定する際には，平均値よりむしろモード（最頻値）に基づいていることが多いように思

われる。先の例に限らず，得点分布やモード（最頻値），レンジといったより素朴な情報の方が"リアリティ"を反映するのに有用なことが多いのではないだろうか。

そもそも，統計処理がしやすいという理由だけで，さまざまな心理尺度・パーソナリティ尺度を間隔尺度とみなしているという事態を，重視しなくてよいのだろうか。間隔尺度とみなすことですでにリアリティをつかみ損ねているということもありはしないか，ということである★5。

また，"リアリティ"を基準にした場合，当然，数値化されたデータのみを扱う必要はない。数値化されていないデータの表現手段は未成熟であるが，"検定"ですらさほどのことではないのである。さまざまな表現がなされていく中で，優れた表現方法が生まれてくるに違いない★6。

最後に，仮説検証的研究に対比して最近注目されている仮説生成的研究（伊藤，1993：箕浦，1991：佐藤達哉，1993：高木，1992）について簡単に触れておきたい。記述の積み重ねによって一般化を目指すということは，個々の研究が仮説生成的になるということにはならない（理念的なものは別として）。だからといって当然仮説検証的にもならない。もちろん個々の研究者が，一連の研究を「仮説生成的研究→仮説検証的研究→仮説生成的研究→・・・」などと位置づけることは可能である。ちなみに，ここでいう仮説検証的研究とは，必ずしも検定することを前提としない。

心理学（者）が目指している一般化。一般化のためにデータを取り"検定"してきたこれまで。ところが"検定"も記述。ならば（いろいろな意味での）数字にとらわれず，これからは"リアリティ"を基準に，ワクワクするような研究を積み上げていこう。

［引用文献］
Bakan, D.　1966　The test of significance in psychological research. *Psychological*

★5　その他にも，尺度研究には，信頼性係数の値を高めるためにやたらと項目数を増やしたり，妥当性を測るために尺度内のある項目得点とその尺度得点との相関を基準にするといったように，数や統計に翻弄されすぎるというきらいがある。
★6　フィールドワークの視点（尾見・川野，1994a：佐藤郁哉，1992）は新たな可能性を秘めている。

Bulletin, **66**, 423-437.

南風原朝和　1991　有意性検定からの脱却は可能か　日本教育心理学会第33回総会発表論文集，L17-L18.

南風原朝和　1994　一般化可能性の評価と有意性検定　日本心理学会第58回大会発表論文集，S11.

南風原朝和　1995　教育心理学研究と統計的検定　教育心理学年報，**34**，122-131.

井上裕光　1994　データ記述方法の積極的見直し——データ加工の観点から　日本心理学会第58回大会発表論文集，S12.

伊藤哲司　1993　データ収集の前に——高木論文を読んであらためて考えたこと　発達心理学研究，**4**，69-70.

箕浦康子　1990　文化の中の子ども　東京大学出版会

尾見康博・川野健治　1994a　人びとの生活を記述する心理学——もうひとつの方法論をめぐって　東京都立大学心理学研究，**4**，11-18.

尾見康博・川野健治　1994b　心理学における統計手法再考——数字に対する"期待"と"不安"　性格心理学研究，**2**，56-67.

佐藤郁哉　1992　フィールドワーク——書を持って街に出よう　新曜社

佐藤達哉　1993　血液型性格関連説についての検討　社会心理学研究，**8**，197-208.

橘　敏明　1986　医学・教育学・心理学にみられる統計的検定の誤用と弊害　医療図書出版社

高木和子　1992　仮説生成型の研究を論文にしていくには——「検証」の新しい基準作りに向けて　発達心理学研究，**3**，43-44.

渡部　洋　1984　測定・評価　教育心理学年報，23，62.

柳井晴夫・市川雅教　1985　多変量解析とパソコンプログラムパッケージ——その可能性を展望する　心理学評論，**28**，392-403.

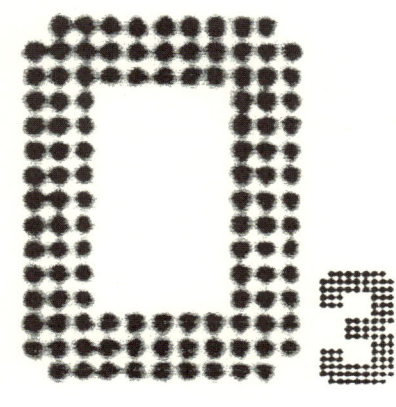

フィールドワーク，現場(フィールド)，心理学

●尾見論文3　　　　　　　　　　　　　　　　　　　1998年3月　尾見康博
東京都立大学人文学部『人文学報』No.288　pp.101-114.

> 「現代において行われておりあるいは行われうるべき質的研究は必ずしも初めから有益でありおもしろいとは限らない。十中八九は実際おそらくなんらの目立った果実を結ぶことなく歴史の闇に葬られるかもしれない。しかしそういうものはいくらあっても，決して科学の進歩を阻害する心配はないのである。」
> （寺田寅彦『量的と質的と統計的と』）

はじめに

　近年，わが国の心理学において，フィールドワーク，あるいは現場(フィールド)心理学に関する議論がさかんになされている（南，1993：尾見，1994：やまだ，1997ほか）。また，日本心理学会の第58回大会（1994年）以降，原理・方法部門で『定性的研究の実際』というサブタイトルの一連発表が継続してなされており，その発表数は1997年の第61回大会現在ですでに36件に達している。こうした動

03 フィールドワーク，現場(フィールド)，心理学

き★1の背景の一つには，伝統的心理学観に対する疑念や不満があることはいうまでもない。しかし，これらの疑念や不満は多様であり，必ずしも一方向に向かっているとは限らない。また，用いている概念や用語の混乱も見受けられる。そこで本論では，わが国の心理学について，伝統的心理学観をアンチとする新しい心理学が何を否定し，何を構築しようとしているのか，概念と用語の整理をしながら論じていく。

フィールドワークと現場(フィールド)心理学

フィールドワークは，以前から心理学の研究法の一つとして参加（参与）観察（以下，参与観察に統一する）法のなかに位置づけられてはいた（三隅・阿部，1974）ものの，それが心理学界全般に認知されてきたとは言い難い。人間あるいは人間社会を研究対象としたフィールドワークは，文化人類学や社会学の方法としては以前からなじみがあったが，心理学の方法として実際に身近なものになったのは，『フィールドワーク』（佐藤郁哉，1992）の出版と，南（1993）などの学会活動によるところが大きい。

佐藤郁哉（1992）によれば，フィールドワークとは"参与観察と呼ばれる手法を使った調査を代表とするような，調べようとする出来事が起きているその「現場」（＝フィールド）に身をおいて調査を行うときの作業（＝ワーク）一般を指す"という。さきの三隅・阿部（1974）とは反対に，フィールドワークが参与観察を含むものとしている。三隅・阿部（1974）のように，フィールドワークをアクション・リサーチと並べて参与観察に位置づける試みはユニークではあるが，実際のフィールドワークやアクション・リサーチは（参与）観察にとどまるものではないだろう。面接調査（インタビュー）や検査を実施することも十分考えられる。佐藤郁哉（1993）は，"「方法」としてのフィールドワークは，参与観察やインテンシブ・インタビューだけでなく，サーベイや文庫調査をも含む，すぐれて「マルチメソッド」的な調査法でありうるし，そうあるべきだろう"と述べている。実際，わが国の心理学において，参与観察として

★1　本稿では「新・心理学運動」と呼ぶことにする

のみのフィールドワークがもてはやされているわけではない（詳しくは後述）。フィールドワークの思想(南，1994)なり，フィールドワークの理念や視点（尾見・川野，1994）が魅力なのである。そう考えると，フィールドワークを，フィールドに出ることを必要条件とし，参与観察をそれに準ずるものとした「マルチメソッド」[★2]的な調査法と捉える方が生産性のある議論ができるように思う。

さてつぎに，フィールドワークの思想や視点がこのように注目される以前から山田（1986）が唱えていた現場(フィールド)心理学について検討する。

山田（1986）によれば，現場とは，"複雑多岐の要因が連関する全体的・統合的場"であり，"実際に研究の行われる場所そのものを指すのではない"という。そして，"極端にいえば実験室の中にも現場が存在するし，逆に，家庭や幼稚園など日常語で現場といわれる場所で研究をしても，「単純な要因について分析する場」であれば実験室である"という。このことから，研究対象と向き合う場，あるいは（ローデータなどを含めた広い意味での）データを得る場に研究者がどういう形で取り組むかによって，その場が現場(フィールド)か実験室かが決められると考えられる。

この定義にしたがうと，社会心理学をはじめ，心理学のフィールド研究の手法として以前から用いられているフィールド実験のほとんどは，実験室研究ということになる。

しかし，実際問題として，「現場(フィールド)」と「実験室」というコトバで心理学の方法を区分することには多少違和感が残る。「実験室という現場」とか「実験室という軒を借りた現場心理学」というのは理解できるし，「現場での実験研究」はいうまでもなく理解できる。ただ，「現場での実験室研究」となると少々ためらいを覚える。

山田（1986）のいう「実験室」には，"単純な要因について分析する場"としての比喩的意味が込められており，さらにそれによって従来型の伝統的心理

[★2] マルチメソッドの意義，すなわち複数の手法を併用する意義が主張されるようになってきている（伊藤，1997など）。が，"単なる折衷的なやり方では，複数の調査法を併用する意味がない"（佐藤郁哉，1992）ということに注意すべきであろう。つまり，目的や対象に応じて，複数の方法が適さない場合もあるということなのである。大事なことは，対象にアプローチする際に，単一の手法をあまり吟味もしないで（つまり，オーソドックスだから，とか簡便な手法だから，といった形で）選択せずに，さまざまな手法の可能性を検討することであろう。

O3 フィールドワーク，現場（フィールド），心理学

学批判にまで通じている。そして，「実験」ではなく「実験室」というコトバを選んだのは，「実験室」が「現場（フィールド）」と同様，一般的意味では場所を示すことから，フィールドに対立するコトバとしてふさわしいと考えたからだとも思う。また，「実験室」が，従来型の伝統的心理学の象徴であったからではないかとも邪推する。とはいえ，妙な表現になるが，心理学者にとっては，「現場（フィールド）」にくらべて「実験室」ということばは「場所」の印象が強すぎるように思う。別の言い方をすれば，「現場（フィールド）」に比べて「実験室」というコトバは，心理学界の中であまりに意味が定着してしまっているために，場所ではない意味で用いられることに違和感を感じてしまうのである。

違和感を持たないためにも，やはり「現場（フィールド）」は場所の意味として用いた方がよいように思う。本稿では基本的に場所の意味として用いる（詳しくは後述）。

このように，多少コトバ遣いに問題点が見られるにせよ，現場（フィーレド）心理学の現場（フィールド）は，場所ではなく理念を示していることは間違いない。

さて，現場（フィールド）心理学の現場（フィールド）が場所を意味しないということになると，フィールドワークと現場（フィールド）心理学とでは，かなり違うことを表現しているようにも見える。また，フィールドワークでは，やはり中心になるのは参与観察であり，成果として発表されるのは民族誌（エスノグラフィー）であること（佐藤郁哉，1992）など，現場心理学と必ずしも一致しないことが少なくない。さらに，フィールドワークの方法論を語るとき，実験や実験室というコトバがそもそもなじまないということなども含めて考えると，結局のところ，心理学と社会学や人類学の基本的スタンスの違いを表しているようにも思える。

しかし，フィールドワークをその思想面，理念面でとらえるとき，フィールドワークと山田（1986）の現場（フィールド）心理学に共通点が見えるのである（南，1993：南，1994）。南（1994）が"フィールドワークによる人間理解のパラダイムチェンジ"としてとらえた4つは，その共通点を明示化した試みといえよう。その4つとは，1）「実験者―被験者」パラダイムから共同作業（collaboration）のパラダイムへ，2）「測定」のパラダイムからコミュニケーションのパラダイムへ，3）「客観性」のパラダイムから「相互主観性」のパラダイムへ，4）理論的構成概念と素朴概念との交渉，である。

従来型の伝統的心理学に飽き足りず，新たなる心理学をめざした山田（1986），社会学の立場であるにもかかわらず心理学にも翻訳可能な形でフィールドワークの基礎と方法を提示した佐藤郁哉（1992），この2つを絶妙にアレンジしその後の流れを形作った南（1993）。そして，心理学のさまざまな分野あるいはそれを取り巻く社会における行き詰まり感，揺らぎや変動（状況論，関係論，生態学的立場などの台頭）がこの流れと連動，あるいは流れを後押しし，現在の新・心理学運動の柱ができたのである。

いくつかの対立軸――新しい（見直されるべき）スタイルと従来型のスタイル

　上述したように，わが国の心理学において，現場あるいはフィールドワークというコトバは，さまざまな意味で伝統的心理学の研究方法（スタイル）とは違うものというニュアンスで用いられることが少なくない。定性的研究というコトバも同様であり，その他さまざまなコトバが渾然一体となって用いられている。そこで以下では，いくつかの対立軸を取り上げて，概念と用語の整理を試みる。
　佐藤達哉（1996）は，現場（フィールド）心理学のあり方を検討し，現場（フィールド）心理学が乗り越えようとしている研究を「先行知見重視的・人工的・定量的・仮説検証的・反復的・データ主義的」であるとした。そして，「・」がけっして「＆」を意味しないとしている。つまり，従来型研究 vs. 現場（フィールド）心理学という単純な二項対立にはならないということを示しているのである。さらに，佐藤達哉（1996）は，「先行知見重視的・人工的・定量的・仮説検証的・反復的・データ主義的」のそれぞれに対語を用意しており，それを「実践的・生態的・定性的・仮説生成的・一回的・テクスト主義的」としている。
　また，尾見・川野（1994）は，「実験室実験・質問紙調査」「仮説検証的研究」「法則定立的研究」「推測統計」を従来型の伝統的心理学を表すものとしてそれらを批判的に検討し，「フィールドワーク」「仮説生成的研究」「個性記述的研究」「記述統計」の意義，見直しを主張した。
　そこで，佐藤達哉（1996）と尾見・川野（1994）で取り上げられた次元を中

03 フィールドワーク，現場，心理学

心に概念の再整理をしていくこととする。以下では，各次元のカギカッコ内の右側のコトバが従来型心理学の特徴を表し，左側のコトバがそれに対立する用語である。

1. 問題意識の発見 「生活実感的―先行知見重視的」

佐藤達哉（1996）は，問題意識のあり方が「実践的―先行知見重視的」によって説明できるとした。「実践的」を広く解釈するならこの説明は妥当であろう。だが，心理学では「実践」が，当該対象の変革や改善といった文脈で用いられることが多いことから，むしろ「生活実感的」とでもした方がよいように思われる。「生活実感的」は，尾見・川野（1994）の「生活心理学」の根幹ともいえる。「実践的」については「2. 介入目的の有無」参照。

2. 介入目的の有無 「実践的―純粋学問的」

研究対象の現実生活への介入や影響を目的とするか否かで，「実践的」を「純粋学問的」と対にする。「実践的」研究とは，狭い意味で「世の中の役に立つ」研究に合致するであろう。

ところで，理論か実践か，とか，理論研究の成果をいかに実践に生かすかと議論されることがある。また，そうした場合，データを取って仮説を検証するいわゆるスタンダードな実証研究を理論研究としていることがある。理論的な議論がしっかりなされていないにも関わらずである。当然のことながら，心理学におけるたいていのいわゆる「実証研究」は理論研究とはいえない。実践研究でもない。「実証研究」としかいいようがないのである。

3. 研究の計画性 「臨機応変的―実験計画的」

佐藤郁哉（1992）によれば，フィールドワークの場合，データの収集と分析を同時並行的に行うことが少なくなく，インタビューの質問内容も調査の各段階で臨機応変に変わっていくものである。それに対して，実験計画にのっとった研究は，たとえそれが質問紙調査であれインタビューであれ，測定する変数が事前に決定されており，データ処理の方法も決められている。これは，「4.

論の立て方」「9．研究対象との関係性」とも深く関連している。

4．論の立て方 「仮説生成的―仮説検証的」

仮説を立て，「実験計画」(「3．研究の計画性」参照)にのっとってデータを取り，統計的検定に代表される「推測統計」(「13．利用する統計」参照)によって結論づける，一連のプロセスを経る研究が「仮説検証的」研究となる。「仮説生成的」研究は，明確な仮説を持たずに，できるだけ無垢な態度で調査対象あるいはデータに接し，データにまみれる中から仮説を生み出していくというプロセスを経る。

5．研究の目的 「個性記述的―法則定立的」

個性記述に関して尾見（1997）は，単一事例から理論を通じた一般化をめざす「目的としての個性記述」と，データを集積することによる一般化をめざす「方法としての個性記述」に分けたが，ここでは「目的としての個性記述」の意味で用いる。研究の目的が，具体的な個の記述なのか，抽象的な法則や原理による説明なのかという相違がある。

「個性記述的―法則定立的」は「6．統計（数字）の利用」「7．追試可能性」の「定性的（質的）―定量的（量的）」「一回的―反復的」と類似しており，まとめて論じられることが多い。

6．統計（数字）の利用 「定性的（質的）―定量的（量的）」

佐藤達哉（1996）によれば，「定量的」とは，研究の結果を量に還元することで評価しようとする姿勢である。よりわかりやすくいえば，データの解析に（単純なものも含め）統計を利用するのが「定量的」，利用しないのが「定性的」といえよう。

個性的・質的データの特徴を"数学の体系で扱われない言語にもとづく叙述形式のデータをさ"し，"「いわゆる質的データ」でもそれが名義尺度として統計学の体系の中で扱われる場合には数量的記述様式を持たなくとも，それは数量的データと見なされる"とする山田（1986）の説明がわかりやすく，本稿の考え方と基本的に一致する。ただし，ここでは個性的データについては対象外

O3 フィールドワーク，現場(フィールド)，心理学

とする★3。

ところで，「定性的」研究と事例研究が混同されることが少なくない。たとえば，「統計的」あるいは「定量的」を「事例的」と対立させて論じられる場合が見られる。しかし，単一事例を扱う研究で統計を利用することもあるので，この対立図式は適当とはいえない。

さらにつけくわえるならば，心理学では「統計」を「検定」と同じ意味で使われることがある。「統計」が不当に狭い意味でとらえられているのである（記述統計は「統計」でないのか！？）。やはり適当とはいえないコトバ遣いの例といえよう。

7．追試可能性 「一回的―反復的」

本来であればこれは「個性記述的―法則定立的」の説明に用いられる（Windelband，1894）。しかし，近年の心理学では，「方法としての個性記述」（尾見，1997），すなわち，データの集積を前提としたものも個性記述的研究とされていることから，本稿では項を分けることにした。

佐藤達哉（1996）によれば，「反復的」とは"現象が再現されうることを重視し追試が可能である事態を研究しようとする志向"であり，"ある意味で現象の普遍性を強く意識して"おり，サンプルの"数が少数であっても多数であっても，その結果は他の多くの人々にも適用できると考える"態度である。つまり，時間的あるいは空間的に移動しても，同一の条件が設定できる，同一の事象が生じる（かどうかを確認できる）という考え方ともいえる。「一回的」は逆の考え方で，データの集積などを考えないことになる。

8．データを取る場 「現場―実験室（教室・講義室）」

文字通り，どこでデータを収集するかである。研究対象者の生活領域（現場(フィールド)）に研究者が入り込んでデータを得るか，研究者の研究・教育生活領域（実

★3　なお，山田（1986）は，"反復可能な現象として扱うことができる場合"や，"個を集団全体の標準からの変異（個人差）として扱う"（これも反復可能な現象として扱っているという）場合は，"たとえ単一の対象だけが扱われようが，数量ではなく叙述形式で記述されようが，個性的・質的データではなく，数量的データと見なせる"と述べている。このことから山田（1986）が，「現場―実験室」と同様「個性的・質的データ―数量的データ」にさまざまなエッセンスを付与していたことがわかる

験室や教室・講義室など）に研究対象者を呼んで（用意して）データを得るかの違いである。

　なお，これは，尾見・川野（1994）による「フィールドワーク」と「実験室実験・質問紙調査」の対比と類似している。ただし，尾見・川野（1994）では，データを取る場以外のさまざまな要素が込められたものとなっている。

9. 研究対象との関係性　「関与的―権威的」

　南（1994）が"「実験者―被験者」のパラダイム"と"共同作業のパラダイム"を対比しているのに類似している。またこれは，南（1994）が述べているように，「インフォーマント」というコトバと「被験者」というコトバ[★4]の対比にも関連する。すなわち，「権威的」は調査対象者と直接接することがなかったり，接したとしてもできるだけ匿名性を保ったままで接し，事前に決められた形で淡々とデータを得る。実験者（研究者）と被験者（研究対象者）の境界は明確に区切られているのである。それに対して「関与的」は，研究対象者に直接関わって，また，教えてもらうという立場に立って，いろいろな角度から，さまざまに形（コトバや視点）を変えてデータを得るのである。そして徐々に，研究者のコトバと研究対象者のコトバの折り合いをつけていく。場合によっては，研究者の視点を定めていく，ということにもなろう。

10. データの産み出し方　「生態的―人工的」

　「生態的」は，（日常）生活のなかからできるだけ自然な形でデータを取り出すのに対して，「人工的」は，研究者側があらかじめ用意した抽象的な条件や変数をもとに取り出す（佐藤達哉，1996参照）。実験とか統制という考え方は，「人工的」に特徴的なものとしてあげられよう。

[★4]　心理学者には，調査や観察の対象者に対しても，自然に「被験者」と言ってしまうメンタリティがある。もちろん，被調査者などのコトバを用いることもなくはないが。
　ところで，英語のsubjectをなぜ「被験者」と訳してしまったのだろうか。このことによって，わが国ではますます実験優位志向が強まってしまったのではないだろうか。また「被」というコトバにより，「実験する人―される人」「調査する人―される人」という関係が含意されてしまい，subjectは一方的に受け身のものとなってしまった。subjectの意味に関する議論は佐藤達哉（1997）参照。

11. データ発生の場の見方 「文脈重視―要因重視」

データ発生の場，あるいはデータを得る場の意味を考慮に入れるかどうかの違いである。換言すれば，状況や文脈の意味を考慮に入れるかどうかの違いである。「文脈重視」は場の固有性を考える立場なのに対し，「要因重視」はむしろ場の統制可能性を考える立場ともいえる。

12. 解釈の対象 「テクスト主義的―データ主義的」

佐藤達哉（1996）によれば，「テクスト主義的」とは，"すでに存在するものについて，その意味を全体的に解釈していこうという姿勢"であり，「データ主義」とは"研究者がデータを作り出して検討すること"である。

13. 利用する統計 「記述統計―推測統計」

この項は，「定量的」（「6．統計（数字）の利用」参照）な研究，すなわち統計を使う研究に限定される。あらためて説明するまでもなく，母集団からサンプリングされたデータをもとにして統計的検定（本来であれば推定も含まれるが心理学ではほとんどなされない）をするのが「推測統計」であり，平均や標準偏差，相関係数などによって表されるのが「記述統計」である。

13次元によって従来型の研究スタイル（右側）と新しい研究スタイル（左側）の比較を試みたが，当然，上の対立軸によって善悪の判断をするつもりはない。また，矛盾する言い方になるが左側がすべて新しいというわけでもない。新しいというより軽視されてきたという方が適当だろう。

その他，あまり適当でない対立軸もあるだろうし，他の次元も考えられるであろう。対立軸にあげなかったものとして，気になるものの1つは，研究成果を学界の内部のみのものとするか，研究対象者と共有するか，あるいは広く社会と共有するか，といった問題である。また，研究対象者と共有するという場合，研究結果について研究対象者とすりあわせをするか，という問題もある。これらの問題は，情報公開やインフォームドコンセントといった現代の社会問題とも絡む重要な問題である。とりわけ，実践的研究において問題は複雑なもの（尾見，1997）と思うが，今後ぜひ検討していかなければなるまい。

さて，現場(フィールド)心理学（山田，1986）は，13項のうち，「2．介入目的の有無」「11．解釈の対象」「13．利用する統計」の3項については，いずれの立場でもない，あるいは触れられていないが，残りの10項の左側の研究スタイルと密接に関連しているといえよう。また，現場(フィールド)心理学の現段階での集大成である『現場(フィールド)心理学の発想』（やまだ，1997）を見ると，残りの10項の中でも，「生活実感的」「フィールドワーク的」「仮説生成的」「現場」「関与的」「生態的」な研究が奨励されていたように思う。また，「2．介入目的の有無」の「実践的」研究（奈須，1997：下山，1997）や「11．解釈の対象」の「テクスト主義的」研究（やまだ，1997）も紹介されており，佐藤達哉（1996）の議論と通じることにもなる。

　右側の研究スタイルが従来型の伝統的心理学観に基づいたスタイルであることは先述したとおりであるが，現場(フィールド)心理学やフィールドワークは，必ずしも左側の研究スタイルをすべて採用した研究であるわけではない。もちろん他の新・心理学に向けた動きとて同様である。

　あらためていうまでもなく，ここで従来型の伝統的心理学を否定するつもりはない。問題なのは，研究領域によっては，従来型のスタイルに固執しすぎることの弊害が大きいということなのである。

　では，フィールドワークや現場(フィールド)心理学について議論されるようになって何があぶり出されたのか。それは，心理学者がこれまで暗々裡に，「なぜこのようなことをするのだろうか」と問い返すことなく行ってきたさまざまのこと，である。

　これからの心理学（者）は，研究するにあたって，さまざまな選択肢をもつことができるようになるはずであるし，そうなるべきである。それは，かえって生産性を低めることにもなるかもしれないし，ムダな時間を費やすことになるかもしれない。しかし，そのぶん，おそらく幅のある，しかも緩やかに秩序のとれた新しい心理学像が見えてくるはずである。

おわりに：「科学的」を装わずに現場で実感しよう

　ちょっと極端な例を出そう。

03 フィールドワーク，現場（フィールド），心理学

　ある地域で風邪がはやっているかを調べるとする。
　（ランダム）サンプリングしてその地域の住民に調査用紙を送って，返送された回答用紙のデータから結論を得るのが，従来型。
　現地に行って「あなたは風邪をひいていますか」「あなたは風邪をひきやすい方ですか」と質問する方法も「現場」に出ることをのぞけば従来型。
　どちらの研究の方が望ましいか。
　それはもちろん，後者である。
　なぜか。
　現地に行って，「あなたは風邪をひいていますか」に対する回答からのみ結論を得るのであれば，それは前者と変わらない。しかし，機械ではないのだから，研究者（調査員）は，調査のときの現地の様子や回答者の様子を考慮に入れて結論づけるものである。「マスクをして街を歩いている人がいっぱいいた」とか，「風邪のために回答を拒否された」とか，「せきをしながら回答してくれた」とか，「調査終了後飲み屋に行ったら，隣のテーブルの客が風邪がはやっているという話をしていた」とか。
　郵送調査をしていたら，もしかしたら，風邪をひいている人の回収率が低くて，実際よりもずっと風邪をひいている人の割合を低く見積もってしまうかもしれない。そういう可能性を現場に出ることで低めることができる。
　この例は心理学のハナシに直接結びつくわけではないが，いくつかの示唆は与えてくれる。
　ランダムサンプリングは優れた技法であるが，人間を相手にする場合，対象サンプルすべてが回答してくれるわけではない。むしろ，かなりの割合の人が協力してくれないことがある。この割合が高ければ，ランダムサンプリングをしたことによる一般化はかなり困難になってしまう。
　それから，「風邪」という漢字が読めなくても，回答は簡単にできてしまうということ。
　心理学の調査用紙の中には難解な漢字を使ったり，難解な言い回しをしているものも見受けられる。オリジナルの尺度が英語で作成されている場合などが典型的である。
　漢字は読めたとしても，「これって風邪かなあ」って考えてしまうこともあ

るだろう。せきがちょっと出るだけでも風邪なのか，熱がなくても風邪なのか，等々。

　質問項目の意味について深く考え込んでいる回答者に，心理学者が用意するコトバは，「あまり深く考えずに直感的に答えてください」といったものである。これは，よく考えると不思議である。同じコトバ（刺激）を使って多数の人からデータを得るのは，そのコトバ（刺激）が（母集団の）誰に対しても等価であることを前提にしているからのはずである（詳細は尾見（印刷中）を参照）。

　それを「直感的」にとは。
　質問文は曖昧刺激なのか。
　これでは投影法ではないか。

　このように，「科学的」を装って現場に出ない場合にも，（当然なのだが）必ずしも問題がないわけではない。むしろ，現場に出ることによってこそ，研究結果にリアリティを付与することができ，研究者自身も納得でき，他の研究者に対する説得力も増すことになるのである（尾見・川野，1996）。もちろん，吉村（1989）を待つまでもなく，現場を見つめていさえすれば事実を見誤ることはない，などとはけっして言えないけれども。

[付　記]

　本稿の試みは，用語・概念の整理としてけっして完全なものとはいえないと思う。しかし，新・心理学運動に関する今後の議論に向けて少しでも役に立てればと願う。

[引用文献]

伊藤哲司　1997　"社会"のある社会心理学にするために　やまだようこ(編)　現場心理学の発想　新曜社　pp.137-159.

南　博文　1993　現場からの発想――フィールドワークは心理学に何をもたらすか　日本心理学会第57回大会発表論文集，S50．

南　博文　1994　経験に近いアプローチとしてのフィールドワークの知――embodied knowing の理論のための覚え書き　九州大学教育学部紀要（教育心理学部門），**39**，39-52．

三隅二不二・阿部年晴　1974　参加観察法　続　有恒・芋坂良二(編)　心理学研究法第10巻　観察　東京大学出版会　pp.139-157.

03 フィールドワーク，現場(フィールド)，心理学

奈須正裕　1997　教育現場の歩き方——つくりながら知る　やまだようこ(編)　心理学の発想　新曜社　pp.81-97.

尾見康博　1994　心理学の方法論見直し——新しい表現法の可能性をめぐって　日本心理学会第58回大会発表論文集，S10.

尾見康博　1997　臨床心理学ブーム，個性記述的研究，心理学　人文学報（東京都立大学)，**278**，97-108.

尾見康博　(印刷中)　「尺度」研究の問題点　佐藤達哉（編）　性格のための心理学　至文堂

01 尾見康博・川野健治　1994　人びとの生活を記述する心理学——もうひとつの方法論をめぐって　東京都立大学心理学研究，**4**，11-18.

02 尾見康博・川野健治　1996　納得の基準——心理学者がしていること　人文学報（東京都立大学)，**269**，31-45.

佐藤郁哉　1992　フィールドワーク——書を持って街へ出よう　新曜社

佐藤郁哉　1993　フィールドワーク——社会学(?)の立場から　日本心理学会第57回大会発表論文集，S51.

佐藤達哉　1996　わが国心理学界における心理学のありかたを巡って　発達心理学研究，**7**，75-77.

佐藤達哉　1997　心理学で何ができるか——違和感分析への招待　やまだようこ(編)　現場心理学の発想　新曜社　pp.31-52.

下山晴彦　1997　臨床心理学の「学」を考える——かかわる知の技法　やまだようこ（編）　心理学の発想　新曜社　pp.99-119.

Windelband　1894　*Geschichte und Naturwissenschaft*. Strassburg：Heinz. 篠田英雄(訳)　1929　歴史と自然科学　歴史と自然科学・道徳の原理について・聖——プレルーディエンより(所収)　岩波書店

山田洋子　1986　モデル構成をめざす心理学の方法論　愛知淑徳短期大学研究紀要，**25**，31-50.

やまだようこ(編)　1997　心理学の発想　新曜社

やまだようこ　1997　同時代ゲームとしての心理学　やまだようこ(編)　心理学の発想　新曜社　pp.13-27.

吉村浩一　1989　心理学における事例研究法の役割　心理学評論，**32**，177-196.

なかがき

　はじめからここまで一気に読んでこられた方は，さぞかしお疲れのことでしょう。特に論文篇に入ってからは，鼎談のときと同じ調子で読めなくて難儀したのではないですか？
　ここは，高速道路のサービスエリア，トランジットの空港みたいなところ，テレビのコマーシャルみたいなものです (??)。ちょっと休憩，休憩。
　ここまで一気に読めてしまい，次を早く読みたい，という奇特な方は，ページをめくってここは飛ばしてくださってかまいません。この本の最後まで読んでから戻ってきてください（忘れないでね）。
　ここに"なかがき"が入っているのは，"まえがき"と"あとがき"を担当したお2人が私（尾見）に配慮してくださったためです（私が書くところがないから）。涙，涙。
　ふつう思いつかないですよね，こんなこと。たとえ執筆者が思いついたとしても，編集担当者が認めませんよね。ほんとに。

　どうなってるんだいったい?!　こんなにおもしろくしていいのか?!

　本嫌いで文章を書くのが大嫌いだった私（たとえば，夏休みの宿題でもっとも嫌いだったのは，読書感想文だったし，大学4年間で読んだ本の冊数は。。。やっぱり恥ずかしくて言えない）が今こうして大学教員をしてるわけですが，それもこれも今回鼎談をご一緒したお2人との出会いがなければ，まずありえなかった話です。そんなお2人との連名の本が出るなんて，夢のような話，というと大げさかもしれないけど，まぁそれに近いです。しかもその本の中で，大上段に学問論を語ってしまっているなんて。
　さて，この学問論の中身，鼎談篇にしても論文篇にしても，場合によっては明らかな間違い，勘違いがあるかもしれませんし，議論が不十分な点もあると

も思います。ご批判やご意見は大歓迎です。ぜひ私たちにお寄せください。いやそれより，ぜひそれを本や論文にしてまとめてください。心理学論の論議が盛んになることこそ，この本の出版の大いなる目的でありますし，心理学論が今後発展するためには欠かせないことなのですから。

　それにしても，（生意気で偉そうな）後輩という立場が大好きな私としては，（鼎談のための集まりを利用して）お2人とたわいもない話をしたり酒を飲んだりすることが久しぶりにできて，とてもゆったりした気分になれたし，ホントに愉快でした。目黒時代の都立大が懐かしい。。。

　鼎談形式の言い出しっぺとしては，思わぬ（予定通りの？）副産物を得られてとても満足してます。

　私の誕生日には，この本ならずとも出版されることはないでしょう。なぜだと思います？

　こたえは，次回の本で（そんなのあるのか?!）。

　誕生日にこの本が出版されるという幸せな人がうらやましい（あとがき参照）。

　では，このへんでCMはおしまい。ふたたびすてきな（??）旅をお楽しみください。

（たぶん）史上初の"なかがき"担当　尾見康博

　　追記：尾見論文のうち2編は，川野健治氏（本書17ページ註19参照）との共著論文である。その意味で，本書は氏の存在なくしてあり得ない。また，本書の出版にあたっては，両論文の掲載を快諾してくださるなど，多大なご協力をいただいた。あらためて感謝申し上げたい。

佐藤論文

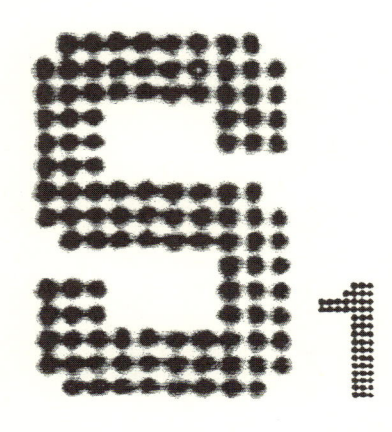

心理学論（へ）の挑戦

●佐藤論文1　　1996年7月　佐藤達哉・尾見康博
福島大学行政社会学会『行政社会論集』第9巻第1号　pp.109-131.

1．はじめに——心理学論という発想

1-1　心理学論のアウトライン

　多くの人は心理学論という言葉を聞いたことがないだろう。それもそのはず，私たちが作った言葉だからである。

　しかし，そんなに大げさに考えることはない。日本語の「心理学」という言葉だってせいぜい120年程度の歴史しかない造語なのだから。

　心理学論の目的は，「心理学とは何か」という問いに答えることにある。もう少しつっこんで言うと，「近代的な知的営為としての心理学とは何か」ということになる。つまり，心理学の実践を支えている暗黙の前提や価値観を探りながら，心理学という自分の学問の足もとを少し反省的に見ようとしているのである。

　心理学にはそのような自己反省的な活動が少ないと従来から指摘されてきた。

もちろん私たちは，心理学について考える学問として，理論心理学を持っていた。しかし，それが有効に働いてきたと言えるだろうか。残念ながらそうとは言えなかった。心理学という営みの中では，理論は常に帰納的に作成されるため，理論を中心にして考えることが心理学から離れてしまうという面があるからである。しかし，心理学という知的営みについてはそれ自体考察することが必要になってきている。そうであるならばより適切な言葉を作った方がいい。

　心理学論は心理学基礎論，心理学方法論，心理学史から成る。

　心理学基礎論は，心理学的な人間説明の根本的な考え方を明らかにするものであり，心理学方法論は，心理学的な検討が現象を説明する際に用いる技術（テクニック）の適用の仕方について是非を含めて検討するものである。そして心理学史は心理学のあり方を歴史的に検討することである。なお，「学史」と「研究レビュー」の違いについては鈴木ほか（1996）を参照されたい。

　本論文はもちろん「心理学とは何か」ということを問い，かつその問い方を問うことになるが，以下では最初に心理学のイメージについて考察したあと，概ね心理学論の三つの領域に沿った形で論じてみることにしたい。

1-2　心理学イメージの研究

　さて，心理学は誤解の多い言葉である。私たちは，大学に進学する前から心理学という言葉を知っている。高校の授業科目にはないけれど，大学に行けば心理学という科目を学べるということを知っている。また，心理学専攻のある大学に進学すれば専門としてそれを学べることを知っている。そして，現在，心理学は大変人気のある専門分野である。心理学専攻の入試倍率は高く，その結果として合格偏差値も高くなる傾向にある。

　心理学に進みたいと考える高校生はどのようなことができると思って心理学を希望するのだろうか。

　ここに面白い研究がある。『大学生の心理学観の研究』という題だ（東・橋本・加藤・藤本，1994）。心理学が若者の間でブームになっているという現状をふまえ，心理学のイメージを探ることが目的になっている。この論文では，ある年の4月に大学生を対象にして調査を行っている。そして，心理学に関する15の質問に対して「はい〜いいえ」を5件法で回答してもらい，その回答を

表1　大学生の心理学観の因子分析結果 (Promax回転，準拠構造値)（東ほか，1994）

項　目	第1因子：心理学に対する素朴な効用観	第2因子：心理学に対する興味	第3因子：非科学的な心理学観
Q11　心理学を学べば，相手の性格がわかるようになる	708	−056	084
Q10　心理学を学べば，人の心を読めるようになる	698	−055	135
Q12　心理学を学べば，自分の心がわかるようになる	647	094	−098
Q13　心理学を学べば，自分の悩みが解決できる	632	169	−094
Q14　心理学を学べば，人づきあいがうまくなれる	619	060	096
Q15　心理学を学べば，異性にもてる方法がわかる	619	−005	090
Q9　頭のよしあしは知能テストでわかる	469	−275	−035
Q1　心理学に興味がある	−062	764	−176
Q2　心理テストに興味がある	−089	759	177
Q4　心理学は役に立つ	251	539	−160
Q8　心理学は占いと関係が深い	056	−044	704
Q7　血液型で性格がわかる	098	172	619
Q3　心理学は神秘的である	−048	479	502
Q6　心理学は文系である	147	−234	394
Q5　心理学は科学的である	165	−310	−476
因子間相関行列　心理学に対する素朴な効用観		253	225
心理学に対する興味	253		013
非科学的な心理学観	225	013	

［注］　小数点省略

因子分析にかけ，心理学観の因子を抽出したのである（表1）。

興味深い結果はいくつもあるが，中でも興味深いのは，「心理学に対する素朴な効用観」と名付けられた因子を学生の所属で比較したものである。この因子は「心理学を学べば相手の性格がわかるようになる」「心理学を学べば，自分の悩みが解決できる」といった項目が高い因子負荷量をもつ因子である。

学生の所属ごとに因子得点の平均値を計算したところ，たとえば経済学科や経営学科の学生はほとんど0であったのに，心理学科の学生は多少高い数値だった。つまり，心理学科に進んだ直後の大学生は，このような心理学の素朴な効用を信じているし，おそらく，そのようなイメージがあるからこそ，心理学科に進学したのだと思われる。

だが，同じ心理学科でも2年生の平均値を見てみると，その数値がマイナスになっていた。つまり，1年間心理学科に在籍した後では，心理学の素朴な効

表2　因子得点の分類別平均

(東ほか，1994)

		心理学科 2回生以上	心理学科 1回生	社会学科	東洋文化学科	イギリス・アメリカ語学文学科	経済学科	経営学科
第1因子：心理学に対する素朴な効用観	男	−0.326	0.305	−0.082	−0.252	0.280	0.043	−0.005
	女	−0.266	0.238	−0.139	0.079	0.252	−0.924	−0.146
第2因子：心理学に対する興味	男	−0.064	0.332	−0.307	−0.625	−0.253	−0.251	−0.558
	女	0.343	0.635	0.411	−0.024	−0.133	−0.441	−0.001
第3因子：非科学的な心理学観	男	−0.751	−0.454	−0.036	−0.070	0.294	0.379	0.411
	女	−0.662	−0.085	0.351	0.256	0.547	0.600	1.162

用は信じられなくなっているのである（表2）。

1-3　心理学専攻生は欲求不満？

　人気があるのに定員は少ない。つまり狭き門である。狭き門に入ることができた人々は，さぞ晴れがましい気持ちで，さぞ充実して心理学を学んでいることだろう。だが，実際にはそうではないらしいのだから驚きである。

　先の東ほかのデータを見ると，心理学科1年生と2年生の間の大きな変化を示しているが，それは，必ずしもスムーズな移行を意味しない。素朴な効用を口にしてはいけないという規範を学んだのかもしれないのである。実際，「心理学に対する興味」と名付けられた因子の得点を1年生と2年生で比較すると，得点が低くなってしまうのである。

　ここで高校生などがもっている一般的な心理学イメージをポップな心理学と呼び，大学での心理学をアカデミックな心理学と呼ぶなら，ポップとアカデミックには浅からぬ溝があると言える。少なからぬ違和感や不満をいだきながら適応していく学生もいるだろうが，多くの学生は，何となく心理学から離れていってしまうのだ。

　このような事情を私たちはかつて架空日記の形式で表現した。ここに一部改変して再録してみよう。

1-4　心理学専攻生A子の日記（佐藤・尾見，1994を改変）

［高校3年の5月］　大学での専攻，何にしようかな？数学の教科書は見るだけで

ぞっとするし，無難に英文科かな。でも，横文字読むのも好きじゃないし，心理学なんて面白いかも。

高校には無い科目だし，人の心って不思議だもんね。心理ゲームも好きだし。それからアイデンティティって何かで習ったけど，あれって，心理学だよね。

［1年生の5月］　大学に入学した。心理学専攻にも入れたしホッとしている。

教養科目の心理学では，ネズミの話が出てきたりしてユーモラス。でもこれって心理学なの？そのうち心理ゲームみたく面白くなるよね。

［2年生の5月］　やっとホンモノの心理学が学べる！というウキウキ気分もつかの間だったわ。

基礎実験っていう必修科目があって大変。実験レポートを週一度提出させられる。難しい計算もしなくちゃいけない。Σ（シグマ）なんていう記号も出てくる。

計算するために心理学を専攻したんじゃないわ！心理学は文系でしょ！？

［3年生の5月］　心理学研究法という演習が始まった。実験法，観察法，質問紙法，面接法，心理検査法などなど，自分たちで研究しながら習得するんだって。

テーマは先行論文から選ぶのだけれど，何か魅力ないのばっかり。

研究結果には統計的検定なんてのが必要で，ここでも計算が必要。で，うまくいくと＊（アステリスク）というマークをつけて「有意に」差があるなんて言う。この前『心理学研究』という学術雑誌で読んだ研究論文なんて，1ページに＊が362個も書いてあった。不思議。

でも，みんな検定になんとなく馴染んできた。「あの男の子，有意にカッコいい」なんて喋っている自分が怖い。

［4年生の5月］　卒業論文の準備のため，研究テーマを先生に相談しにいった。「血液型と性格に関連があるかどうかを研究したい」と言ったら，「不真面目だ」と怒鳴られた。みんなが言うほど血液型別の性格って感じられないから，データをとろうと思ったのに。仕方ないから，演習の中で興味をもった『親の養育態度と子どもの性格』というテーマにしようかな。

就職活動で忙しいし，専門を生かす職につくわけでもない。先生のご機嫌を損ねないようにして卒業しよっと。

［卒業後の5月］　友達の中には家庭裁判所の調査官補になった子もいたけど，私

はフツーのOLになって早や一ヶ月。

コンパの時,「学生時代は心理学やってました」って言うと,後で「心理学やってる人って人の心を読めるようになるの?」なんて聞かれたりする。心理学ってのはそんな学問じゃないのに!

あれ?

みんなが私に対して持っているイメージって,私が大学に入学するときのイメージと一緒だ!そのイメージに違和感をもつなんて,私も四年間でアカデミックな心理学に染まっていたんだわ,知らない間に。

人は心理学徒に生まれない。心理学徒になるのだ。

そういった意味では,心理学徒になっていく過程で自分と制度との間に思惑のズレが生じるのは当たり前だとも言える。なにも心理学に限ったことではない。だが,心理学の初学者が特に困惑するのは,統計の使用であろう。それまでの素朴な心理学イメージとは全くかけ離れているし,入試準備期間において,数学の勉強を放棄している人も多いからである。

なぜ心理学に統計が必要なのかという点は後で触れるとして,心理学のイメージのズレについて考えてみたい。

1-5 ポップとアカデミックのズレから心理学方法論へ

心理学は心理についての学問ではない。

と書くと驚く人が多いだろうが,アカデミック心理学とポップ心理学とのズレの原因であろう。

社会心理学は社会心理の学ではなく,社会を心理学的に捉える学問なのである。

私見であるが(佐藤・尾見・渡邊,1994),学問の名称は「対象―方法―学」という組合せで成立していることが多い。

料理と同じで「ウナギの蒲焼き」「チキンソテー」みたいなものである。

教育心理学と教育社会学では研究対象は同じもの(教育)である。だが,前者は教育について心理学的に,後者は社会学的にアプローチする。前者は教育を受ける人びとの心理,教える人の心理,そしてその両者の関係についてが関

心対象になるかもしれないが，後者では社会における教育制度のあり方が問題になるかもしれない。

「心理学的にやろう」と言う時には，「心理を対象にしよう」と言っているわけではなく，「心理学に特有の技術でやろう」という意味なのである。

居酒屋に入って，「今日は寒いからナベ食べよう！」と言って，ナベをむしゃむしゃ食べる人はいない。この場合「ナベ」が調理法だと分からない人はいない。

2．心理学の対象と研究テクニック──心理学方法論にむけて

2-1　方法論と技術論

さて，次に問題になるのは「心理学的にやる」とはどういう意味かということであろうが，その前に，誤解を生じやすいことについて説明しておきたい。それは「技術」と「方法」である。

材料をどのような技術によって料理しようかを考えるのが方法論であり，個々の技術をどのように磨くのかというのが技術論である。

料理の例で言えば，牛肉という素材で料理を作るときに，牛肉を炒めて調理するのがいいのか茹でて調理するのがいいのかを考えるのが方法論の課題であり，炒めると決まった時によりよい炒め方を追求するのが技術論である。

心理学にひきつけると，たとえば，「親の養育態度と子どもの性格」というテーマについて，「どのような対象からどのようなテクニックを用いてデータを集めるか」を考えるのが方法論である。研究アプローチの仕方（データの取り方）を決めたら，そのやり方について検討・整備するのが技術論ということになる。

「子どもの性格は親の育て方によって影響をうけるのか？」という問題は大学生の興味をひきやすい。これをどのような手法で研究するのかを考えるのが方法論的な議論である。

養育態度と性格について，実験的にやろうとするのであれば，ある親には冷たく育ててもらい，他の親には暖かく育ててもらう，というようなことになる。もちろん，このようなことは人間対象の研究としては不適切であるので，実験

という手法・技術は不適切ではないかということに落ち着く。しかし，だからと言って全く研究できなくなってしまうのはちょっとつらい。さらなる方法論的検討を行うことになる。たとえば代替案として，親と子の双方に質問紙調査を行って関連を見るというのはどうか，などと考えたりする。親に育て方についての質問をしてその養育方法について把握し，子どもの性格を質問紙で把握してその関連を見るのである。

どのような質問をすれば養育方法が適切に把握できるのか，あるいはデータをとったあとの計算方法をどうすればいいか，といったことの検討は，もちろん本来ならば技術論と言うべきものである。

しかし，現今の心理学シーンでは方法論と呼ばれることが多い。

方法論とは，研究の適切なやり方を検討する時に使う言葉であることを認識したいものだ。

2-2　心理学の技術（テクニック）にはどのようなものがあるか

では，心理学徒がその学問的興味に従って研究する場合には，どのような技術があるのだろうか。

実はこの問いに答えるには，信頼できるテキストを参照するのがオーソドックスな方法だが，大学で行われている「心理学研究法」の授業内容を見るのも1つの手である。この種の授業は既に述べたように，心理学でこれまで蓄積されてきた「心理学を捉えるための技術」を新たな心理学徒に伝えるものだからである。先に示したA子の日記によれば，それらは，実験法，観察法，質問紙法，面接法，検査法の多岐に渡る。以下に略述しておこう。

実験法・・・ある事象を人為的に引き起こすことで，その事象の生起に関する要因を推定するための手続きのこと。実験室実験とフィールド（現場）実験の2つに大別できる。どちらも，目をつけた変数（影響力を調べたい要因＝独立変数）が，事象（従属変数）に影響を与えるかどうかを判断するために条件をいくつか設定する。そして，他の変数の影響はできるだけ統制した上で，目をつけた変数のあるなし，あるいは変数の値の大小・相違によって，被験者（体）の反応（行動や言語報告）がどう違うかを検討し，そこから因果関係を明らかにする。

観察法・・・興味の現象を目で見て記録すること。広い意味では，視覚以外の感覚器官の利用，あるいは内観まで含む。狭義の観察の場合，自然観察，実験観察，参加観察の3つに大別できる。

自然観察とは，観察者が，手を加えずに日常のありのままを観察すること。

実験的観察とは，実験とほぼ同義であるが，相対的に観察に重心をおいた用語である。

参加観察とは，観察者が観察対象と社会生活を共にしながら観察することであり，文化人類学で盛んに利用されている。なお，参加観察を自然観察に含めることも多い。

質問紙法・・・調査対象者の意識や態度といった心理的側面について，紙に記述された言語を介して回答を得る手法。一度に大量の資料が得られることが大きな利点。因果ではなく相関データかもしれないが，逆に考えると倫理面などから実験ができないテーマについてアプローチするのには有効である。

面接法・・・治療のための臨床的面接と，情報収集のための調査的面接に大別できる。いずれも，面接者と被面接者との会話を通じ，目的に応じた情報・資料を得る。臨床的面接では，面接内容がはじめから明確に決められているという場合は考えにくいが，調査的面接の場合，被面接者に聞く内容は，はじめから明確に決められている場合とある程度しか決められていない場合とがある。

検査（テスト）法・・・適性や性格などについて，既に標準化されている測定尺度を利用して個人差・個体差を記述するための手法。器具を用いるものと筆記によるものとがある。学校でふつうになされているテストは，標準化されていないものが多く，ここでいう検査に含まれない。

心理学者は以上のような多様な技術を用いて人間の心理現象にアプローチしている。

2-3 雑多な興味で研究したっていいんじゃない？——心理学方法論から心理学史へ

前節で見たような技術の蓄積があるのだから，どんな研究でもできるし，卒論なんて何でもできそうなものである。

ところが，そうもいかない。

だが，A子の日記の4年生のところでも出てきたが，今の大学生が興味をも

S1 心理学論（へ）の挑戦

つようなことを卒論で取り扱おうとしても，なかなか認めてもらえないことが多い。

「超能力は存在するか」なんてことはとにかくタブーなのである。

いわゆる血液型性格判断についても同様である。やってはいけない。

血液型性格判断ブームの研究については近年事情が変わってきたが，タブーとなるテーマがあることには変わりがない。

このようなテーマで論文を書こうとする人たちには2つのタイプがある。1つのタイプはこれらの現象を信じている人たちである。せっかく心理学でいろいろな技術を学んだんだから，それを活かして素朴な信念を実証してみよう，と思う人たちである。もう1つのタイプは，なんとなく超能力ブームとか血液型性格判断に疑いのまなざしをもっている人たちである。「周りではあたかも自明に思われている，血液型と性格には本当に関係があるのだろうか？」ということである。その背景には，現在の大学生の生活では，血液型と性格の関係が疑うべくもない常識として氾濫しているということがある。

しかし，多くの場合，指導教官はそのようなことが分からない。超能力とか血液型性格判断をテーマに取り上げるということは前者のタイプ，つまり，超能力や血液型性格判断を素朴に信じている人たちだと思ってしまうのである。

心理学は実証的学問なんだから，仮説をたてて検証させればすむことなのに，頭からテーマを押さえ込むようなやり方はなくしてほしいものだと思う。

蛇足ながら，最初に血液型性格判断に関する論文を著書の一人が心理学関連のある雑誌に投稿したときには，「大学生の一部にしか流行していない現象をとりあげる必要はない」とかいうコメントがついてきた。この先生はきっと学生から血液型を聞かれた経験などないのだろうし，学生がどのような生活をしているかなど興味がないのだろうと思って，私たちは，その先生の境遇を思って枕を涙で濡らした。

ウソだけど。

日常生活で興味をひくようなことを研究してはいけないということは本末転倒な議論のような気がする。

3．わが国心理学界の初期における研究のあり方──心理学史に学ぶ

3-1　現在を知るための歴史

　そもそも心理学は日常生活に関することを研究してはいけない学問なのだろうか。私たちは現在そうであることを昔からそうだったと考えがちである。しかしそうでないことも多い。話は飛ぶが，母親だけが育児をするようになったのだってつい30年ほど前にすぎないし，人間が，イルカに対して親しみをこめて接するようになってからせいぜい40年ほどなのである。

　日本の心理学史をひもといて，心理学において身近な問題を扱うことの是非について考えてみたい。なぜ歴史をするのかといえば，現在の問題をときあかすカギは過去の経緯に隠れていることが多いからである。

　全ての歴史は現代史なのである。

　たとえば，異性と付き合うようになって，いかにその子のことが好きで未来を誓いあったからといって，現在と未来の話だけをする人はいないだろう。過去の話を聞くことで（中学の時バスケット部にいたとか，少年隊のファンだったとか），その人をよりよく理解でき，そして豊かな未来を創造できるようになるのである。

3-2　日本の心理学黎明期

　わずか100年あまり前のこととはいえ，わが国の心理学についてその歴史をたどることは困難である。私たちにはその技量も与えられた紙幅もない。ここでは初期の心理学者と社会との関係を心理学通俗講話会という会を通じて見てみたい。以下，この節は拙論（佐藤・尾見，1994，佐藤・尾見・渡邊，1994）の日本心理学史に関する部分の内容や構成を一部変更したものである。

　心理学がいつから制度化されたのか，あるいは日本の心理学がいつ始まったと見るべきなのかについての討論はそれほどなされているわけではない。

　私たちは，日本の心理学成立の画期的な事項として，明治8年（1875）年，西周によるヘヴン著『心理学』の翻訳発行，明治21年（1888）年，元良勇次郎による『精神物理学』の開講，明治36年（1903）年，元良と松本亦太郎による

S1 心理学論（へ）の挑戦

『心理学実験室』の設立を考えている。また，時代はくだるが昭和2（1927）年には，専門学会の設立と大会の実施があった。

また，これらの動きとは別に，明治10年（1877）年という極めて早い時期に，教員養成学校である師範学校（幾度かの制度変更を経て現在は筑波大学）において心理学の授業が行われていたことも重要である。教師育成のために心理学の習得が重視されていたことを物語るものだが，その内容は主にジョホノットの学説（能力開発主義）に基づくもので，今でいう教育心理学，発達心理学の内容に近い。

さて，明治37年（1904）年に東京帝国大学（現東京大学）の哲学科が9つの専修学科に分かれることになった。それぞれの学科に属する学生は専修科目についての卒業論文を提出することが義務づけられた。それ以前に哲学科の学生として心理学を専攻したものは松本など10名ほどであったのに，第1回の心理学専修の卒業生（1905）は桑田芳蔵など7名であり，その後も専攻生の数が増えてくると，活躍の場を外に求める動きが活発になった。心理学通俗講話会とは，東大教授元良勇次郎，同助教授福来友吉を顧問に明治42年（1909）に発足した会である。通俗講話といういかにも妙な感じであるが，この語が意味しているのは今でいう社会教育や生涯学習のようなことであった。当時は過度の「社会主義」アレルギーがあり，社会という言葉は御法度であった。この会が対象として意図していた聴衆は，中学校及び高等女学校3年生以上の生徒，幼稚園・小学校職員，家庭の主婦，であった。

3-3　心理学通俗講和会の興隆

第1回の講話会にはおよそ学生，教員，主婦が総数で400人も集まったという。会の講演内容は同文館から発行されているので第1回目のプログラムを見てみると，菅原教造「着物の色合いの話」；大槻快尊「返事の速い人と遅い人」；倉橋惣三「子どもの虚言」といった内容だった。

さて，心理学通俗会の目的は，規則によると，「心理学上の事実，及び各種の現象に対する心理学的観察を通俗なる講話によって一般人士に伝え，もって心理学に対する興味と知識とを普及すること」であった。

学者の側から見れば，興味と知識を普及する，即ち啓蒙という側面があった

と思われる。しかし，それ以上に聴衆には期待があったのではないだろうか。心なんてものに関心を持つこと自体が新しいことである。それまで「心」といえば歌（和歌）であったし，あるいは心学であった。そもそも「心理」という言葉は明治に入ってから作られた言葉である。

　桑田芳蔵「表情の話」などが予定されていた第4回目会（明治42（1907）年10月）では，座席を500ほど用意していたのだが当日はなんと650名もの人が来会したという。また，直接参加できない人たちへのためであろうか，この会の講演内容は同文館から出版されていた。とにかくすごい人気だったようだ。この本につけられている心理学通俗講話会会誌によれば，講話会主催の講演の他，他団体の要請による講演会も開かれていたようである。たとえば『少女世界』主催の読者懇親会において上野陽一が「活動写真の話」を，帝国教育界の夏期講習会課外講演において大月快尊が「記憶に就いて」という講演を行っていた。

　心理学通俗講和会の会長である元良勇次郎はわが国の心理学の祖。
　草創期の心理学界は，関係者がみんなエンターティナーだったとも言えそうなのである。エンターティナーが言い過ぎだとしても，関係者が一丸となって「心理学普及運動」のようなことをしていたと言うことは可能かもしれない。
　明治45（1912）年には『心理研究』という雑誌が発刊された。上野陽一が中心となって編集を行う会のことを心理学研究会と称した。この雑誌は純粋学術誌ではなく，一般読者も想定したものであった。その創刊号には「元良勇次郎　発刊の辞」の他「千葉胤成　革命の心理」「福来友吉　国民教育と軍隊教育」「富士川游　骨相と人相」といった論文が掲載された。その他初期の号には，「うらない」「一葉の小説中の子ども」「もの忘れ」などがテーマに取り上げられている。もちろん，外国の学説や研究室紹介なども掲載されていたが，一般的興味をひくような論文が多かった。

3-4　心理学黎明期におけるアカデミック志向の自立

　草創期の心理学においては，大学で心理学を専攻した人たち（アカデミックな心理学者）も普通の人びとが興味を持つようなことについて講演をしていたのである。それは大衆の興味を掘り起こし，心理学への関心を高めさせるとい

う役割を果たした。

　なおその後の心理学会では，心理学の中で専門的な業績を発表しようとする動向も高まり，大正8（1919）年には京都大学から『日本心理学雑誌』が発刊される。この雑誌はその後，東京帝国大学内におかれた心理学会編集部からの発行に変わるのだが，経営困難のため前記『心理研究』と合併して大正15（1926）年『心理学研究』となる。この雑誌は現在まで発行され続けている。

　わが国の心理学史を見てみると，その初期においては，日常生活の興味を扱うことは決してタブー視されていたわけではないということが分かる。よく言われることであるが，近代心理学の父とされるドイツのヴントは実験心理学と民族心理学を心理学の両輪として構想していた。わが国においても元良や松本は非常に広い興味を持っていたし，その後東大助教授・教授となった桑田芳蔵は民俗心理学の研究を行っていた。

　しかし，この後は少し事情が違ってくる。たとえば念写問題をめぐる福来助教授の休職などがきっかけとなり，日本の心理学では心霊の問題がタブーとなってしまった。心霊の問題を心理学者や他の学者が検討するということはわが国のみならず欧米でも起きたことである。だが，同じように否定するにしても欧米の場合しっかり検討したのに対し，日本では変なタブーが残ってしまったようだ。

　そして，心理学は全体として実験を重視するようになった。このことは，日常生活を題材とするのではなく，実験室で扱いやすい現象がテーマに選ばれるようになったことを意味する。

　昭和10（1937）年に学会の学術誌である『心理学研究』の規定が改訂されたときには，縦書きを横書きにするといった形式面の変更のほか，アメリカの『実験心理学研究』の規定をそのひな形にしたという。海外では一分野にしかすぎなかった実験を用いた心理学が，中心的な心理学のスタイルとなったのである。

　そのスタイルとは？
　論文の様式は：「問題―方法―結果―考察」。
　タイトルの定番は，：「（独立変数）が（従属変数）に与える効果。」
　方法で好まれるのは：「仮説をたて，実験計画を組んで分散分析モデルにの

せること」。
　結果で忘れてはいけないのは：「統計的検定をすること」。
　考察で心がけるのは：「データから言える範囲のことだけ言うこと」。
　こんな感じだろうか。こういう研究をしていると安心だし，していないと…他の人たちに疎まれるかもしれない。
　日本に心理学実験室を作った松本亦太郎は確かに実験を重視していた。だが，それは実験という技術を磨くことで日本に特有の精神現象の研究ができると期待してのことだった。彼は第1回の「心理学大会」では，東洋新心理学を作りたいということを言っていたりもするのである。

4．心理学における実験の位置──心理学基礎論からの考察

4-1　実験は基本だけれど基礎じゃない

　さて，松本亦太郎はなぜ実験を重視したのであろうか。彼は，心理学は科学であるならば，思想家型，体型化型の研究者でなくとも，個々の問題を扱う専門の研究者に行えるのだと言っている。そして，そのような専門家は天才である必要はないと喝破し，ただ，心理学の事実を習得するための技術を持っていればいいと言っている（松本1931）。
　つまり松本は，心理学は思弁というよりは科学であり，事実に基づく学問なので，その事実を取り出す技術こそ大事だと言ったのである。そして，心理学の技術を習得して，西欧の心理学では無視されていたもの，つまり東洋の心について研究しようと呼びかけたのである。
　ところがその呼びかけの後ろの部分は実らなかった。欧米に留学して技術を身につけた若い研究者たちは，研究テーマも欧米に追随したのである。もちろん，欧米起源のテーマだって重要なものはある。精神過程研究の歴史の深さを考えれば益々そうである可能性は高い。それにもかかわらず松本は，技術を学んだあとは日本や日本を含む東洋を起源とする問題にこそ取り組むべきだと言ったのであるが，彼の構想は実らなかった。
　テーマが西洋起源のものが重視されるようになった後は，実験という手続き自体が目的化してしまったきらいもある。

手段の目的化，である。あるいは手段の機能的自律。

実験という手段，あるいは公共的なデータ収集と分析をしなければ，心理学でなくなってしまったのである。

実験という手続きがうまくいったからといって，知りたいことが分かったとは言い切れない。また，先にもふれたように，近代心理学の祖であるヴントは，実験室によって意識を実験的に捉えることを意図するともに，意識下の思考や様々な民族の精神については，文化の側面から人間を捉えようとしていたのである（民族心理学の提唱）。

実験は強力な手段であるが，あくまでも手段である。

わが国の心理学界には奇妙な名前の学会がある。それは「基礎心理学会」という名前の会である。「応用心理学会」という学会もあるのだから，これ自体は不思議ではない。だが，不思議なのはこの会の英語の名前である。

「The Japanese Psychonomic Society」なのである。この学会が発行している機関誌は『基礎心理学研究』という。その英名は「*The Japanese Journal of Psychonomic Science*」である。「Psychonomic」という言葉の意味は何だろう。平凡社の『心理学事典』には Psychonomy という語が説明されている。Psycho については多言を要しないだろう。精神。nomy はたとえば「ecnomics（経済学）」「astronomy（天文学）」という学問名に使われている。この言葉は nomos（法律，習慣，制度）を語源にする。

これらを総合すると「心，精神についての法則についての学」というのが psychonomics の解釈にふさわしいように思える。

中に対しては「基礎」であると称し，外国に対してはその研究領域を示す学会。この学会名の存在が，日本における心理学会のあり方のある種のねじれを象徴している，と言ったら言い過ぎであろうか。

言い過ぎかもしれない。

前記『心理学辞典』によると，この psychonomic という語は，アメリカにおける心理学者の会であった「American Psychological Association」とは別に「American Psychonomic Society」という会が設立された時（1959年）に使用されたのである。その際には，pychonomic には，単に「心の法則を追求する」という意味の他に，「応用または臨床科学と対比される基礎科学」とい

う意味の他に，「応用または臨床科学と対比される基礎科学」という意味が付与されていた。そして，サイコノミーと応用心理学は，物理学と工学の関係や生理学と医学の関係と同じような関係に似ている」とされたのである。

その内容としては，『心理学辞典』によればスティーブンスが1951年に発行した『実験心理学ハンドブック』における諸問題を新しい角度から見直したものであるという。

ここには，「実験心理学」として成長してきた学問を，他のさまざまな心理学関連分野の「基礎」として位置づけようとする意図が明確に現れている。つまり，日本の基礎心理学という名前はそれほど外れた名前ではなかったのである。

ただし，このような事情と，psychonomyあるいは基礎心理学が，いわゆる応用心理学に対して基礎的な知見を提供しているかは別問題である。実際問題として，実験という技術で行う研究こそが基礎なのだということには，本末転倒な雰囲気がないとは言えない。

もちろん，実験を軽視するつもりはない。そもそも，近代心理学の成立という栄誉が，イギリスの連合主義心理学者やアメリカのジェームズではなく，ドイツのライプチヒに実験室を設立したヴントに与えられているということからも実験の重要性は明らかである。精神について考える人々はたくさんいただろうが，実験という手段の導入によって心理学者は，それまでの心理学と質的に異なるものになったのである。

さらに言えば，実験によって明らかになったことは多数存在する。例をいくつかあげてみよう。まず記憶の実験。刺激受容直後の情報保持について研究したスパーリングは，部分報告法を用いて，視覚的情報貯蔵が1秒以内に急速に崩壊することを提示したのだが，これなどはまさに実験によって明らかになった事実であるし，ある種の人間観の変更を迫るものである。なお，視覚的情報貯蔵はナイサーによってアイコニックメモリー（図像的記憶）と後に命名された（この実験については御領・菊池・江草，1993など参照のこと）。他に，社会心理学の実験なども「リアリティのない実験室場面で行われたことは現実社会で意味を持たない」と批判されたりするが，たとえば自己カテゴリー化理論に基づく「最小集団パラダイム」に基づく実験は，直前に便宜的に集団を振り

分けられた時でさえも（あるいは集団自体存在せず，単に知覚的に形成された集団においてさえも！），利益の分配などの際に「内集団ひいき」が起きることを明らかにしている（ターナー，1995；第2章を参照）。リアリティがないといえばそうとも言えるが，こんな人工的な場面でも「ひいき：差別」が起きることを示した意義は小さくない。

　実験による人間心理の理解は，これまでにない人間の可能性を示したし，人間に対する考え方（認識）を豊かにしてきたと言えるのである。

4-2　心理学的思考の真髄(しんずい)とは？

　精神物理学の流れを重視する人々は，実験的に捉えられることから知能を構成しようとして，単純な感覚を測定することを目指した。つまり，実験的に測定できることの方，を実際の内容よりも重視しようとしたのである。たとえばJ・M・キャテルがメンタル・テストと名付けたのがその例であるが，結局それは実を結ばなかった。

　「頭の良さ」のようなものが仮にあるとしても，それは初期の心理学者が捉えられるようなことによって捉えられることを拒否したのである。

　なぜなのかはちょっと考えてみれば分かることである。そもそも「頭の良さ」のようなものは複雑で，社会的に構成されたもので，単なる反応以上のことを含んでいる概念であった。ついでに言えば「村の神童」が町に出てみると普通の子どもだったということが多々あるように，「頭のよさ」というのは複数の人びとを比較しないと分からないような概念だったのである。心理学者が自分たちで測定できることから概念規定しても仕方なかったのである。実際，先に紹介したキャテルのメンタル・テストは10種類の検査から成っていたのだが，その第一のものは「握力測定」であった。

　さて，知能を把握しようとする諸研究の停滞をうちやぶったのは，ビネによる検査である。ビネの検査について詳述する余裕はないが，「使える方法で捉える」のではなく「見たいことを見る」という姿勢が彼の方法論の成功を導いたのである（ビネ&シモン，1982；佐藤達哉，1996などを参照）。ビネはわが子の観察をはじめとして，多くの子どもたちの発達を詳細に観察・実験していたのである。

現場にこそ問題が埋もれている。問題が方法論を規定するのであって，方法論が問題を規定するのではない。

先年たまたま伺った九州地方の某大学では，知覚を専門とする心理学の教授の方が，雲仙普賢岳の噴火をきっかけに，避難生活などのフィールドワークを行っておられた。心理学者を志すような人はやはり生きた人間の姿に興味があるのである。先日の阪神大震災後にしても，様々な分野の様々な研究者が，支援活動を行っているが，人間の生活について支援しつつ研究するというスタイルは心理学者に特徴的ではあるまいか。九州の某先生は，「災害の実践研究のようなものは知覚研究のように蓄積がないので，どうしても完成度が高くならない」と指摘した上で，フィールドに基づいた研究を日本でやりやすくしていく環境づくりが必要であると語られた。

実践を行いながらその研究成果が実践に活かされる研究は，広い意味でアクション・リサーチである。レビンが提唱したこのスタイルや「よい理論ほど実践的なものはない」という言葉をもう一度振り返ってみてはどうだろうか。

心理学に限らず多くの学問は，その分野を細分化する傾向にある。

社会心理学，臨床心理学，教育心理学，性格心理学，発達心理学，家族心理学，などなど。お互いに重なりあう部分も多いが，それはある意味で「＊＊心理学」という名称で心理学の各分野を切り分けることの不毛性を示しているとも考えられる。

もちろん，学問の名前の節での考察を考慮すれば，社会について心理学的に研究する領域，教育について心理学的に研究する領域が存在することは不毛なことではない。しかしその一方で，人間はひとりであり，様々な場所において様々な活動をすることが，「社会生活」だったり「教育」だったりするのである。

人間活動を全体的に見る視点を忘れてはならない。

心理学の研究として人間活動を全体的に捉えるためには，従来の心理学の方法や技術にとらわれない新たな視点が求められるだろう。新たな視点の一つとして，フィールドワークの視点（佐藤郁哉，1992），生活全体を心理学の研究対象に含めようとする視点（尾見・川野，1994）が有効ではないだろうか。文化人類学でなされるフィールドワークのように，人びとが生活しているところ

に赴いて共同生活を試みることを提案するつもりはない。（実験をするための）実験室や（調査用紙を配布，回収するための）講義室から得られる情報だけを頼りにするのではなく，現実に生活している人びとを観察し，あるいは人びとの現実の声を聞くことにより，生活者の視点，生活文脈を理解することこそが新たな視点として求められているように思うのである。こうした理解の上に成り立つ心理学的事実こそ，生きた事実として，学問的価値を持ち，また現実生活に活用可能ともなるだろう。

5．おわりに――心理学論（へ）の挑戦

　本稿では様々な面から心理学について考えてきたが，最後に，心理学的な研究のやり方の特徴について考えてみよう。佐藤・尾見・渡邊（1994）は，心理学的研究の特徴として，「人間をその活動で見，その時も決して上からの視点で見るのではなく下からの視点でみること」をあげている。

　社会が人間を規定するとする学問，人間は合理的な判断をすると仮定する学問，人間はコンピュータだと仮定する学問，人間は遺伝子の乗り物であると仮定する学問，それらと心理学は異なる。人間をその活動によって理解して，他のレベルの概念を用いない。それが心理学である。このような姿勢は人間の生活そのものを捉えることになるだろう。

　最近「人にやさしい〜」というキャッチフレーズがあふれている。たとえば「人にやさしい街づくり」。このようなキャッチフレーズは工学や建築関係者の口から出てくるが，それはあくまでモノを作る側からの視点である。それもモチロン大切だが，「人間」の特質を知り，それに合った無理のない街づくりをしていくためには心理学の見方が必要なのではないだろうか。

　実験という技術が基礎なのではない。人間をどのように見ていくか，という視点にこそ心理学的な本質があるのではないかと愚考されるのである。

　そして，心理学の研究のあり方を通じて，心理学的な思考の本質を考察する「心理学論」にも何らかの価値があるのではないか，もっと[2]考察を進めていいのではないか，と密かに思うのである。最近，心理学基礎論の立場から渡邊（1996）は，「心理学に限らず，研究方法についての詳細な分析は，かならず研

究自体の本質に関する深い洞察を導くのである」と述べている。

　心理学論は始まったばかりであり，考えるべきことやなすべきことはたくさんある。

[付　記]
　『行政社会論集』レフェリーより論文構成について有益な指摘を受けた。記して感謝したい。

[文　献]
ビネ&シモン（中野・大沢訳）　1982　知能の発達と評価　福村出版
御領謙・菊池　正・江草浩幸　1993　最近認知心理学への招待　サイエンス社
東　正訓・橋本尚子・加藤　徹・藤本忠明　1994　大学生の心理学観の構造　心理学論集（追手門学院大学），**2**，1-7.
松本亦太郎　1931　講座教育科学　第1巻　日本における心理学の発展　岩波書店
心理学通俗講話会（編纂）　1910　心理学通俗講話　第2号　同文館
O1　尾見康博・川野健治　1994　人びとの生活を記述する心理学，心理学研究（東京都立大学），**4**，11-18.
佐藤郁哉　1992　フィールドワーク　新曜社
佐藤郁哉　1996　IQという概念の生成に関する研究ノート　福島大学生涯学習教育研究センター年報，**1**，25-42.
佐藤達哉・尾見康博　1994　ポップとアカデミック　心理学がわかる〈AERAMOOK No.3〉　朝日新聞社
佐藤達哉・尾見康博・渡邊芳之　1994　現代日本の2つの心理学　行政社会論集（福島大学），**7**，1-45.
鈴木祐子・星野真由美・太田恵子・尾見康博・坂元章・佐藤達哉・溝口元　1995　日本の心理学史研究の現状と意義　心理学評論，**38**，396-423.
ターナー（蘭・磯崎・内藤・遠藤訳）　1995　社会集団の再発見　誠信書房
W2　渡邊芳之　1996　心理学的測定と構成概念　北海道医療大学看護福祉学部紀要，**3**，125-132.

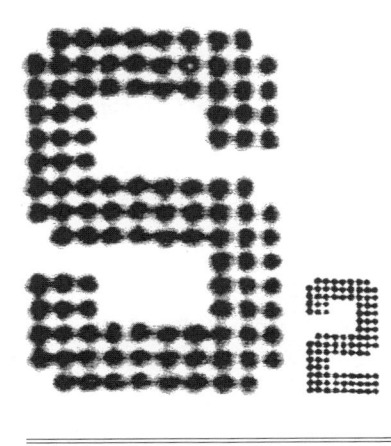

わが国心理学界における学会誌の論文査読のあり方を巡って
―心理学論（へ）の挑戦(2)―

●佐藤論文2　　　　　　　　　　　　　　　　1997年3月　佐藤達哉[1]
東京都立大学人文学部『人文学報』No.278　pp.123-141.

0．はじめに

　本稿は教育心理学会第38回総会で行われた自主シンポジウム『学会誌審査のあり方をめぐって（企画者・守　一雄；信州大学）』において口頭発表した内容（佐藤，1996b）に基づいている。この自主シンポジウムは文字どおり，学会誌の審査のあり方について検討するために行われたものであるが，その経緯については発表論文集に掲載された企画者自身による経緯説明に詳しい（資料1）。

　　資料1　自主シンポジウム企画の経緯（守，1996）
　　　昨年の教育心理学会第37回総会において，「編集委員会はなぜ論争を忌避す

---
[1] 現所属　福島大学行政社会学部　東京都立大学には1989-1994年在職

るのか:『教育心理学研究』誌の論文審査の問題点」という発表を行った。そこでは,『教育心理学研究』誌に投稿された守(1994)論文に対する編集委員会の審査過程について①審査の実状をありのままに報告し,さらに②審査における問題点を指摘した。その問題点とは結局のところ「編集委員会が投稿者・審査者間の議論を忌避すること」である。投稿者である私は,学会員当然の権利として審査委員や編集委員会に質問状を提出し論争を挑んだが,論争はことごとく忌避されてしまった。

　私の発表後の拡大編集委員会ではこの問題が議論されたらしい。それでも,丸1年たった今でも編集委員会からの直接の回答は得られないままである。その際,「編集委員と投稿者が参加し,シンポジウムを行ってはどうか等の建設的な提案もあった」(第43巻 p.466)とのことであるが,編集委員会がイニシアチブをとってシンポジウムを企画する様子がないので,投稿者が編集委員の一部の協力を得て,今回の自主シンポジウムを企画した次第である。

　本シンポジウムでは,審査者と投稿者間の論争の不備をかねてから問題としてきている麓さんに「論争の成立する条件」について話題提供をお願いし,さらに,佐藤さんに学会誌審査における「エディター・ジャッジ・レフリー・コメンテイター」の違いについてお話をいただく。最後に,『教心研』の常任編集委員であり,他の多くの学会誌の編集長・編集委員をしている坂野さんに,編集する側からの意見を述べていただく。
　指定討論者にお招きしたお二人も『教心研』や他の学会誌の編集委員の中心となって活躍している方々である。大論争が起こることを期待する。

　この自主シンポジウムのパネリスト等は,企画者・司会者として守一雄(信州大学),話題提供者として,麓 信義(弘前大学)・佐藤達哉(福島大学)・坂野雄二(早稲田大学)の3名,指定討論者として市川伸一(東京大学),であった。指定討論者として予定されていた岩立志津夫(静岡大学)は所用のため欠席した。
　つまり,この自主シンポジウムは,守が『教育心理学研究』に投稿した論文の取扱いをめぐり,投稿者である守が編集委員会に質問状を出すなどして議論を喚起したにもかかわらず,それに対する返答がほとんどない,ということに端を発したものである。今ここで,守の投稿論文の内容や質問状の内容とその後の展開について論じる余裕はないが,若干の情報提供をしておきたい。まず,守の投稿論文は『季刊窓』第22号に「『チビクロサンボ』と『チビクロさん

ぽ』」として掲載された（企画経緯の中の守（1994）がそれにあたる）。また，守と編集委員会とのやりとりや質問状の内容については守（1995a,b）で参照することができる。

さて，なぜ私がこの自主シンポジウムに声をかけられたのかという経緯を説明すれば，前年の第37回大会時にたまたま守（1995a）の発表と同会場であり，その発表の際に発言したからである。おそらくそれがもとで，参加を呼びかけられ，必ずしも守や麓の問題意識と接点があるわけではないが，学術誌の審査のあり方については考えるところが多かったので参加させていただくことにしたのである。

なお，この自主シンポジウムで守は教育心理学会の機関誌である『教育心理学研究』を念頭においた問題設定をしているが，話題提供者は必ずしも『教育心理学研究』のことだけを話しているわけではなく，また，私自身の経験や関心は心理学界全般にあるため，本稿の題名は標記のようになった[★2]。

以下では，当日の発表および質疑の内容によって私が考えたことを元に執筆を行う。したがって本稿は，先の自主シンポジウムの発表原稿ではないことをお断りしておく。

1．研究と学術誌と学界

私たち研究者の役割のひとつが，研究及びその成果の公表であることは論をまたない。私たちは，ある学問体系の中で，問題を設定し，研究を行い，問題を解決（時には新しい問題を発見）し，その成果を発表する。研究は個人的なものかもしれないが，その成果は広く共有されるべきなのである。私たち研究者の多くは学会の会員であるが，なぜ会員になっているのだろうか？多少視点をずらして言うと，私たちは学会を組織しているが，なぜこのような組織が必

[★2] ここで本論文における用語の説明を若干すれば，審査という言葉ではなく査読という言葉を使ったのは，審査には「判定」「評価」というニュアンスが強いからである。また，学会誌とは具体的に1996年時点で心理学関連の学会が発行している諸学会誌と『心理学評論』のことをさしている。また，学会誌ではなく各大学（や学部）や研究所が発行している紀要，学報，論集，論叢といったものは紀要と総称する。学術誌と言う場合には学会誌と紀要を含むものとする。

要なのだろうか？ということにもなる。わが国の代表的心理学関連学会として社団法人日本心理学会や日本教育心理学会があるが，これらの会は何のために設立され，今なお存在し続けているのだろうか？

　会の目的などは会則を読めばわかることだが，私見によれば，学会というのは学問の愛好者（アマチュア）たる各人が，お互いを高め合うために組織するものだと思う。そして，その運営のための費用を各人の責任のもとに拠出して，会に必要な活動を行うのである。学会の主な活動としては，相互交流，成果の刊行，社会活動，などがあげられるだろう。私たちは，これらの活動を行うために，学会を組織し，研究を遂行し，ひいては広い意味での社会貢献を目指していると言えるだろう。

　研究者の目的が研究とその成果公表にあるのだとすれば，学会が独自の言論メディア（媒体）を持つことは非常に重要だと考えられる。学会誌の役割は自然科学系と社会科学系とでは多少異なると考えられるし，また学会誌以外の学術誌が存在するか否かなどによっても異なると考えられるが，学会が独自の公表の手段を確保するために学会誌を発行することの重要性が低まることはない。

　人文・社会科学系の学問においては，各大学の学部内で学会を組織して，学術誌を刊行する場合がある（これは，1つの学部で1つの学問体系がすべて網羅されているという事情によるかもしれない）。あるいは，学会を組織しないまでも学部の紀要に研究成果を発表することが励行されている場合もある。

　自然科学系の学問においては，学部内で学会を作ることは稀で，また，学部の紀要よりも，審査の行われる学術誌（学会誌，商業誌を含む）での発表が望まれる傾向にある。さらに英語が事実上の公用語になっている状況があり，国際的に流通する雑誌に英語で発表された論文の価値が高いとされる傾向にある。

　ちなみに，わが国心理学界の場合は，一般的に言えば学会誌に掲載された論文の方が紀要に掲載された論文よりも価値が高いとされる傾向にある。つまり，心理学においては自然科学系の学問とやや同様の傾向が認められるが，必ずしも英語論文が励行されているわけでもないと言える。一言で心理学と言っても，生理心理学のような分野と臨床心理学とではその内容もディシプリンも異なるのだから，分野によっての違いも大きい。

　さて，このような状況のもと，今はどうだか分からないが，権威があると言

S2　わが国心理学界における学会誌の論文査読のあり方を巡って

われている雑誌がわが国心理学界にはいくつか存在する。それはたとえば『心理学研究』であり，『教育心理学研究』である。これらの雑誌は学会が発行している雑誌であり，会員が投稿した論文を査読した上で随時掲載するものである。権威があるというのはどういう意味かというと難しいが，とにかくそのように言われている雑誌が存在することは確かである[★3]。

ところが，これらの雑誌に掲載された論文が必ずしも読者に好評だというわけではないという一種のパラドックスが存在することもまたよく知られた事実である。

一部の熱心な読者以外は，これらの雑誌の中味を通読することはない。これらの雑誌の内容があまりに広くなりすぎて，全てを読むことが読者の興味・関心にフィットしなくなったのがその原因の1つだろう。だが，それ以上に読者の興味を誘うような論文が存在しないということが大きいだろう。海外の雑誌で権威のある雑誌には大抵それなりに面白い論文や研究の参考になる論文が掲載されており，それが新しい研究の進展を促すものだが，わが国の心理学界の学術誌がそのような舞台となったことは寡聞にして知らない[★4]。このような状況は研究者の日本の学界の学術誌離れを引き起こすことになり，日本人研究者の行った日本語による研究が日本人にさえ（当然海外の人びとにも読まれないだろう），読まれにくいという明らかな弊害を生んでいる。ここで敢えて弊害という語を使ったが，研究者の成果が他人に読まれないという事態は研究のあり方から言っても望ましくない事態であることは明らかである。

[★3] たとえば，大学教員の人事採用をする立場の人が，『心理学研究』や『教育心理学研究』に掲載された論文が少なくとも一定数以上ない場合には対象にならない，などということを公言したりするのでいやが上にも権威が高まるのだと考えられる。こういった発言の背景は分からないでもないが，論文についてその内容よりもパッケージで判断すると言っているわけであるから，少し不誠実だと思う。

[★4] 古い話をすれば，昭和初期に古川竹二によって投稿された論文「血液型による気質の研究」によって，心理学はもちろんのこと，医学，教育学，遺伝学など広い範囲で総計300本以上の研究論文が発表された大論争が起きている。ただし，論争の結果古川の説は否定されてしまった（松田，1991，溝口，1994，大村，1991）。

2．心理学界におけるミニ学会の設立と学術誌

　わが国では1980年以降，様々な学会（いわゆるミニ学会）の成立を見，その結果学術誌の数も飛躍的に増大した。心理学関係諸学会連絡会議に参加している学会だけでも，1997年1月の時点で23を数える★5。

　心理学徒であっても，全ての心理学関係学会に加入するわけではないが，その反対に関連分野の学会に加入する必要がある時もある。筆者の場合は少なくとも13の学会に所属している。他人からは「学会の会費払うの大変でしょ」などと言われたりする。確かに自分でもそうだと感じないわけでもないが，筆者が学会に所属している理由は，実は学会費を払うためである。

　なぜか？

　研究者が資金を出し合って会を運営し，その一部として学術誌を発行して広い意味での言論の自由を確保することが重要だと考えているからである。ここで言論の自由などという大げさなコトバが出てくるが，これは，学会の中で認められれば，たとえ外部の第三者から批判されてもとりあえず公表する機会がある，という意味での自由である。何でもかんでも自由という意味ではない。筆者は，年次大会にも出なければ論文も発表しないにもかかわらずいくつかの学会に所属しているが，それはアマチュア精神のなせるわざとしてあえてそうしているのである。一部の学会では，運営を円滑にするために学会員以外の人や団体から寄付や援助を受けているところもあるが，そのようなことをした場合にはスポンサーに対して批判精神を発揮できないというデメリットが生じる怖れがある。学問の成果がスポンサーの意図にそぐわないことは考えられないことではなく，そのようなジレンマに陥らないためには，たとえ苦しくても会員が自助努力として会費を払うしかないと考える（ただし，現在の心理学関連学会の賛助団体がこのようなジレンマを起こしているわけではない。念のためつけ加える）。きれいごとかもしれないが，究極の意味での学問の自由を支えるためには自分たちだけで資金の拠出をすることが重要である。

★5　日本教育心理学会は現在この会議に参加していない。

さて，なぜ1980年代に日本の心理学界においてミニ学会の設立ラッシュとなったのであろうか。

今，試しにこういった学会を羅列すれば資料2のようである。

資料2　1980年代以降に設立された心理学関連学会と設立年

（児玉，1994を改変）

学会名	設立年	学会名	設立年
日本基礎心理学会	（1981）	日本学生相談学会	（1987）
日本心理臨床学会	（1982）	日本箱庭療法学会	（1987）
日本リハビリテイション心理学会	（1982）	日本健康心理学会	（1988）
日本人間性心理学会	（1982）	日本発達心理学会	（1989）
日本交通心理学会	（1982）	日本感情心理学会	（1992）
日本生理心理学会	（1983）	日本性格心理学会	（1992）
日本行動分析学会	（1983）	日本青年心理学会	（1993）
日本家族心理学会	（1984）	日本行動科学学会	（1993）
産業・組織心理学会	（1985）	日本社会臨床学会	（1993）

＊　なお，日本認知科学会が1983年に設立されている。

理由の一つとして，学界全体として研究に関与する人間が増えたということがあげられるだろう。人が増えれば関心も広がっていく。同じ興味を有する人たちが会を作ろうとするのは当然の成りゆきである。だが，その場合に，アメリカ心理学会方式[6]に，1つの機構の下に小さな学会（部門）を作っていくことも可能だったはずで，それが何故できなかったのかという疑問がわく。

科学社会学的に考察するならば，学会設立による名誉職就任を目指す人や，影響力を確保したい人たちの存在が考えられる。おそらく多くの人は一笑に付すだろうが―実際自主シンポでこの点に触れたときもウケをとった―，このことを無視することはできない。

また，戦前から設立されていた日本心理学会や日本応用心理学会に下部組織

---

[6] アメリカ心理学会は1892年に設立され，1930年代には1000人ほどの規模となった。だが，その後にアメリカ応用心理学会が，部会としてアメリカ心理学会に加わり，ついで社会問題についての研究会である社会問題のための心理学研究会もまた傘下に入ったために，1949年には会員数が10000人に達し，1970年には30000人を超え，現在では49の部門と約50000人の会員を数えるにいたっている。

を作るような柔軟な組織構造が無く★7, その一方で後発ではあるが会員数の多い日本教育心理学会や日本心理臨床学会などが連合方式の心理学会を志向しなかったことも要因の1つであろう。

さらに, 専門的論文として学問の成果を発表する際の重要なメディアたる学術誌の刊行が学会を作る以外に考えにくいという状況があったものと思われる。商業誌の参入が見込まれるわけでもなく,「1学会＝1雑誌形式」が崩れそうにないのであれば, あるテーマについての学術誌を刊行するには学会活動を始めるのが有望な選択肢として浮かびあがったのかもしれない。日本社会心理学会がそれまでの『年報』に代えて『社会心理学研究』を刊行したのが1985年であることを考えれば, この時期に学会誌によって専門論文を発表する意欲が高まっていたことはそれほど間違っていないと思われる。

筆者が大学院に入学したのは1986年であったが, 誤解をおそれずに言えば, 先輩たちの間で権威があるとされていた日本の学術誌では『心理学研究』『教育心理学研究』『心理学評論』『実験社会心理学研究』といった雑誌であった。繰り返しになるがこれらの雑誌にそれほど魅力的な論文が掲載されていたわけではなかったわけではないにもかかわらず, である★8。

3．学会誌と関わってきた私的な経験

筆者は学生の頃は学会誌の単なる読者（読み手, リーダー）であった。修士課程修了までは主に, いわゆる育児ノイローゼ, 育児関連ストレスの研究を行っており,『発達心理学研究』などが発刊されていなかったこともあり, 読む雑誌は専ら海外の発達心理学や精神医学関連のものであった。日本語の論文を読んでそれを参考にした記憶はあまりない。

そのうちに書き手（ライター）として学会誌に関わるようになった。だが,

★7 この点について, 1972（昭和47）年の第20回国際心理学会議の準備や開催が, アメリカ心理学会のような連合体方式を模索するきっかけになったようだが, 実現することはなかった。
★8 なお, これらの雑誌のうち『心理学評論』は学会によって発行されているのではなく, 京都大学心理学研究室によって発行され, 読者会員を募っている雑誌であり, 内容的にも評論的論文や特集論文を掲載しており, 他の雑誌とはやや性格が異なる。

そこには苦難の道が待っていた。

筆者が血液型性格判断ブームの社会心理学的研究に手を染め，論文をA誌に投稿したところ，「大学生の一部にしかおきていない現象を研究する意義はない」というようなコメントを頂戴し，それだけの理由ではないが，見事不掲載になった。また，血液型性格判断ブームの歴史を大正時代の教育心理学の状況に関連づけてその展開を検討した論文をB誌に投稿した時は「血液型気質相関説に現代的意義があるとは思えない」というコメントを頂戴し，それだけの理由ではないが，見事不掲載になった。

論点先取で言えば，研究の価値を云々するのは止めてほしいと思ったが，(今回の教心の自主企画に参加した守や麓のように) 編集委員会の採否に論争を挑もうという発想が無かったため，筆者はすごすごひきさがった★9。

なお，落ちた落ちたという話だけでは不公平かもしれないので，逆の例をあげておくと，心理学史に関する共著論文をC誌に投稿した際は，「論文としての完成度は高いとはいえない」「論文の質のレベルは高いとは言えない」とされながらも「貴重な論文」とされて掲載を許可されたこともあった。

その後筆者は，あいついでD誌とE誌という学会誌の常任編集委員に推挙される事態となった。

それまでの，リーダー及びライターとしての経験から感じていた学会誌の矛盾を無くすべく，意気込んで始めた仕事であったが，思うに任せないことが多く，ここでも考えることが少なくなかった。

4．学会誌に関係するいくつかの方法

さて，ここまできてやっと論文の本題である。

学会誌に論文が投稿されると，それが何人かの人に読まれることになる。査読者である。

査読者の数は雑誌によって異なるが，たいていは2人か3人である。2人の

★9 ちなみに，筆者はこれらの論文を書き直して他の雑誌に投稿して掲載可となった。A誌に投稿した論文は書き直して2つに分け，A1誌とA2誌に投稿して採択された。B誌に投稿した論文は（執筆枚数に余裕がでた分だけ詳しく書き直してB2誌に投稿して採択された。

場合，意見が割れた場合に3人目の査読者をたてることもある。この場合は最後の人がまさに論文の生殺与奪の権利を握ることになる。査読者が3人の場合には，2人は普通の査読者，もう1人がやや役割の重い査読者であるケースが多い。

　もちろん，学会誌はたいていの場合，編集委員会によって運営されているので，最終的には編集委員会の判断によって掲載の可否が決定されることになる。

　ところが，こういったプロセスについてそれほど自覚的な運営がなされているとは思えないのがわが心理学界の現状なのである。私たちは研究者ではあるが，学会誌査読の方法についてまで習った人はいないのが普通である。たいていは自分の経験をもとにいわばモデリングによって他人の論文を読んで何か反応することになる。そういった意味では，学会誌の査読のシステムがやや曖昧であっても仕方ないのかもしれない。しかし，事は重大である。『社会心理学研究』においては，編集委員長が，独断で印刷直前の論文の語句修正を行っていることが明るみにでた（1996年）。これなども，学会誌に携わる人間の役割意識の曖昧さが絡んでいると思う。

　そもそも，わが国において，歴史もあって権威も大きいとされる2つの学術誌『心理学研究』と『教育心理学研究』において，「編集委員会」という同じ言葉を違う意味で使っているのだから，学会誌システムに関与するあり方についての整理もされないし，査読者の自覚も育たないはずである。『教育心理学研究』において編集委員会は，編集委員と常任編集委員からなる組織であり，査読は編集委員2名と常任編集委員1名が行い，常任編集委員会で可否を決定する。一方，『心理学研究』において編集委員会は編集委員によって構成されるものであり，常任編集委員という名称はない。それでは編集委員のみで査読をするのかというとそうではなく，審査協力者という形で会員の中からふさわしい人を委嘱するのである。

　では，査読についていったい何が混乱しているのだろうか。今ここで，学会誌に投稿された論文を査読する立場をいくつかのコトバで現してみようと思う。

　　コメンテイター
　　レフリー

ジャッジ
エディター

である。また，査読以外の関わり方という意味では，リーダー（読み手），ライター（書き手）そしてパブリッシャー（出版者）の3者も忘れてはならない。

コメンテイターというのは，論文に対して自分なりの見解を開陳する役割。

レフリーとジャッジはたとえばボクシングのことを考えてみれば分かりやすい。レフリーは試合を進行する役割であり，ルールに則って試合を円滑に進行する役割を担う。ジャッジは採点をする役割であり，判定に結びつく★10。

エディターは編集者であり，「雑誌」という媒体のあり方を総合的に考える必要があり，読者の利便を考えることも重要であろう。

では，1つの論文が送られてきたときに，それぞれの役割はどのように考えてどのようなレスポンスをするのが順当なのか，ということを考えてみよう。

コメンテイターの場合は，簡単な誤字などがあれば指摘することはあっても，基本的には論文自体に加除修正を求めることをせず，論文内容についてのコメントをする。著者はコメントに従って論文を修正するのではなく，必要ならば再コメントを行うことが求められる。

レフリーの場合は，その内容や形式が概ね学術論文のルールに従っているか，内容に極端な間違いや標窃（パクリ）などが無いか，といったことを念頭におきつつ，かといって単なるコメントをつけるのではなく，いわば助言のようなコメントをつける。

ジャッジの場合は，むしろ細かいことにあれこれ注文をつける必要はなく，その論文が良い論文であるか悪い論文であるか，端的に言えば当該論文が掲載に値するか否かを全体的に評価すればよい。

エディターの場合は，論文の内容がその雑誌に適合的であるか，読み手にと

★10 ボクシングというスポーツのメタファーで考えると，論文の投稿者と査読者の間に闘いが存在するように思われるかもしれないが，そうではない。闘いということで言うなら，研究者が闘っているのは現象・事象であり，査読者はその成果たる論文をレフリー，ジャッジとして扱う，ということになる。査読者は投稿者の闘う相手ではない。どちらかといえば仲間であるはずだ。

って読みやすい論文であるか，といったことにも気を配る必要がある。「てにをは」や「訳語」への指摘は，エディターであればこそ行い得ることである。もっとも，学術誌は会員の成果発表の場であるから，大胆な編集介入が望まれているわけではない。

このように整理してみると，わが国心理学界の学術誌では，査読者は全ての役割を担いながら，最終的にジャッジとして何らかの判定を下しているようである。もちろん，雑誌によってその重点は異なっているだろう[11]し，人によっても異なるだろう。査読者は限られた人数であるから，どんな査読者に当たるかは実は投稿者にとって大問題であるが，建て前として査読者に違いはないことになっている。

なお，『心理学研究』や『教育心理学研究』に掲載された論文のことをレフリーペーパーと呼ぶときがあるが，現状ではむしろジャッジドペーパーと呼ぶべきだと思える。レフリーペーパーという名に相応しいのは，大学の紀要に類する学術誌で査読者（たいては同僚）がすることに近いのではないだろうか。

5．ピア・レフリーで学会誌査読を！

筆者は学会誌というメディアを用いて研究成果を発表することに大きな意義を認めるものである。そして，その際には他の学会員が投稿された論文を査読した上で掲載するのが望ましいと考えている。研究論文の質を高めることは，研究者だけのためではなく，学会のためでもなく，広く社会一般に対して研究者集団たる学会が課せられた使命であり，そのためには掲載前の事前チェックはいずれにせよ欠かせないと考えるからである。

学会誌審査の問題点を筆者なりに一言で述べれば，査読者のそれぞれの査読行為の意味づけが明確になっていない，ということになる。

では，どうなれば良いだろうか。先ほどの４つの役割から考えてみたい。

まず，査読者がコメンテーターの役割をとってしまうという方法が考えられ

---

[11] 査読を委嘱される時には，査読の手引きのようなものが添付され，求められる行動についての説明があるのが普通であるので，それなりに一致するはずである。

る。研究者は諾否を恐れることなく自由に研究を行い自由に投稿することができる。だが，この方法だと，本当の意味で研究論文を高めることになりにくい。適切な批判をコメントとして行うことはそれほど簡単ではないからである。

次に，査読者よりもエディターが力をもって学会誌を編集してしまう方法もある。だが，この場合は，研究の内容自体が，研究者個人個人の興味よりも，エディターの意向によって決定される怖れがある。また，誰のどの論文を載せるかということまで任せることになると権威主義におちいってしまうことはみやすい。

では，査読者がジャッジの役割をとる場合はどうだろうか。この場合は，いわば合否判定をするわけであるから，一定水準以上の論文のみが掲載されるという利点がある。だが，不見識な査読者に担当された論文は浮かばれない。ここで不見識とは，端的に言えば，論文で扱っている研究内容の価値判断をすることである[★12]。

筆者の場合は，血液型性格判断という通俗的な問題をテーマにしているからかもしれないが，研究する価値がないという理由で論文が不採択になったのではやはり問題である。筆者が第38回大会でたまたまポスター発表の話を聞いたある大学院生の投稿論文に対しても「そのような現象は研究する価値がない」と言わんばかりのコメントが付されていたというから[★13]，それほど突飛なことではないのかもしれないが，これはおかしいことなのである。

なぜなら，投稿者は学会員であり，学会は学会員が支えているからである。その学会員が何らかの価値を見いだして研究を行い論文執筆を行って投稿しているのであるから，そこで既に価値はあるものと考えるべきなのである。ジャ

[★12] 他にも不見識の例は多々ある。たとえば守（1994）の投稿論文は，短大か高校の児童文化研究会の学生が発表するような研究だ，というコメントが付されていたという（守，1995a）。このほか，自分が常任編集委員をしていた時のこともいくつか書きたいが，職業上の守秘義務があると考えられるので具体的には書けない。こういってはなんだが，むちゃくちゃな話は少なからず存在する。強いて例をあげれば…，やはり言えない。

[★13] 自他の乏しい経験からすると，日常的な現象，若年者だけが行うような現象などを研究テーマとするとこのようなコメントがかえってくるようである。今ならばさしづめ，プリクラやルーズソックスなどをテーマにした研究をすればこのようなコメントがかえってくるだろう（反証可能な問い）。このようなコメントでは，査読者の価値観が投稿者に押しつけられてしまっていて，学界における研究の新たな展開の芽をつむ可能性が高いと考えられる。

ッジといえば判定者であるから，投稿者よりも上位にあると考えるかもしれないが，学問のアマチュア（愛好者）が組織している学会の会員に上下関係は本来ありえない。

これに関連して，投稿者に反論権が与えられなければジャッジ制度は会員にとって抑圧的に働く可能性が高い。守の経験のように，編集委員会に質問を出しているのに返答がこないというのは論外だが，そもそも質問を出そうという気になる人は少ないだろうから，とりあえず反論ができるような形式を整えることが必要だろう。

もちろん，投稿者の反論権を確保するには形式を整えれば良いのではない。査読者は投稿者に対して，単なる判定だけではなく，その判定にいたった理由を説得的に開示する必要がある。麓（1996）は「目的や方法が不十分」というようなコメントは，反証可能性の点からすると科学的な態度ではないと指摘している。もちろん，学会誌の査読者も会員であり，それは無償の行為であるから，全てを完全に行うのは難しい。だからこそ，投稿者の反論権のようなものが保証されていなければいけないのである。

だいたい，研究論文というのは，それまでの研究をふまえた上で何らかの新しさがあって初めて研究として認められるものである。だが，心理学界の論文では研究内容の新しさが認められているとは言いがたく，むしろ旧来の研究を多少焼き直しした研究の方がすんなりと掲載されてしまうということがある。坂野（1996）は，研究の斬新性を評価するためには投稿者と査読者に双方向の意見交換があることが必要であり，審査は審査者の価値基準を優先させてはならない，と論じている。

さて，学会誌の査読者のあり方についてここまでコメンテーター，エディター，ジャッジという可能性を見てきたが，いずれも問題をはらんでいるようであった。最後にレフリーというあり方を検討してみたい。

結論的には，ピアレフリーという言葉に象徴されるように，投稿者も査読者も仲間なんだという意識をもって，判定・評価をするのではなく，レフリーをするのが一番良いと考えられる。サッカーのレフリーでも，たとえば手がボールに触れる「ハンド」という反則をいつどのようにとるかはレフリーにまかさ

れている部分もあるい[★14]。

　何人かのレフリーが一致して「掲載は難しい」と考えるのであれば，その理由とともに投稿者を説得すべきだし，そのような論文以外は掲載していくようにすれば良い。

　学会誌の審査については，従来から，審査が加点法でなく減点法であることが問題とされてきた。このような方式だと，穴の少ない研究論文が掲載されることになり，ひいてはそのような研究が多く行われる結果をもたらす。具体的に言えば，外国の研究で行われた問題意識を下敷きにして，少し条件を変えた研究である。このような状況を打破するには加点法で論文を評価する必要があるが，結局のところ，「審査」をする場合には，加点法でも従来的な論文が有利であり，斬新な研究は掲載されにくい。評価しようがない場合があるからである。既に述べたことではあるが，査読者が審査や「判定」をやめなければ，加点法を用いてもその効果は薄い。筆者の乏しい経験から言っても，「加点法を行ってほしい」というような要請は，結局のところ独創的，意欲的，斬新な研究には適用されず，かえって従来的でオーソドックスな研究に適用される結果になっていた。加点法は，評価する枠や基準が定まっているものに対して有利に働くことが多い。たとえば，わが国では現場心理学的な研究はやはり掲載されにくい現状がある[★15]。

　レフリーは審査しないという方針で査読し，その結果をうけて編集委員会が編集上の観点から掲載の可否を判断するのが学会誌編集の1つのあり方だと思う。

6．学会誌でこそ研究を進展させよう

　本論では，学会誌でよりよい論文発表するためのシステムのあり方を中心に

[★14] 数年前のワールドカップにおいてアルゼンチンのマラドーナはあろうことかジャンプしたときにボールを手にいれてゴールを奪ってしまった。
[★15] 筆者はかつて，従来的な研究を「先行知見重視的・人工的・定量的・仮説検証的・反復的・データ主義的」であるとし，これらのうち1つでも異なる態度で研究する姿勢が重要だとした（佐藤，1996a を参照）。

論じてきた。このような態度に対しては，いくつかの批判やあるいはより発展的な提案が考えられるだろう。以下に4点を論じたい。

第一に，学会誌などに頼ることがそもそも権威主義的なのであり，勝手に研究して勝手に論文発表すれば良いではないか，という意見も存在する。

確かに，学会誌にこだわる必要はないという意見には聞くべきところがある。実際，研究発表が大事なのであって，それを発表する媒体（メディア）そのものが大事なわけではないから，このような意見は妥当である。筆者自身も紀要への執筆や商業誌からの執筆依頼に応えて書いたりすることが多くなってきた。だが，商業誌の問題は脇におくとして，紀要の場合には，論文の情報が伝わりにくいという欠点がある。大きな大学のそれなりに心理学に関連のある学部の紀要であればともかく，心理学者の所属が多様に分散している現状では，心理学者が発表した紀要論文を網羅的に把握することは不可能なのである[★16]。紀要論文は抜刷を多く印刷して，関連する分野の人たちに送るのが通常であるが，この場合も，研究を始めたばかりの人たちはそのサークルから外れてしまうことになりがちである。

第二に，学会，学会と言っていることが問題であって，研究はひとりでやればいいではないか，という意見も同様に妥当ではあるが完全に正しいわけではない。確かに，学会誌に不掲載になったことを理由に学会を見限って去るという選択もありうるが，それはやはり本末転倒である。学会は学会員によって成り立っているのであり，学会員の自助努力によって変化することこそが求められるのである。そうでなければ，同じ思いをする会員が次々に去っていくことしか生み出さない。

一人一人の研究者がよりよい研究活動を可能にするために学会は存在しているのだし，そのことが広い意味での人類の発展に貢献できるのだと考えられる。システム論議よりも，実際に研究をすることの方が重要だという指摘があると

[★16] 筆者のこの論考は『人文学報』に掲載されるためにそれなりに心理学徒の目にふれると思うが，「心理学論（へ）の挑戦」と題して『行政社会論集』に掲載した拙稿には誰も気づいていないだろう。また，筆者は現在日本の心理学史についての研究に手を染めているが，先行研究の存在すらつかめなくて往生している。せっかく自分で調査したと思ったら，既に紀要に書かれていた，などということが分かったりするとなおさら疲れが増す。紀要論文や研究報告書を網羅的に探すのは不可能だし時間的にも効率的とは言えない。

すればそれには賛同する★17。だが，システムのことを考えないがために，研究の方向がどこかおかしくなってしまうとしたらやはり問題なのである。

第三に，これは批判ではないが，現行の学会誌編集システムが存在する以上，それの改革は難しいので，むしろ学会内に複数の雑誌メディアを持つということが考えられる。これは今回の自主シンポジウムで指定討論者の市川が提起したことでもある。具体的には，教育実践に関する論文について新しい学会誌を作るということであったかと思う。これは確かに魅力的であり，賛成する。メディアを多様にすることが研究の多様性を確保することにつながることは論をまたない。ただ，1つの雑誌を構成しうるだけの論文が投稿されるかどうかという危惧が存在する。もちろん，雑誌が創刊されれば投稿を喚起することになると思うが，雑誌ができて論文が少ない場合には，現状より事態が悪化することになってしまうことに留意しなければならない。

なお，日本教育心理学会には1989年以来『教育心理学フォーラム・レポート』という制度がある。これは「研究成果の迅速な交換を助け」「既存の学会誌・大学紀要などとしてはまとめにくい研究」などに「発表の場」を与える目的で行われているものである（詳細は教育心理学フォーラム・レポート委員会規定＝1994年日本教育心理学会名簿 p269を参照されたい）。

第四に，これも市川が発言したことだが，学術論文を読み査読をする力を養うことである。これについては大賛成である。詳しくは市川（1996）を参照されたい。

7．おわりに：心理学にこだわりつつ自由な立場で

何もそんなに「心理学」にしがみつく必要はないのではないか，という意見

★17 それなりに自由に研究ができ執筆するメディアも用途に応じて複数確保できているという筆者自身の今の立場を考えれば，本稿執筆の時間を研究時間，論文執筆時間にあてた方が生産的だという気持ちは確かに自分にもある。だが，システムに抑圧的な部分があるとしたら，それは全員に対して働くというよりも，むしろ選択的に機能する場合が多い。学会誌の査読システムの場合には，多くの場合若い研究者（＝院生）に対して抑圧的に機能するだろう。だからこそ，自分が今自由に研究ができるからといって，このような問題に関与することを避けるのではなく，こういう時期だからこそ，この問題を検討する必要があると考えている。

もありうるが，個人的には心理学のパラダイムはまだ捨てる必要はないと思っている。研究もできるし，それに基づいて広い意味での人類の福利や繁栄に貢献できると考えているということである。

しかるに現在の学界状況を見ると，資格，ミニ学会並立（乱立），学会誌査読（これは本論の主題であるが），と多くの混乱（問題）を抱えていることが分かる。資格のことで言えば，心理学関連の資格はこれから一体いくつになるのか見当もつかない。もちろん，個々の資格には固有の歴史がありそれぞれに必要だと思われるが，それぞれが「心理学」とか「心理」という名前を使っているのであれば，そのキーワードが意味する本質をもっと考える必要があると思われる。これらの問題は社会とも直結する問題であるから，私たち一人一人が考える問題なのである。だが，こういった混乱の根源には，心理学とは何かという根本的な問いが欠けているというのが筆者の認識である。

資格を世に問うのもいいし，学会をいくつも作って研究を盛んにするのもいい。だが，その時に，心理学とはいったい何であるのかという問題を考えていなければ，事態は混乱するばかりだし，社会的な信用も失うだろう。学会誌のあり方を問うことは，当然研究内容の問題とも関わってくるし，心理学全体の問題ともかかわってくる。

今回は，学会誌の問題のみをとりあげたが，制度が研究を規定しているということについて，もう少し自覚的になる必要があると思われるし，あるいは心理学的論文を書くとはどういうことかについて分析することも必要だろう（尾見・川野，1996参照）。不満ばかり言っていても仕方がない。

学問をするという営為を多少なりとも反省的に考えて，よりよい研究ができるようにと，心理学論の挑戦は続く（勝つと信じたい♪今は）。

[文　献]

麓　信義　1996　論争が成立する条件：私の投稿経験から　教育心理学会第38回総会，S100.

市川伸一　1996　批判的思考力の育成と評価　認知心理学者教育評価を語る　北大路書房

児玉斉二　1994　日本の心理学　梅本・大山(編)　心理学史への招待　サイエンス社

松田薫　1991　「血液型と性格」の社会史　河出書房新社

S2 わが国心理学界における学会誌の論文査読のあり方を巡って

溝口元 1994 昭和初頭の「血液型気質相関説」論争 詫摩・佐藤(編) 血液型と性格 現代のエスプリ, **324**, 67-76.

守 一雄 1994 『チビクロサンボ』と『チビクロさんぽ』 季刊窓, **22**, 41-53.

守 一雄 1995a 「チビクロさんぽ」はどう評価されたか 信州大学教育学部紀要, **84**, 29-41.

守 一雄 1995b 編集委員会はなぜ論争を忌避するのか:『教育心理学研究』誌の論文審査の問題点 教育心理学会第37回総会, 50.

尾見康博・川野健治 1996 納得の基準——心理学者がしていること 人文学報(東京都立大学), **269**, 31-58.

大村政男 1991 血液型と性格 福村出版

坂野雄二 1996 学会誌の斬新性と独自性:学会誌編集をめぐって 教育心理学会第38回総会, S101.

佐藤達哉 1996a わが国心理学界における現場心理学のあり方を巡って 発達心理学研究, **7**, 73-77.

佐藤達哉 1996b エディター・ジャッジ・レフリー・コメンテイター:学会誌と関係するいくつかの方法 教育心理学会第38回総会, S101.

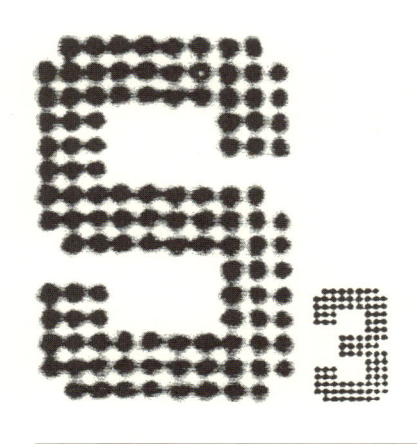

進展する「心理学と社会の関係」
モード論からみた心理学
―心理学論（へ）の挑戦(3)―

●佐藤論文3　　　　　　　　　　　　　　　1998年3月　佐藤達哉[★1]
東京都立大学人文学部『人文学報』No.288　pp.153-177.

1．モード論とは何か

1-1　モードⅠとモードⅡ

　本論では，心理学を含む様々な研究活動のあり方について「モード論」を援用しつつ考察を行う。

　モード論とは，個々の学問に個別のディシプリン（学問体系内の規範＝以下「学範」と訳す[★2]）を超えて，知的な生産活動全体を規定するモードが存在し

[★1] 現所属　福島大学行政社会学部（本稿は文部省内地研究員として東京大学文学部心理学研究室に滞在中に執筆された）東京都立大学には1989-1994年在職

[★2] 本稿では学問における discipline を学範と訳すことを提唱する。また，これ以外にもいくつかの訳を提唱することになる。その理由はカタカナ語の氾濫による理解不能性を避けることであるが，新しい語の使用もまた，読者の理解の妨げにならないとも限らない。そこで，本稿では煩雑をいとわず新しく提唱する訳語のあとには全てカタカナ語を併記することにした。このような処置を諒とされたい。また，カタカナ語であってもモードやコラボレーションなどはそのままにした。訳語の制定は今後の課題である。

ていると考える科学社会学的な考え方である（小林，1996）。ここでモードとは「様式」のことであり，「知識生産」の様式のことである。

モード論では様式を2つ措定する。モードⅠとモードⅡである。本稿でも頻出する用語なので，小林（1996）を参考に素描しておこう。小林他訳ギボンス編著『現代社会と知の創造』（ギボンス，1997）に付いている用語解説も参考になる。

[モードⅠ]　研究の価値がその学問体系への貢献によって決定されるようなモード。研究評価は研究者内部のピア・レビュー（同業者評価）によって行われ，研究成果は学術雑誌などの制度化したメディアに掲載されるものが重要であるとみなされる。学範（ディシプリン）が明確な知識生産の様式であり，研究テーマの設定から専門職への就職までが学範（ディシプリン）によって規定される。学問分野が一つのコミュニティ（共同体）をなしているものである。

[モードⅡ]　社会に開放された知識生産のモード。取り組むべき研究テーマは現実の社会に起きた解決すべき課題として現れる。課題の設定ならびに解決は特定の学範（ディシプリン）ではなく社会の要請によって規定される。そのため，複数の学問領域にまたがる多彩な人々のコラボレーション（協同作業）が行われやすい。研究者同士だけではなく，研究者と実務家や行政官とのコラボレーションもありうる。なお，課題が現実社会の要請に基づくことは直接的に経済的利益を生むことを意味しているわけではない（環境問題などがそれにあたる）。

誤解をおそれずに単純化するならば，モードⅠは学問内部の学範（ディシプリン）に強く規定される「象牙の塔」的な知識生産の様式であり，モードⅡは課題解決そのものに規定される「社会との協同作業」的な知識生産の様式である。

ここで注意が必要なのは，モードⅡが単なる「応用」を意味しないことである。応用という語が意味するのは，ある学問の基礎的研究を現実場面における問題に適用することであったり，あるいは，経済的利益を目標にするような研究であったりした。つまり，あくまで1つの学問領域の中で「基礎―応用」という二項の対比がなされていたと捉えることができるのである。

モードⅡはそのような「応用」ではない。

また、「知識生産」ということにも注意を払う必要がある。従来的な「基礎—応用」の考え方だと、ややもすると「基礎」は研究であっても「応用」は研究と呼ぶにふさわしいとは思われないようなところがあった。モード論においては知識生産という語を使うことでそのような考え方を廃している。モードⅠ的な知識生産とモードⅡ的な知識生産があるということであり、これらの知識生産はモードが異なるだけで序列関係にあるとは考えないのである。以下本稿でも、研究という語を使う場合もあるが、知識生産という語に含まれる様式であると理解されたい。

1-2　応用ではなくモードⅡ

　モードⅡは、社会的に解決が必要な問題について、社会の側、現場の側から要請があること、その要請に対して1つあるいは複数の学問領域が協同作業（コラボレーション）を行うこと、に力点が置かれる。また、学問領域のみでなく実務家や市民の参加も視野に入れている。様々な形態の「知」が集まって、個々の学範（ディシプリン）に依拠しない、独自の理論構造、研究方法、研究スタイルを生み出す。問題の解決にあたっては、普遍的な解決を目指すよりも、とりあえず現実に直面する課題が解決されればよいという立場をとるため、生みだされた成果が個々の参加者の出身学範（ディシプリン）に貢献するとは限らない（結果として貢献が行われることがあったとしても、全ての参加者の学範（ディシプリン）に貢献できるわけでもないし、あくまでも結果的なものである）。存在するのは問題のフィールドであって、新しい学範（ディシプリン）が生成されるわけでもない（小林，1997訳）。

　小林（1997）は、モードⅡ的な研究の例として、環境研究をあげている。

　環境研究は、それまでの個別学問領域の研究活動の上に現れたというよりは、社会的な要請によって現れたものである。また、環境研究それ自体が直接的な経済利益に結びつくことはない★3。具体的な問題として「オゾン層破壊問題」

★3　環境研究が経済効果を生まないと言っているわけではない。直接的な利益を生まないということを指摘しているのである。こういった研究に企業内の資金や科学研究費補助金その他の助成金が投入されることも当然ありうるが、このような、問題限定的な研究費の投下ということ自体がモードⅡ的なものと言え、モード論の考察対象である。

について考えてみると，オゾン破壊という科学プロセス自体は独創的な最先端テーマとはなりえない。かといって地球規模で進行するオゾン層破壊を食い止めるには，その化学的プロセスが分かっただけではほとんど無力であり，多く人のコラボレーション（研究者や行政関係者の協力体制）が必要となっている。

1-3　学融的（トランスディシプリナリー）[*4]な知識生産の諸側面

モードIIの特徴である学融的（トランスディシプリナリー）な知識生産とはどのようなことであろうか。ギボンス（1997，p26）は学融性の4側面を以下のように指摘している。

　　1　問題解決の枠組みを発展させる。
　　2　解は経験的要素と理論的要素の両方を含み，それは知識への貢献である。
　　3　成果は（制度的な伝達経路ではなく），参加者が参加している最中に伝えられる。
　　4　ダイナミックで流動的な過程である。

つまり，
1，学融的（トランスディシプリナリー）な知識は特定の要請から生まれたものであるが，独自の理論構造，研究方法，実践様式を発展させる。
2，解を得るためには既存の知識を利用しているとはいえ，その結果生み出されるものは独創的なものである。そして，解を得るために構築された枠組みは，元来は個別の問題解決のための枠組みであっても，課題を共有する他のグループが出現した場合には土台となり，さらなる展開を容易にする。
3，特定の問題の解を得たグループが，同種の（あるいは近い）課題に取り組み，新しいコラボレーションを始める時に，成果の普及が起きる。また，新しいコラボレーションに際してはそれまでのネットワーク資源が活かされることが多く，そのことがまた，新しい成果を可能にしていく。

[*4] transdisciplinary を学融的と訳す。trans の訳として融を充てるということである。従来，たとえば transpersonal の trans はカタカナのままか「超」と訳されることが多かった。だが，超個的などという訳はニーチェの超人思想さえ思い出しかねない。trans を融と訳せば，トランスパーソナル的な思想の一種独特なマイナス面をも表すことができて便利だと思う。本稿での学融的とは，学問同士や学問と現場が相互におもねるのではなく批判も行いながら融合的に調和するという意味が込められている。

4．ただし，どのような新しい問題が社会の側から要請されるのか，あるいはどのような問題に取り組んでいくのかということの予想はその流動性ゆえに難しい。

　さて，異なる学問間の協力という面でいうと，学際的研究という用語がある。また，現場の実践者と研究者との交流という面でいうと，コンサルテーションとか指導・助言という用語がある。これらの語の意味することと，ここで説明してきたモードⅡあるいは学融性とはどう異なるのだろうか。

　学際的（interdisciplinary）な研究は，ある課題に関して複数の学問分野が研究を行うことであるが，個々の課題はあくまで学範（ディシプリン）内の興味であることが多い。また，学際的研究の場合には１つの課題の異なる側面を複数の学問分野がそれぞれ担当するのであり，課題そのものについて共同で作業・検討することは少ないし，ある分野の成果に対して他の分野が異議をさしはさむことでよりよい成果を目指すようなことはほとんど無いと言ってよいであろう。学際的研究では，問題は共有されているが，その後の作業や解は共有されなくてもよいのである。その一方，学融的（トランスディシプリナリー）研究の場合は，問題の共有とともに，何よりも解の共有こそが重視される。

　コンサルテーションは，現場で実践をしている人が，その活動について専門家の助言や指導を受けるという意味合いが強い。現場で解決困難な問題について，一歩引いた立場からの助言は有用であることが多いものの，そこでは情報の「交換」というよりは「指導」が行われていることが多く，対等の立場で新しい知識生産が行われているとは言い難い。それに対して，学融的（トランスディシプリナリー）な交流では，実践者と研究者は対等であり，問題解決の妥当性についても厳しい相互チェックが行われることになる。

1-4　モード論成立の前提──あるいは心理学に適用することの意義

　モード論は，科学技術分野における研究様式の展開をその主な対象としており，心理学的研究を対象にした議論として始まったわけではない。

　モード論の背景には欧米における科学技術研究費の頭打ちという切実な事情（研究費が一定の場合にどのような研究に研究費を振り分けるか＝どのような研究が研究費を獲得できるか）もあり，このことは日本における近年の科学技

術関連費の伸びを考えればあてはまりにくい。

　ギボンス（1997）たちの書は人文科学・社会科学についても分析してはいるものの，その分析は雑白であり，心理学がその分析の対象になっていることもない。したがって，モード論を心理学に無批判に適用することへの留保は必要である。だが逆に考えれば，モード論の視角から心理学的な研究のあり方，知識生産のあり方を検討することが，モード論自体の有効性を検討する議論にもつながるわけである。

　ここで，なぜ私がモード論に興味をもちそれを論じようとしているのかを述べておけば，これまでに自分が心理学に対して感じていた違和感や「心理学論」と称して論じた事項（佐藤・尾見，1996，佐藤，1997など）や様々な活動が，モード論という補助線をひくことによって非常に見通しよく理解でき，かつ未来への展望につながるように思えたからである。

　このことを実感しえたのは『通史　日本の心理学』（佐藤・溝口，1997）執筆の過程においてモード論を知ったことがきっかけである。この書は，日本の心理学について2つのモードの絡み合いという視点からの叙述こそ十分ではなかったが，とにかく，モード論を意識した初めての書であろう。

　以下では，心理学に関するモードⅡ的研究として「目撃証言」研究をとりあげる。すでに述べたようにモードⅡは単なる「応用」以上のことを含意する概念であり，本稿の展開にあたってはその中心点を「現場発想的な問題解決」及び「コラボレーション」にあてたいと思う。

2．コラボレーションの実際——目撃証言の信憑性を巡って

2-1　法律学と心理学のコラボレーション★5

　ここで「目撃証言の信憑性」を取り上げるのは，この問題が現実的な問題か

★5　以下，この項の議論は，法心理学という領域の細かなことにまで言及が及ぶ。実際の問題について認識が必要になるのはモードⅡの必然であり，1つ1つの問題について理解しなければ真にモードⅡ的であるとは言えない。だが，個別領域の細かな議論には興味がないという読者は，とりあえずこの項をとばして事項（新しい知識生産様式としてのモードⅡ）に進み，本稿を読み終えたあとにまた戻っていただいてもよい。

ら立ち上がっていることと，法律学と心理学のコラボレーションとして機能していること，さらに筆者自身が現在このような領域に取り組んでいるからである（菅原・佐藤，1996参照）。法律学というモードⅠ的学範（ディシプリン）出身者と心理学というモードⅠ的学範（ディシプリン）出身者とが，目撃証言の信憑性に関する課題に取り組んでいる例であり，このことこそ，知識生産に関するモードⅡなのだ。

　目撃証言に関する法律学と心理学のコラボレーションの歴史は大正時代にさかのぼることができる（佐藤，1996）が，ここではその詳細は割愛し，1997年現在の流れを簡単に紹介してみると，『現代のエスプリ』で「目撃者の証言」が特集され（1996），『季刊　刑事弁護』で「目撃証言の心理学」が特集される（1997）など，目撃証言を中心にした法心理学関係の話題が注目されていることがわかる。さらに，専門学術誌である『認知科学』で「目撃証言と記憶研究」が特集され（1996），『ジャパニーズ・サイコロジカル・リサーチ（Japanese Psychological Research）』でも「目撃証言（Eyewitness Testimony）」が特集されている（1996）。

　このようなコラボレーションの兆候は，犯罪における精神鑑定とはやや異なったものであり（実際，精神鑑定は精神科医が行い心理学者はほとんど関与しない），「甲山事件」公判ならびに「自民党本部放火事件」公判という実際の裁判において心理学者が協力を要請されたこと（ならびに長期にわたって協力をしてきたこと）によるところが大きい★6。いずれの２件とも目撃証言の信憑性が問題とされた例であり，前者については心理学者自身による関与のきっかけが（浜田，1997a），後者については刑事弁護人自身による心理学者への依頼の経緯などが発表されている（一瀬，1997）ので参照されたい。

　さて，裁判とは，争われている事案について，当事者（及び代理人）がそれぞれの立場から証拠を提示し，それらの証拠に基づいて裁判官が事実を認定し，その結果判決が下されるというプロセスをとる。

　民事事件の例をあげれば，ある人Xが「Yに100万円貸したのに返さないの

★6　法律学の側では植村秀三による一連の翻訳紹介や渡部保夫『無罪の発見』などの影響も小さくない。

で返してほしい」という訴えを起こせば，その事実があったのかなかったのか，あったとしたらYが返却するべきなのか，などを証拠に基づいて裁くことになる。刑事事件の例をあげれば，殺人事件が起きた際に，現場の証拠，聞き込みなどから警察が容疑者をつきとめるのであるが，その容疑者が実際の犯人であるかどうかを決定するのは，証拠に基づく事実認定を行う裁判プロセスである。

目撃証言は刑事事件で問題となることが多いので，刑事事件の例を続ける。たとえば，殺人事件において，「現場に凶器があり，凶器には指紋がついていて，その指紋の持ち主が現場から離れた土地で自首し，その自白に基づいて捜査したところ，遺棄された死体が発見された」，などという事件ではおそらく容疑者＝犯人であり，裁判によって量刑が定まり，その人は刑に服することになる。刑事事件全体の事件数からすると本人も罪状を認めているこのような事件の方が圧倒的に多い。だが，少なからぬ事件においては，現場に物証が無い場合がある。そのような場合，地道な捜査等によって目撃証言が得られ，容疑者が割りだされて起訴されることがある[7]。

ここで目撃証言の信憑性という問題が立ち現れてくるのである。解決が期待されている問題は，現場的に言うと「目撃証言という証拠[8]」のみで当該等事件を行った犯人であると認定されて良いのか？ひいては有罪判決を受けることがあっていいのか？目撃証言はそんなに正確なのか？という問題である。

刑事弁護を請け負う側から言うと冤罪を救うというストーリーになる。一方で捜査を担当する側からすると正確な目撃証言を得ることは犯人追及並びに裁判維持にとって重要であるし，目撃証言を手がかりにして真犯人に到達できないとも言い切れない。本来，2つのストーリーは一致するはずである[9]が限

---

[7] 目撃証言よりも，むしろ不正確な目撃証言によって逮捕された人物が自白をすることが多く（しかもそれが虚偽であることが多い），日本の現実の刑事裁判においては自白の問題の方が大きいと言われている。だがここではこの問題には触れない。
[8] 証拠とは。この語の意味を捉えるには日本の裁判制度についてある程度の知識を持っている必要がある。この語1つをとってもモードII的なコラボレーションが多大な困難を伴うことが理解されよう。
[9] 現行法上罪を犯した者を刑に服さしめることに異論のある弁護士はいないし，もしいるとしたらそれは刑事政策の問題でありここでは扱わない。一方，冤罪が起きるということはとりもなおさず真犯人を逃すことであり，冤罪を無くすことに反対する捜査担当者はいないし，いるとしたらこれもまた刑事政策の問題であり，ここでは扱わない。

られた証拠しかない裁判の場では，なかなかそうはなりにくい。そして，そうなっていないことこそが「目撃証言の信憑性」という課題が成立する背景でもある。

目撃証言の研究のコラボレーションにおいて登場するのは，刑事弁護や捜査の実務家であり，その教育を担当している法律学者や心理学者，さらに公判に協力を要請された法律学者や心理学者ということになる。

目撃証言という課題がそれぞれの学問においてどのような領域に位置づく（と了解される）のかを簡潔に述べれば，心理学においては「記憶心理学[★10]」であり，法律学においては「事実認定論」である。コラボレーションの成果は，「課題にとって何が重要なのか」という合意によって吟味される。多くの場合その合意は，それぞれの学問領域においてそれなりの妥当性を求められることになる。しかし，それぞれの出身学範（この場合は法律学と心理学）において価値を認められても，実際の裁判で意義を認められなければそのような成果はあまり意味をもたない。もたらされた解（解決）は，それぞれの学問領域が妥当だとされる合意のみに規定されるのではなく，使われる現場（ここでは裁判）で妥当だとされねばならないのである。

このような事情であるから，目撃証言に関する研究成果があがっても，それが現実の場面に反映されないということはありうる。単なる誤解から用いられないとしても，「使われない」という現実の方がはるかに大きな意味を持つことになる。

もちろん，お互いが相手に対して反論や再反論をすることは可能であるから，研究会のレベルや論文のレベルでそのような絶えざる努力を続けることは大切である。比較的中立的なものとして，菅原（1997）が，心理学と法律学の両者についてその課題をリストアップしているので参照されたい。

2-2　モードⅡにまつわる制度的な問題点

モードⅡ的な知識生産様式では，研究者予備軍である学生（院生）が（モードⅠ的な）研究者として育ちにくい。このことは，モードⅠが大学を拠点とし

[★10] 最近はむしろ「想起」の問題であるとされるが，当初は「記憶」の問題だとされていた。

た制度化されたシステムで学範（ディシプリン）に基づいた知識生産をするために，その内部で研究者を育てることができるのとは対照的である。そして，モードIIが学融性（トランスディシプリナリティ）な特徴をもち，流動的で社会的に分散していることの結果でもある。

このことを法と心理学に即して指摘するために，まず，目撃証言の研究が盛んなアメリカの様子を素描してみよう。邦訳もされている『目撃証言』（ロフタス，1987）の著者ロフタスは研究者として著名である。また，認知研究の大家であるナイサーが，それまでの実験室的な記憶研究を批判し，日常生活における記憶研究が大切であるという指摘を行ったこともある（ナイサー，1988）。こういった条件がアメリカにおける目撃証言研究を興隆させたと考えられるが，こういった条件分析は心理学の内部の問題であり，つまりはモードI的なものである。現場からの要請はどんなものであろうか？

アメリカの刑事裁判においては，まず事件直後から被疑者には弁護士が立ち会うことになっている（ミランダ・ルールと呼ばれる）。その結果，被疑者は自分に不利な自白を行うことがきわめて少なくなった[11]。そしてそういった事情から，捜査側は自白以外の証拠として目撃証言に頼ることを余儀なくされている面があるのである。

アメリカで法心理学への関心が高いもう1つの事情は，陪審制の採用である。一般人の中から選ばれた人たちが判断をする制度では，陪審の説得ということが極めて重要である。そしてこのような目的のための心理学が発達した側面がある。

こういった事情から，アメリカでは法と心理学に関する研究一般が精力的に進められており，専門雑誌もいくつか発刊されている。そしてその中の課題の一つとして目撃証言の研究が行われているのである。

だが，このような成果を日本で適用し，さらには学ぼうとする人たちは二重の困難にさらされることになる。一つは言語の問題である。研究者やそのタマゴたちが英語くらいできて当たり前という声も無いわけではないが，実務家や

★11 もちろん，この中には，自分がやったことを認めない人と，自分がやってないことを虚偽自白させられなくてすんだ人，という2群の人たちが含まれている。

初学者にとっては語学学習と他分野の専門学習の両立は難しい。しかもこのようにして読解した文献の内容が，アメリカ法制度と直接関連しているのであるから，制度の異なる日本にそのまま適用できるとは限らないのである。

　モードⅠ的な学問の目的の一つは普遍的真理への到達であるから，アメリカで行われた研究を日本で追試することも確かに意義はある。しかし，そのような追試研究は，日本におけるモードⅡとしての法心理学にとって意義がないことすらある。陪審ではなく裁判官が自由に心証を形成して事実を認定する時のシステムにおいては，そのシステムを無視した研究はあまり役にたたないわけである。

　そうなると日本の刑事裁判システムや判例に関する文献を渉猟する必要がでてくる。しかしこの「判例」が，他分野の人間にとっては外国語を読むような難解なものなのである。

　このような事情であるから，モードⅠ的な関心から目撃証言に取り組む際には非常な困難が現れるのである。ただし，「このような研究はあくまでモードⅡであり，この課題が終わればまた異なる社会問題でも扱うさ」のように割り切った態度をとる場合にはこの限りではない。

　一方，すでに紹介したように，『認知科学』や『ジャパニーズ・サイコロジカル・リサーチ（Japanese Psychological Research）』においても目撃証言（Eyewitness Testimony）」が特集されている。このようなことは，成果を学術誌に掲載するという意味では，モードⅡ的な活動がモードⅠの中で認められることであり，非常に望ましいことである。だが，その成果が母国語以外で発表された場合には，それは誰に向けて発信されたのか，その読者にとって有意義な内容なのか，という問いを受けることになるだろう[★12]。

[★12] 写真帳の面割りのように実際の法制度とは比較的独立な問題もあるので，話は単純ではない。

3．新しい知識生産様式としてのモードⅡ

3-1　現実問題は「基礎」発展を待ってくれない

> 心理学では裁判に関する研究は「応用」だとみなされることが多いが，研究者の中には「応用」は純粋な科学よりも一段下だと考えている人がいるらしい。
>
> この文は，ある日本人心理学者がアメリカの目撃証言研究の第一人者のロフタスやその他の人々と話していて感じたことであるという。そしてロフタスは，その日本人心理学者に対して，「科学的方法を捨てたのか」と言われることがあるので，研究が「応用」だけにならないように―少なくともそう見えないように―というアドバイスをしてくれたという（仲，1997）。

冒頭の文のようなことは日本の心理学界でもおそらく感じられることだろう。しかし，社会と接点を持つような研究が「応用」だという認識こそが改められなければならない。モード論はそのように主張する。すでに述べたようにモードⅡは応用ではないのだ。

目撃証言のように現実におきている社会的な問題を解決するということは，心理学の「基礎」を単に「応用」することではない。

刑事裁判に20年以上も関わっている浜田（1997b）は，心理学が刑事裁判の問題に関わるだけ十分には成熟していないとした上で，では心理学の進歩を待ってから適用を考えるべきかと問いをたてている。彼の自問自答の答えは「否」である。

筆者も賛成する。

そもそも，「心理学の進歩を待ってから」などというのは単なるレトリックあるいは詭弁なのであり，モードⅠにはモードⅠの規範があり，それが自己完結的に進歩したところでモードⅡ的な知識生産を行うべきだということにはならないのは明らかである。

浜田の自問自答は決して架空のものではない。現実的な問題である。私が見聞きした社会心理学に関するいくつかのシンポジウムについて紹介したい。

社会心理学という「社会」を冠した学問名であっても，そこには社会との接

点をなるべく無くそうとする人たちがいるのである。

　ここで紹介する事例は，1つは「オウム真理教問題」に関するもので，もう1つは「社会問題一般に関する問題」に関するものだった。パネリストその他が，いかに現実問題と関わってきたかということを問題提起している隣の席（あるいはフロア）から「社会心理学は現実の問題を扱うにはまだ成熟しておらず，地道な研究にいそしむべきだ」という人がいて，そのように発言したのである。

　こういう時には，基礎－応用という二項対立が必ず出てくる。

　しかしそうではない。モードⅠとモードⅡという異なる知識生産の様式があるにすぎない。「基礎－応用」という言い方を許容している限りは，「基礎重視主義者」の論点にからめ取られてしまう。「基礎」「応用」という名称自体にすでに序列が現れているのであり，従って現実問題を扱うことはだめだと言われれば従わざるをえなくなってしまう。

　繰り返すが，モードⅡという社会問題に開かれた様式をとることは，モードⅠとは基本的に独立なのである。そこには交点はあっても序列はない。ましてや時間的な優先順位もなく，どちらかを先にやらなければいけないということもない。モードⅠ的知識生産をする人とモードⅡ的知識生産をする人がいて，その成果の発表をするだけなのである[13]。

　モードⅠの研究が，現実の社会で問題となっている課題に解を提供できないことを恥じることはできても，モードⅡ的研究を止めることはできないのである。

　先のシンポジウムでは，モードⅡ的研究を可能にするにはモードⅠの立場からどのようなことが言えるのか，ということをパネリストは述べるべきだっただろう。モードⅠの後方支援こそが望まれており，それこそが真に生産的な態度ではないだろうか。

　かつて，ある心理学者が1978年に「日本の心理学は応用が先で基礎が後であった」と述べたことがある（大村，1990）。これも言い得て妙であるが理解は

---

[13] モードということを考えれば，2つのモードを別の人が担う必要がないとも言える。つまりある個人が2つの異なるモードをとり，異なるタイプの知識生産活動を行うこともできるということをモード論は合意することができるのである。

難しい。日本の心理学においてはモードⅡ的知識生産から始まりそれがモードⅠ的知識生産を活性化し，その知見がまた新たなモードⅡ的知識生産につながっていった，と解釈する方が自然ではないかと思う。基礎－応用などという二分法は，先に現れたロフタスの言葉のように，どうしても序列的に語られてしまうことになりがちである。特に時間的順序として基礎をやってから応用へなどと言われがちであるが，そのようなことはないのである（次項参照）。

3-2 モードのパラドクス

社会から要請される課題を解決しようとすると，問題に適切な形で知識や技術を配置する必要があるし，研究を実施する際にはこれまでの知識や技術では間に合わないことが多い。これはまさにモードⅡの特徴である。そして，ここではモードⅠを否定しているわけではない。むしろ逆であるとさえ言える。

モードⅡ的研究を行うには，自分が訓練をうけたモードⅠによって生産された知識に通じているということが実は大事なことなのである。まず，ある問題を解決するために新しい研究をせずとも利用可能な知見があるかもしれない。解決を迫られている課題は多様であるから，利用できる知識を参照でき，適切な形態で配置すること（コンフィギュレーション）はその後の研究の効率を著しくアップさせる。

もちろん，現実問題は決して単純な形の研究のみで解決できるわけではない。その時には，自分が得意な方法にのみ固執することは許されない。それ以上の方法を求められることもある。ここでも目撃証言の例をあげれば，あるグループは実験室実験心理学者の集まりであったが，心理学的鑑定のためにフィールドワーク的シミュレーションを行うことになった。また，他の心理学者は，相関調査やフィールドワークしか行っていなかったが，この問題に関わるようになっていくつもの実験的研究を行うことになった。モードⅡにおいては，研究技法に固執する必要がない。問題を解決することに固執しなければならないのである。

このようにしてモードⅡに利用された知見や新しく行われた研究は，モードⅠにも返っていく。

まず，解決方法として提示されたものは，なによりもその問題に即した妥当

性がなければならない。その一方，社会問題は様々な利害の絡む場であるから，利害の対立する両者を説得する必要がある。そのためには，明確な論理，厳密な方法で行われた精度，再現性の高い厳格な知見，が求められるのである。

　次に，モードⅡ的知見をまとめて理論を作ったり新しい研究を導くという作業は，まさにモードⅠ的なものとして残されていく。たとえば，教育に関するモードⅡ的知見研究があり，「教師がある理論を取り入れたことで子どもたちが主体的になった」というような知見が発せられたとき，モードⅡ的観点からすれば，「子どもたちが主体的になった」というその結果が第一義的に重要であり，それを目標とする他の人たちも方法に倣えばよいことになる。だが，ここで報告された効果は，「理論そのもの」の効果なのか「教師が何かに取り組んだということ」の効果なのかを問う必要がある。少なくともそのような問題点の指摘が必要であるし，そのような仕事はモードⅠ的なものとして残されている。

　本稿で再三取り上げている目撃証言の信憑性に関していえば，この問題が単に法律学と心理学の接点であるだけではなく，他にも展開可能かどうかという検討が必要になる。たとえば，子どもの頃に「やってもないことの犯人」にされて傷ついた人は少なくないだろうが，こういった問題に，法心理学に関するモードⅡ的知見が適用可能であることを指摘することができる。このような理論的展望を示すこともまたモードⅠ的な仕事として残されている。

　さらに，モードⅡ的知識生産をすると，結果として自分が訓練を受けたモードⅠ的学問に関する帰属意識が高まるということがある。

　実際，他分野の研究者や研究者以外の人とのコラボレーションをするようになると，自分が主として属しているモードⅠ学問について自覚が高まるし，そういったことをきちんと知っていないと他の学範（ディシプリン）出身の人々から信用されないのである。モードⅡ的になろうとすればするほどモードⅠ的にもなっていくというある種のパラドクスが体験的に感じられる。

　モードⅡ的であろうとすればするほどモードⅠ的になってしまう，ということを「モードのパラドクス」と呼んでみたい。

4．モードIIを発信する媒体（メディア）

4-1　モードのパラドクスとしての学術雑誌への投稿

　モードIIに集まる様々な人々のうち，学者や研究者，そのタマゴたちはその成果を研究報告書や学術論文の形で公刊する必要にせまられる。このような必要もまた，「モードのパラドクス」の一形態であろう。すなわち，社会に開放されたモードに参加し，特定の課題を解決する研究者たちは，その課題が解決された折りには，何らかの研究成果を発表しなければならずない[★14]。しかし，特定のモードII的な研究だけに門戸を開くような好意的で恒常的な発表の場は用意されにくい。

　論文を発表する際，紀要などの場合は事実上無審査であるが，学術誌の投稿してピア・レビューを受けると，ここにもまた困難が現れる。

　たとえば，社会的に重要だとされる問題に関する実践的研究を学術誌に投稿した時にレフリーに意義を認められずに不採択となることなどは容易に想像できる。この例こそ，これまでにモードII的研究を行ってきた研究者が直面してきた問題である。しかも，掲載拒否のレフリーコメントなどには，レベルが低い，普遍性が低い，などと書かれていたりもした（つまり研究自体の価値が低い，ひいては研究者の評価も低いということになる）。

　そして，学術誌に掲載を拒否された論文は，他のメディア（発表媒体）を探さなければならなくなり，それが紀要などに落ち着くということになる。もちろん現場に研究結果を返すという意味ではそれで十分であるが，これでは研究者が報われない。

　だから，「基礎」的なことをやるべきだ，と言うのか？

　そうではない。学範（ディシプリン）に従った研究というのは基礎的ではな

[★14] 研究成果の発表が必要だと言い切れないかもしれないが，近年における研究者の自己責任・説明責任論，任期制導入の根底にある「業績が少ない事への批判」を考えれば，モードII的研究に従事しているという事実だけではなく，それを研究の形で発表する気運は高まると考えられる。また，様々な学問が集まる場であればこそ，特定の学問がどのような貢献をしたのか明らかにしなければいけなくなるし，そのような形で専門知見の蓄積は説得力を高める手段となりえ，それはまた将来において新しい課題が発生した折りにモードIIの場に参加を要請されるか否かの条件となるだろう。

く，規範的なだけなのかもしれないのであり，レベルが低い，普遍性がない，といった言葉で切り捨てられるのではなく「モードが違う」と語られるべきだったのである。

4-2 モード論の時代の成果公表のあり方

　モードⅡ的な論文はレフリーの審査によって落とされやすいということを前項で取り上げた。その理由としては，まず，モードⅠ的なレフリーには「現実問題を検討することの意義」自体が感じられない場合がある。もちろん，これは価値観の問題であり，善悪の問題ではない。次に，モードⅡ的な研究は現実的な制約が多いために，変数の統制などが不十分である場合があり，それがモードⅠ的な評価基準に達しないということがある。これもまた，評価基準の問題であり，善悪の問題ではない。

　しかし，論文が不採択になるのは投稿者としては避けたい事態であり，不採択が予想されるような研究に取り組まない人が出てくるのもまた当然であろう。

　そうなると，結局のところモードⅠ的な研究をせざるを得ない状況に追い込まれる。このことは研究者（特に定職に就く前の若い研究者）にとっては死活問題だからである。

　こうなると，モードⅠ的評価基準や価値観のために，モードⅡ的研究が行われなくなってしまう。このことの弊害は明らかである。

　そこでいくつかの解決私案を呈示してみたい。

　結論として一言で言ってしまえば，モードⅡ的研究に取り組む人が集まる場を作ろうということになる。ここで言う「場」とは「学会を新しく作ろう」などという話ではない。あくまでも「場」を作ろうということである[15]。モードⅡ的研究者が集まることの困難は，実は各人が抱えている社会問題が共有できないということにある。ゴミ問題，目撃証言，乳幼児保育，教室の私語，その他諸々の課題に取り組んでいる人々は決して問題そのものを共有することは

---

[15] 学会あるいは研究会を作るというのも現実的な選択ではあるが，現在の日本の心理学界のように，研究者が広い地域に分散している場合にはあまり現実的ではない。また，会を作れば必ず事務仕事が発生し，多くの場合それは院生のシャドーワークとなる。筆者はなるべくそれを避けたいし，現存する学会などという社会資源を有効に使うべきだと考える。

できない。しかし，その取り組み方（方法の開発姿勢などを含む）はお互いに参考になるだろうし，個々のモードII的研究から役に立つところを抽出することは可能である。先に述べたように，個々のモードII的研究から何かを抽出して他のモードII的研究に援用することは，モードI的研究姿勢である。

モードII的研究を共有するための場をモードI的な場に作るということが重要なのである。その方法論について述べたい。

まず，学会の年次大会を利用する方法がある。シンポジウムや自主企画を開催したり，あるいはセッションを同じくして研究発表をすることである。後者のやり方としては，1994年から続いている「定性的研究の実際」がある。

次に，研究成果を利用しやすくすることである。モードII的研究は既に述べたような理由でレフリーペーパーとして学術誌に掲載されることは少ないが，紀要に発表された論文を検索して入手するのは難しい（ことに初学者にとっては，心理学者が発表発表する研究機関の紀要類を網羅的に検索するのは難しい）。そこで，様々な形で公表された研究を1つにまとめてリスト化したり公刊すれば便利であろう。諸外国のように「論文集」が出版社から発行できれば望ましいが，現在の日本ではそれは難しい。「心理学の新しい表現法に関する論文集」のような形が望ましい形態の1つかもしれない。論文をまとめて読むことができれば，新しく研究を行う際にも非常に参考になるだろう。

さらに，学会や論文集のような大きなことではなく，日常的なコミュニケーションを促進することも重要である。インターネットその他の発展により，地域的，言語的な制限をこえて様々な人々のコミュニケーションが可能になってきた。メーリング・リスト機能などを用いたコミュニケーションは大きな可能性を持っている。「現場心理学メーリング・リスト」がその例である[16]。以上のような方法は，多少の努力と献身があればとりあえず立ち上げることが可能であろう。だが，このような活動だけでは，モードII的でありながら，モードI的な研究成果が必要となる人たちの要望に応えることにはならない。最終的には学会という場の中において新しい価値観や評価基準をもった学術誌が必要

---

[16] メーリングリストなどに興味のある方は，著者（a096@ipc.fukushima-u.ac.jp）まで連絡されたい。

になると考えられる。

今，仮にその名前を「モードⅡ心理学研究」としておこう。

おそらくこの種の雑誌の最大の問題はレフリー制度であり，レフリー制度が現存する学術誌と同じであれば結局のところ同じ学術誌が2つできるだけになってしまう。

レフリーは3名にしたらどうかと思う。そして，その3名の配置を考えるのである。

ひとりはモードⅠ的学問（本稿の例でいくと心理学）の人，もう一人は解決すべき問題に詳しい人，である（この場合，学会員であるかどうかは問う必要はないと思う）。ここにおいてレフリーの中立性が損なわれるという感じを持つ人もいると思う。だが，中立性は多少損なわれてもピア（友好者）の立場からコメントはできるはずである。そしてもうひとり編集委員として1名が参加する。

このような形でレフリー制度を整えれば「モードⅡ心理学研究」は新しい形の学術誌となりうるのではないだろうか★17。

「モードⅡ心理学研究」という雑誌名はいかにもわかりにくいので，代わりの題名を考えるとしたら「実践的心理学研究」になるだろうか。

また，著者の資格について，他のモードⅠに属する研究者や実践家などが共著者として加わる場合には，投稿時点で会員であることを求めるようなことはしない。掲載が決定された時点で何らかの負担を求めるのは仕方ないが，掲載されるかどうか分からない時点で負担を迫ることは，かえって論文数の減少を招くことになりかねない。

このような学術誌発行の可能性については，長年にわたって「学問と実践性」の問題に自問自答しつづけている日本教育心理学会において話題に取り上げられているようである。教育という社会的に重要な営為と切り結ぶ教育心理学という学問の性質上，ぜひその実現を希望する。

★17 ただし，このような雑誌はあくまでもモードⅠの枠内のものであることに注意する必要はある。つまり，あくまで，研究論文としての体裁は求められるのであり，実践報告のようなものが学術誌に掲載されにくいことへの解決にはならないのである。実践報告などについては，日本教育心理学会が行っている「フォーラム・レポート」のような形式での公刊がひとつのあり方であろう。

もちろん，心理学におけるモードIIは教育以外の社会問題をも含んでいるのであり，可能であれば日本における代表的な学会の1つである日本心理学会が発行したり，あるいは，設立の当初から社会的な問題との関連に取り組んできた日本応用心理学会が作ることも可能なのではないだろうか。幅広い選択肢が生成されることを期待したい。

5．今後の課題

ここでみてきた様々な研究活動の様式がある程度永続的なものになるかどうかは今後にかかっている。ただし，モードII的な研究のみが行われるわけでもなく，特に研究者の育成という面ではモードI的な研究が必要であることは間違いない。

これもまたパラドクスの一つであるが，モードII的な知識生産は制度化されていないし，活動期間が短期であることもあって，制度化の必要も感じられないのである。だが，モードI的な研究者養成がなければモードIIというコラボレーションが生まれないということもまた事実なのである。

そういった意味であらゆるモードIIはモードI化するという興味深い現象がありそれに注目する必要がある。

また，教育心理学という，もともとはモードII的な領域に目を向けることも必要だろう。実際問題として日本の心理学がドイツ型ではなくアメリカ型を模倣したおかげで心理学者が飛躍的に増大したという認識は重要である。教育という社会的な問題に関与することを期待された学問として心理学が成立していたのである。

日本教育心理学会では，「教育心理学の実践性」という問題が常に大問題となっている。たとえば，奈須・鹿毛・青木・守屋・市川（1993）は前年に自分たちが行った自主シンポジウムをふまえて『自主シンポジウム「教育心理学の実践性をめぐって」報告集』を公刊しており，これをもとに論じるべき点は多い。だが，時間的制約及び紙数的制約から本稿でこの点を扱うことはできなかった。稿を改めて論じたい。

本稿では，モード論という考え方によって心理学の現状がどのように見える

のか，今後どうすべきなのかについて検討したものである。その検討は「目撃証言」に見られる法律学と心理学のコラボレーションを参考例として述べただけで，それさえもまだ十分とは言えない。

だが，モードⅠとモードⅡを分節化することによって知識生産（研究活動）の新しいあり方が見えてくるという確信だけは伝わってほしいと願う。

【付記1】 最近の日本心理学会における社会との接点

前項で論じた問題は，モードⅡ的な成果の発表という研究者に特有の問題であったが，研究者個人の問題とは別に，学問や学会が社会とどのように関連しているのかを問われているという状況も生まれており，それに呼応するような動きもある。その1つが資格問題であり，論じるべきことは多いが本稿で扱うには荷が重いために割愛する。（佐藤・溝口，1997；Ⅳ部5章3節）ここでは日本心理学会の様子をみておきたい。

日本における代表的な心理学会の1つである日本心理学会では，社団法人化を機会に「将来計画委員会（委員長・織田正美）」が設置され，1995（平成7）年11月以来理事長の諮問に対して検討がなされ，1997年6月に理事長・田中敏隆に対して答申がなされた。答申は「将来計画に関する基本理念」を5つ設けている。その第1の理念は

　　社団法人としての本学会は，"社会"に対して目を向け，社会との交流を深める必要がある。学会の構成員だけでなく一般の人々に対しても多くの情報を発信し，サービスと啓蒙に努め，対社会的な責任を自覚しなければならない。

であった。以下，第2は学会が学術研究集団としてだけではなく職能集団としても機能と役割を強化すること，第3は心理学界の交流に関すること，第4は法人内の組織のこと，そして，第5は国際交流に関すること，が理念として述べられている。

さて，将来計画委員会は，創立70周年を記念して行う事業についても答申している。

S3 進展する「心理学と社会の関係」モード論からみた心理学

1　記念シンポジウムの開催
2　心理学関係の情報誌・啓蒙誌の刊行
3　学会賞の増設
4　創立70周年記念誌（記録）の作成
5　理事・評議員へのアンケートの実施

である。

つまり，日本心理学会という場でも「情報誌・啓蒙誌」という形で社会との接点が模索されており，この雑誌は1998年から刊行されることが決まっている（『心理学ワールド』；編集委員長・牧野順四郎）。日本の心理学史にひきつけて言えば，1912（明治45）年に誕生した『心理研究』以来，久々の準学術誌の誕生ということになる（佐藤・溝口，1997；Ⅱ部2章1節）。

また，先の答申の第1にあげられていた記念シンポジウムについては，第61回日本心理学会において「21世紀の心理学の構築を目指して（企画：佐藤隆夫・春木豊）」「我が国における心理学の専門教育について（企画：大山正・詫摩武俊・今田寛）」として結実し，心理学以外の他分野の学問領域と協同することの必要性や，社会的責任のための専門教育の意義について熱心な提案・議論が繰り広げられた。こういった議論はいずれも広い意味での社会と心理学の関係を巡るものであると言える。ただし注意すべきなのは，議論する場自体は，とりあえず学会というモードⅠ的な場で行われていることであるが，このことは決してモード論の限界を意味するものではない。専門家・研究者の育成については従来的な体制－すなわちモードⅠ－の有効性は十分に認められているのである。

モードⅡ的な研究を盛んにすればするほど，その出自になるモードⅠ学範（ディシプリン）の重要性は増すことになる。

【付記2】　バーチャル・リアリティとニュールック心理学——故加藤教授追悼の意をこめて

1997年，東京大学にインテリジェント・モデリング・ラボラトリー（Intelligent Modeling Laboratory＝IML）が設立された。この施設は平成7（1995）

年度政府補正予算「大学院を中心とした独創的研究開発推進経費（ベンチャー・ビジネス・ラボラトリーの設置）」によって設置された全学的な教育研究施設である。

　社会との接点を前提とし，さらに様々な分野の研究者のコラボレーションを目指したこのような施設の設置こそ，まさにモードⅡ的なものである。

　さて，ここで解決されるべく立ち現れた問題の1つが，仮想現実（バーチャル・リアリティ）であり，心理学や工学分野の研究者が集まっている。

　その中に仮想版「傾いた椅子」がある。「傾いた椅子」とは社会心理学において一世を風靡した「ニュールック心理学」で利用された器具である。

　ニュールック心理学とは，知覚研究に際して社会的要因（個人の人格要因や社会的資源）を考慮するような研究のことであり，1940年頃から提唱されたものである。

　バーチャル・リアリティに関する知識生産はまさにモードⅡ的なものであると言える。そしてそのために，モードⅠ的な知識としてのニュールック心理学の知見が必要とされているのである。ニュールック心理学自体は，1つの学問的話題としてそれなりの栄枯盛衰を見せ（佐藤・溝口，1997；4章2節），現在では活発に取り組まれているとは言えない。しかし，そこで作られた蓄積がバーチャル・リアリティというモードⅡを発展させるのに役立つのかもしれないのである。ニュールック心理学は，故加藤義明教授のテーマの1つであり，「NEW LOOK 心理学の展望」と題された論文（加藤，1965）は現在も読みつがれバーチャル・リアリティに関する新しい知識を生産する土台となりうるかもしれないのである。

　このことを故加藤教授の墓前に報告し，追悼論文の結びとしたい。

[謝　辞]　草稿段階の本稿に対して貴重なご指摘を賜った立正大学　溝口元教授，東京大学　下山晴彦助教授，慶應義塾大学　鹿毛雅治助教授，福島大学行政社会学部　菅原郁夫助教授，同　岡田悦典専任講師に感謝いたします。

[文　献]
ギボンズ編著(小林他訳)　1997　現代社会と知の創造　丸善ライブラリー

S3　進展する「心理学と社会の関係」モード論からみた心理学

浜田寿美男　1997a　発達・自閉症・供述分析　現代思想，**25**(12)，48-78．
浜田寿美男　1997b　心理学は刑事弁護にどうアプローチできるか　またそこから何が生み出されるか　刑事弁護，**11**，33-37．
一瀬敬一郎　1997　目撃供述を争う刑事弁護と心理学鑑定　刑事弁護，**11**，45-54．
加藤義明　1965　NEW LOOK 心理学の展望　心理学研究，**36**，140-154．
小林信一　1996　モード論と科学の脱―制度化　現代思想，**24**(6)，254-264．
ロフタス(西本訳)　1987　目撃者の証言　誠信書房
ナイサー編(富田訳)　1988　観察された記憶(上)　誠信書房
仲真紀子　1997　「見たこと」は信頼できるか：目撃証言　海保(編)　「温かい認知」の心理学　金子書房，243-260．
奈須正裕・鹿毛雅治・青木紀久代・守屋　淳・市川伸一　1993　自主シンポジウム「教育心理学の実践性をめぐって」報告集　教育心理学フォーラムレポート，FR-93-003．
大村政男　1990　血液型と性格　福村出版　p251．
佐藤達哉　1996　欧米と日本における証言心理学の展開　菅原・佐藤(編)　目撃者の証言　至文堂　135-142．
[S1] 佐藤達哉・尾見康博　1996　心理学論（へ）の挑戦　行政社会論集（福島大学），**9**，第1号，109-132．
[S2] 佐藤達哉　1997　わが国心理学界における学会誌の論文査読のあり方を巡って――心理学論（へ）の挑戦(2)　人文学報（東京都立大学），第278号，123-141．
佐藤達哉・溝口　元(編著)　1997　通史　日本の心理学　北大路書房
菅原郁夫・佐藤達哉(編)　1996　目撃者の証言　至文堂
菅原郁夫　1997　事実認定における心理学の応用　刑事弁護，**11**，41-44．
田尾桃二　1996　裁判実務からみた証言心理学　菅原・佐藤(編)　目撃者の証言　至文堂　38-47．

心理学論　鼎談
後　篇

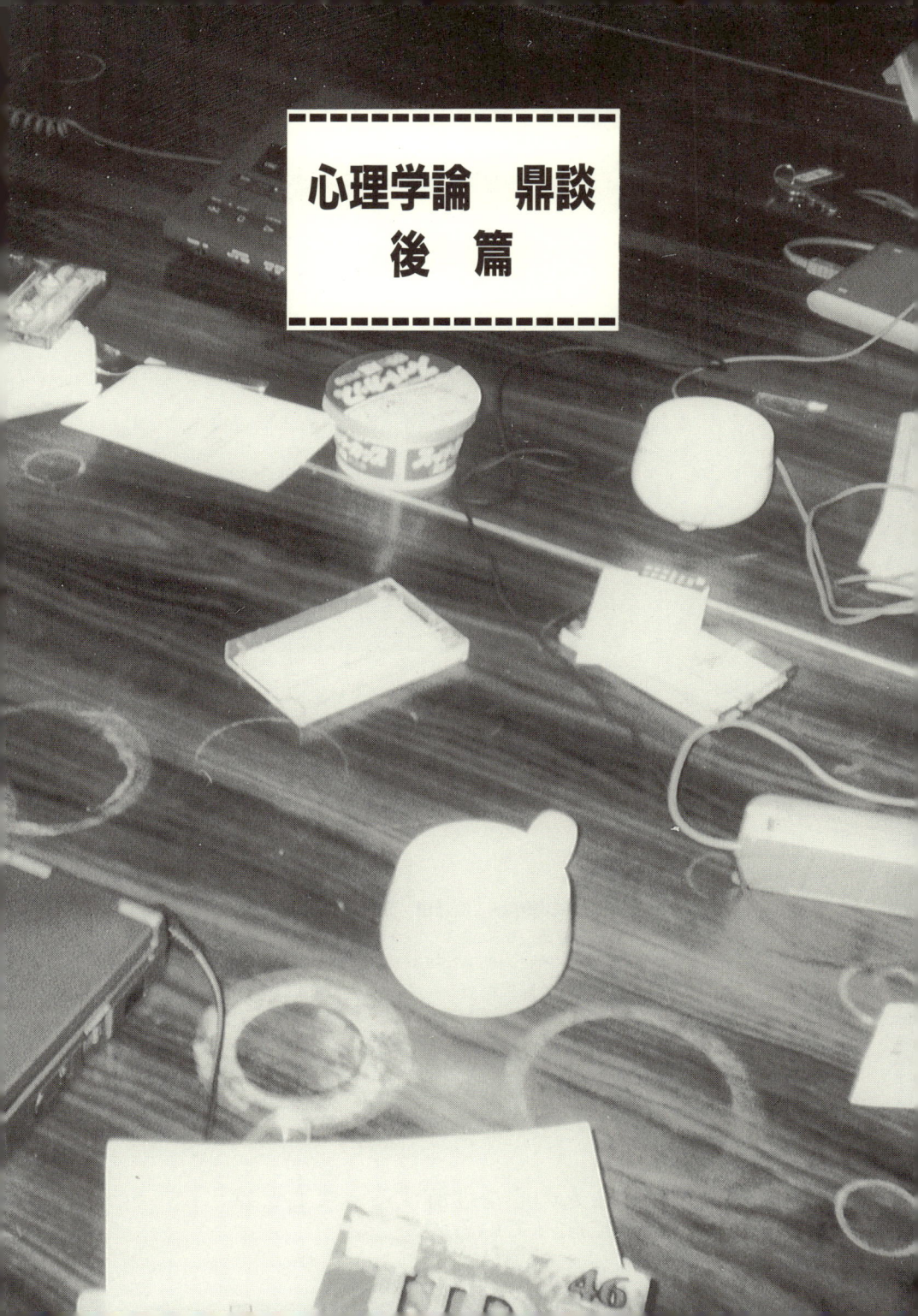

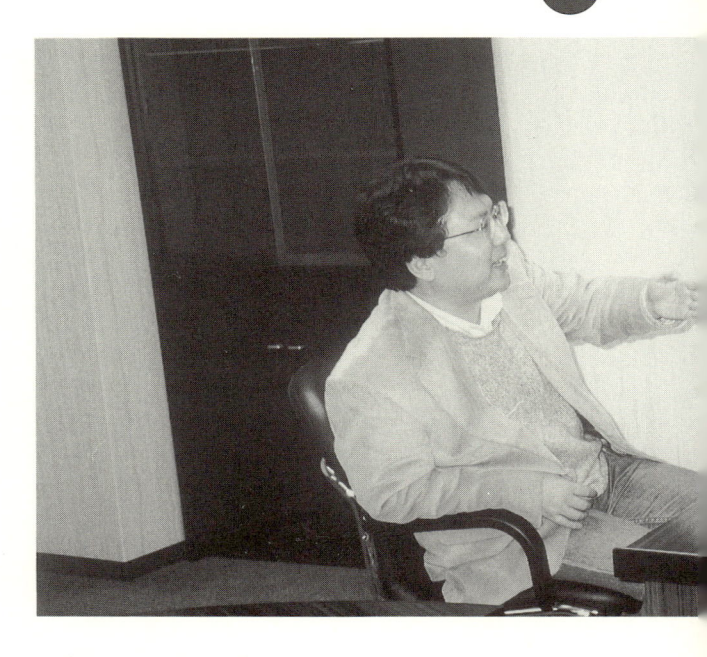

佐藤　では，皆さん論文をお読みになったことと思いますので（笑），後半の第1部は論文についてそれぞれが語り，それに対してつっこみをいれるとかね，そういうような感じでやっていきたいと思います。論文に書かれていないような暗黙の前提とかがあったりすれば，それを言ってほしいし，あとは論文の内容について，ちょっとずつでいいので解説風にしゃべってほしいということです。

《心理学論：概念編　渡邊論文について》
渡邊　私の論文というのは3本載ってますけど，これは基本的に心理学は何をやるのか，やるためにはどういう理論的な前提があるのかといった話をしてるんです。ぼくらが大学で習うように，心理学の他学問と違う特徴というのは人の「心」から人を理解していくということだと思う。でも普通ぼくらが今やっている心理学では，心というものは直接目で見ることができないから，人の行動というものを見ること，「行動の観察」を媒介して人の心を見てくんだというのが方法論の説明なんですよね。じゃあそもそも行

**そもそも行動から人の心を理解するってことは
どういうしくみになっているのか**

心っていうのは、誰からでも見えるという特徴はもっていないんだけど……

動から人の心を理解するってことは，どういうしくみになっているのかということをぼくは考えた。それがこの3本の論文のテーマです。

尾見 渡邊さんが心の代わりに行動をみるというときには，たとえば表情とかジェスチャーみたいなものから，たとえばしゃべり，これ，たぶんすごく多いと思うんだけど，言動といったらいいのかな。**そういったものも含まれる***1ってことで，考えていいんですよね？

渡邊 まさにその通りで，つまりその客観的に見えるもの，外から見る，誰からでも見ることができることっていうのが行動なわけですよね。心っていうのは，誰からでも見えるという特徴はもっていないんだけど，それを研究したいときには，誰からでも見ることができる行動ってものを間に挟まなければできないというのが，心理学の今の基本的な考え方でしょ？

佐藤 ここでちょっと違和感がある人がいるかもしれないので差し挟みますが，「心」自体を見れるんだっていうのは，ある種の「本質直観で把握できる」主義で現象学みた

*1 紙に書かれた質問文に対する回答などを含むということ。この場合，どのような回答をしたかをみること（回答結果をみること）が，行動をみるということになる。

いな人たちがやっている。現象学的に心理学をやりたいという人がいるならば認めますけれども，そうでないとするならさっき芳之が言ったようなことになるということですかね。

渡邊 今のに付け加えればね，現象学的でない心理学というのは，つまりいわゆる科学的な心理学なんだよね。科学的であるといってる心理学の基本的なしくみは，心そのものを直に見るんではなくて，行動を間に挟んでみるという方法をとっているんだということだよね。

佐藤 そういうことが前提としてあるのね。読者が受け入れるかどうかは別として，そういう前提で書いているということが明らかになったので，その論文の内容について1本ずつ簡単に語っていただきましょう。

渡邊 並んだ3本の論文のうちの W1 と W2 は，構成概念ってことを主なテーマにしてるんだけど，構成概念ってつまり，心理学でいえば心のことなんですよね。その心ってものにつけた名前，いろんな欲求でも何でもいいですけど，心の中にあると思われるものにつけた名前が構成概念なわけですけど，それが心理学の中で使われる枠組みみたいなことを考えています。

佐藤 構成概念ってコトバがむずかしいね。4字とも漢字だし。

渡邊 さっきも言ったように構成概念というのは，要するに心の中にある何かにつけた名前なんだけれども，W1 は何をやっているかというと，人の行動を見ていてその人の中にそういう心のしくみとかいったもの，構成概念によって示されるような内的な何か（実体？）があるっていうためには，どういった条件が必要なのかとか，どういう観察ができたらその人の心の中にこういうことが起きてるって言えるのかという基本的なしくみについて述べています。同時にね，論文タイトルの中に説明というのが入っているのは，その人の心の中にこういうものがあるからこういう行動をしたんだとか，あの人がああいう行動をするのは，こういう心があるからだっていうときに，どういう条件が整えばそういう説明ができるのかっていう話をしています。

尾見 じゃあ，この論文を書く以前から達哉さんと主張していたような流れで，性格が内的実体として存在しないとかするとか，そういった話ではないわけですね。

科学的であるといってる心理学の基本的なしくみは……

渡邊 つながってはいるけど，違う。ここでは心理学がやってると言ってること，つまり，心理学が行動観察から，パーソナリティでも欲求でも何でもいいんだけど，そういう心の中身を捉えているといってることはとりあえず受け入れる，そうなんだとした上で，それがそうであると言える，実際にある行動を見てそのパーソナリティとか欲求が分かったと言える，あるいはパーソナリティや欲求から行動が説明できると言える条件とは何かという話をしているわけね。

尾見 [W1]では，どういうふうにしたら構成概念，心の概念を使えるのかっていう話なわけですね，で，次は？

渡邊 [W2]では，心の概念を使うためには今の心理学ではそれを測定しなくちゃいけないというのがあるんだけど，その測定というものがどういう根拠で成り立つのかということと，その測定にどういう問題があるのかっていう話をしています。

佐藤 まあ，そういうことで，問題意識とかの内容はもういっぺん論文を読んでもらえればいいとして（笑），じゃあその芳之が言ったようなことというのは実際にできるのかどうかということが問題になってくるわけですね。

渡邊 つまり，ここで挙げた構成概念が使える条件，説明ができる条件，測定ができる条件，それらは現実的に達成できるのかっていう話だと思うんだけど，このどちらの論文でもね，現実の心理学で実際には，少なくとも達成できてはいないし，実はできっこないっていうような結論になっていくんだよね。

佐藤 あらら，って感じですね。

渡邊 そうじゃない。ここはすごく大事なとこなんだけど，そんなコムズカシイコトをいろいろ言っていったら，「できないじゃないか」という，要はその「できないということ」を指摘したのがすごく大事なわけだ。ぼくらが心理学だといってやってる，科学だと言ってやってることが本当ならば，これだけの条件があるのにそれが現にクリアされていないし，クリアできそうにないっていうことが，この2つの論文のすごく大事なとこなのね。だから，さんざんケチつけといてできないじゃないかって言ってるってことがすごく重要なところです。

尾見 かといって，心理学では何もできないかという結論

そんなコムズカシイコトをいろいろ言っていったら，「できないということ」を指摘した……

になるわけではないんですよね？

渡邊 いやそれはもうちょっとだけ説明が必要で，要は一番最初にも言ったんだけど，心理学は科学であるというようなことを主張しているけど，心っていうようなものを科学的に扱う，そのしくみがどうなってるのか，行動から心を見るというしくみだっていうなら，こうならざるを得ないよという原理の話をまず延々としてきた。そして，結論として，実際に心理学は条件を埋めてもいないし，できてもいない，だからじゃあ何なのか，心理学は無意味なものになるのかっていうと，そういうことじゃないってことが W3 に書いてあるわけね。つまり，心理学は今まで科学として，科学的な方法で心っていうものを扱おうとしてきたんだけど，科学的であるならば必要な条件，オレが W1 ，W2 で挙げて述べたような条件は，ちっとも実際には実現されていないんだよね。それがどうしてなのかということを W3 で論じてる。で，まあ結論を言えば，心理学は科学的に心を捉えてるといってるけど，どうも実際には捉えていないんじゃないかという結論になっていくんだ。

尾見 じゃあ，心という概念なんて意味ないってことですか？

渡邊 いやいや，心という概念，心に関する概念が無意味なわけないよね。オレたちは日常的に心にまつわる概念を使って説明もしてるし，コミュニケーションもしてるでしょう？ そういうことは無視できない。W1 ，W2 で，科学的にその心を捉えるということは，上手くできないじゃないか，やってないじゃないかって言ったんだけど，だからといって心が意味がないわけじゃない，大切じゃないわけがないということがあるわけよね。

佐藤 それが W3 につながるわけね？

渡邊 W3 で言っていることというのは，結局「心」というのは心理学が主張しているような科学的といわれてるやり方じゃ捉えようがないもので，それは心というものがもともと，人の中にあるなんらかの実体と直接に対応しているんじゃなくて，ある種のメタファーというか，もっとすごく広い，広くて深いいろんなものを言い表わすために使われている概念でね，それは**科学的心理学**[*2]なんて言っている，**構成概念**を**操作的定義**[*3]するというようなものじゃ捉え切れないものだということが本当なんじゃないか。捉

*2 ここでは反証可能性をもった仮説を公的に観察可能な客観データで検証するという理念を指している。

*3 抽象概念など直接観察できないものの性質を，観察可能な一定の手続き（操作）によって定義すること。心理学では心的概念をその人の行動の観察から定義することを指すことが多い。

じゃあ，心という概念なんて意味ないってことですか？

構成概念を操作的定義するというようなものじゃ捉え切れないものだということが本当なんじゃないか。捉え切れないものを無理やりに科学的枠組みに詰め込んで何とかしようとしていることが、今までの心理学のすごく無理なところだった……

え切れないものを無理やりに科学的枠組みに詰め込んで何とかしようとしていることが、今までの心理学のすごく無理なところだったし、本来の心の学問みたいなものの面白味を失わせてしまっている要因なんじゃないかっていうことを言ったのが、W3 の1つの論点なんです。

佐藤 心というものがあるんじゃなくて、それは比喩である、メタファーであるということなんですね。それを無理無理に科学的にやっていく必要がないということは、じゃあもう科学的なものは全てやめてしまえばいいということなんでしょうかね？

渡邊 まあそうも言えるんだけど、っていうかむしろね、心理学は科学だって声高に主張しているけれども、科学だって言い張ってるとこんなに面倒くさいことになっていくんだということね。科学だってことを突き詰めていくと、どうも心にまつわるような概念を心理学の中に残していくことって、どんどんむずかしくなっていって、それこそぼくが W1 、W2 で言ったような前提とか条件とか全部満たさなくてはいけないと、心にまつわる概念はまずまったく使えないし、心理学が科学として生き残れる形というのは、本当にいわゆる**徹底的な行動主義**[*4]しかなくなるんだよね。むしろ心理学は科学だみたいなことを金科玉条みたいに言ってて、実際にはその科学的な手続きとか条件がほとんど満たされていないみたいな現状を続けるよりは、少なくとも心みたいなことを扱う学問としては、科学であること自体を見直すことの方が建設的じゃないかっていうことを言ってるのがこの3本めの論文だっていうふうに自分では思っています。

佐藤 なるほど。

*4　心などの仮説的構成概念を用いず、観察可能な環境と生体との相互作用から行動を説明しようとする立場。スキナーの提唱した「行動分析学」がその代表。

なるほど。

《心理学論：方法編　尾見論文について》

渡邊　じゃあ，私の論文はもうこのくらいでということで，次に尾見論文について，まずは著者からお話をいただいて。

尾見　**01**については，フィールドワークが心理学関連の学会とかではやり始めていたとき[*5]に，私に1つの違和感があったと。それはひとつは，統計みたいなものを排除する，あるいは統計に対して脅えていることに対する違和感です。うまいこと統計の中の一部をフィールドワークとかという流れと合流させたいというのがあって，1つは**日心のシンポジウム**[*6]という形で結実したし，もう1つとして川野さんと一緒に論文をまとめたということです。結局，フィールドワークと統計を記述という言葉でくくっちゃったんだけど，そういったものを，いろんな対立項と関連させながら本当に簡単に論じてまとめて，こういった形の心理学というものがあっていいのではないかということで，ちょっと大上段にふりかざした，こういった論文を書いたわけです。

渡邊　フィールドワーカーが統計をなんだか避けるという現実があるわけだよね。それに対して違和感を感じるということは，尾見の側には統計に対するある種の親近感みたいなものがあったんだと思うんだけど，その尾見がもってた統計への親近感というのはどんなようなものだったのかなあ。

尾見　それは具体的にある1人の先輩で，**井上さん**[*7]という人が渡邊さんや達哉さんの同級生にいて，その人は統計の専門家だけど，「今の統計は，心理学の統計は間違っている」あとそれから，「記述統計レベルのことをないがしろにしてる」みたいなことを言っていた。

佐藤　おおよそ彼の主張の根本はそういうことだったね。

尾見　そうだとするとフィールドワーカーのアンチ，**いわゆる「科学的」心理学**[*8]というものとフィールドワークも合流するところがあるというか，共通するところがあるんじゃないかというのがぼくにあったのに，フィールドワーカーの側で数字とか統計を完全に敵に回しかねないようなやり方にはちょっと，何というかな，納得がいかなかったというのはありますね。

渡邊　まあそのへんは後で話に出てくる統計のありかた論みたいなものとつながってくるよね。

[*5] 南　博文（現・九州大学教授。当時・広島大学助教授）氏らを中心にして，1992年頃から日本心理学会でフィールドワーク関連のワークショップやシンポジウムが毎年のように開催され，多数の参加者を得ていた。

[*6] 1994年に日大で開催された日本心理学会第58回大会（大会委員長：大村政男氏）のシンポジウム。タイトルは，「心理学の方法論見直し——新しい表現法の可能性をめぐって」。企画が尾見で，司会が南博文氏。話題提供が南風原朝和，井上裕光，佐藤郁哉，藤森立男。指定討論が外島裕，佐藤達哉の各氏。

[*7] 井上裕光（現・千葉県立衛生短期大学）氏。通称・ショーヤ（庄屋）。都立大には，大学院博士課程から在籍。佐藤・渡邊の同期生。尾見の恩人のひとり。いま尾見が大学教員をしているのも，この3人の同期の先輩の存在があったればこそ。

[*8] 渡邊（本書184ページ）とは違った意味で使っている。いわゆるオーソドックスな心理学のことであり，統計を使うことによって，研究結果を客観的に判断することができると考える心理学。狭義には，仮説をたて，仮説を検証するための実験計画を作成し，それに基づいて実験をし，統計的検定によってその結果が仮説を支持するかを判断する心理学。

統計に対して脅えていることに対する違和感……

佐藤　尾見の論文の場合にはね、記述という言葉がキーワードのように思うんですが、仮説生成なんかという言葉と比べた時にも、記述でいいんだという感じなんでしょうか？

尾見　そういう意味では確かにこの論文でも仮説生成的研究というのを仮説検証的研究の対立項として出していて、フィールドワークや記述統計との親和性を多少論じているわけですが、これは O3 にも絡むんですが、結局、仮説生成か検証かというのは、各研究の論の立て方であって、どんなデータを取ったかとは関係しない、検証であろうが生成であろうが記述なんじゃないかという、ちょっと乱暴な論をぼくはもっているので、**ぜんぶ記述**[*9]、これは O2 でも書いてることですけど、そういったことになると思います。

佐藤　では、その O2 の話をしていただきましょう。

尾見　O2 ですが、これはぼくは、何というか O1 は院生のときに書いたと先ほど言いましたけど、これは助手になってから書いた論文で。そういう意味でなんというかな、O1 は多少びびりながら書いているんだけど、この O2 は、かなり吹っ切れて書いている感じはあります。基本的には、これは心理学者がどういった形で実証研究しているのかということを、丹念に……、丹念ということはないかな（笑）、観察した結果を記述している論文。主にデータをとってから統計的検定をかけるまでを扱っているんだけど、実はそれは、**検定論でいうところの検定をちゃんとやっていない**[*10]んだという、まあそれは以前から言われているようなことを焼き直した形で書いている。検定してるつもりになっているけども、結局は記述しているにすぎないんだと。検定というのは、しょせんレトリックとして使っているのであるんだということで、ぼくはこの結論に達して非常にすっきりしたというのがあります。つまり、検定しても全然かまわないんだ、要するに心理学流に検定していて、有意だ有意じゃないと言っているにすぎないんだけれども、それでやっていていいんだというふうにぼくなりに納得できた。それがぼくの納得の基準であって、すごく納得できて、修論のときは検定できなかったんだけど、そのあと検定してもいいんだという気になったし、人の論文なり人の研究発表で検定してるのに対して、それは間違ってると言

*9　この論議における尾見の主張の原点は、「統計的に検定したから仮説が検証された」といった言説に対する批判であり、検証か生成かは統計的手続きとは無関連であるということである。質的分析で仮説を検証することもあり得るということともいえる。そうした意味でこの発言は論理が飛躍ぎみ。それと、尾見が「仮説生成」ということばを使いたがらないのは、それが仮説検証するための「予備的なもの」というイメージが強いというのもある。

*10　いくつかあるが、なかでも決定的なのがデータが母集団からランダムサンプリングされていないという点。

記述という言葉がキーワードのように思うんですが

結局、仮説生成か検証かというのは、各研究の論の立て方であって、どんなデータを取ったかとは関係しない検証であろうが生成であろうが記述なんじゃないかという、ちょっと乱暴な論をぼくはもっているのでぜんぶ記述……そういったことになると思います

*11 尾見康博　研究法の変遷　佐藤・溝口［編］1997　通史　日本の心理学　北大路書房　第Ⅴ部　1章

*12 「モデル構成をめざす現場心理学の方法論」愛知淑徳短期大学研究紀要　25号（1986）収録。日本において現場心理学というジャンルが確立しているとするなら、それはこの論文から始まったとも言える記念碑的論文。このような画期的論文が、紀要に発表されているということは、アインシュタインの相対性理論の初出が紀要論文だったことを思わせる。なお、この論文は、やまだようこ［編］1997　現場心理学の発想　新曜社にも再録されている。

*13 佐藤達哉　1996　「わが国心理学界における現場心理学のあり方を巡って」発達心理学研究, 第7巻, 73-77.

ったり、思ったりしないですむようになったということになります。

佐藤　それまでは、人のに対して間違ってると言ってたわけだけど、心理学者の間違い方がまさに「心理学的」なやり方なのだから、それは認めてしまおうというわけだね。

渡邊　そういう話はものすごくよく分かるし、そうだと思うけれど、それは一般の心理学者が統計について考えてることとはすごく違うよねえ。

尾見　確かに違うと思います。だから、この論文を書いたことでぼくは自己満足をしたにすぎないといえばそれまでだけれども。

佐藤　いやそれは自己満足ということではなくて、正しいしいろいろつながっていくわけだよね。『通史』のⅤ部*11で、尾見は「検定結果を記述的に用いている表現の例」を丹念に調べ上げて、ちゃんと自分の見解へのフォローもしているわけだから、いいと思うよ。検定を単なる記述として用いている論文の例も数多く列挙してるわけだからさ、自己満足と言ってるけど、結局は尾見の方が正しいという証拠が挙がってるんじゃないのぉ、みたいに私は思ってるけどね。

渡邊　何はともあれ、次の Q3 の話を聞くこととしましょう。

尾見　Q3 というのは、まあその、Q1 のときからあるフィールドワークというものと、いま京大にいるやまだようこ先生の現場心理学、それを一応対比してみたものです。主にやまだようこ先生の紀要の論文*12をけっこうまじめに、当たり前なんだけどまじめに読んで、この現場心理学のもつ意味とフィールドワークのもつ意味の、まあ差異みたいなものを検討していく中で、いくつかフィールドとかフィールドワークとか全体的に、ある一部で流行している言葉を分析していって、中身を見ていったと。

佐藤　フィールドワークを巡る言説（ディスクール）がいくつか出てきたという基盤があって、それをもとにそれぞれの論文なり論考なりの差異を検討していこうということね。

尾見　そんなもんです。その中で、達哉さんが『発達心理学研究』の意見論文に書かれたもの*13を混ぜてって。こういうふうな書き方をするのがどうもぼくは好きみたいな

Q2 論文を書いたことでぼくは自己満足をしたにすぎないといえばそれまでだけれども……

いやそれは自己満足ということではなくて、正しいしいろいろつながっていく

んだけど，いくつかの対立軸をつくって従来型と新しいフィールド型のやつというふうにやっていったということです。

佐藤 この論文で面白いのは，最後ね。終わりのところで，「科学的を装わずに，現場で実感しよう」というところがあって，やっぱり科学的である必要はないんだというようなことが言われていて，これはまあ芳之さんの論文に近いものがあるんじゃないかと思うんですがどうですかね？

渡邊 それはホントにそうなんで，もちろんオレの議論では「心理学は科学，科学といっているけれども，実際にやってることはちっとも科学的じゃないじゃないか」ということがすごく重みづけられているんだけどさ，でもそもそもなんでそんなこと言うかというと，やっぱり研究は本来科学的かどうかということよりも，それで何が分かるかとかね，面白いかどうかということがすごく大事なのに，統計という単なる道具との絡みだけで「科学的」であることが至上命題みたいになっているのはどう見たっておかしいわけだよね。まあ，それにこだわる必要はないことだと思います。

尾見 確かにここの（本書187ページ参照）科学的というのがかっこつきになっているのは，まさにそういうことが含意されているわけです。意識したわけじゃないけど，渡邊さんが論文で書いたことが含意されているといってもいいんじゃないかと思います。

渡邊 あと1つは現場という言葉だけどね，そこで意味しているのは何なんだろう。尾見の言葉で言えば「納得の基準」があるわけだけど，心理学者の納得の基準というのは，統計みたいなものとか「科学性」みたいなものが多い，け

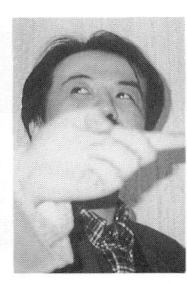

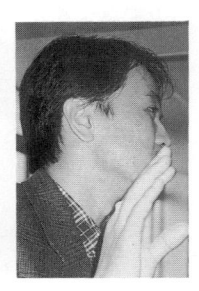

れどそこに納得の基準を求めるんじゃなくて，もっとリアルな現場というか，人間の，尾見的な言葉を使えば生活，そういうリアリティに納得の基準を求めるということに帰ろうということだろうと思うんだけど，それはどうですか？

尾見　確かにそういうふうな結論を出しているわけですが，ただリアリティの使い方がぼく自身そうとう甘いなというのは自覚していて，ここは何と言うか，攻められると弱いところでもあります。まあ O3 の中でそれなりに防御はしていますけどね。

《心理学論：制度編　佐藤論文について》

渡邊　最後に，佐藤論文についての解説を聞きましょう。

佐藤　S1 というのは，ポップとアカデミックのズレから歴史をやった上で，「心理学論」というコトバを論文の表題に打ち出したという意味で，ある種の記念碑的論文[*14]です（笑）。何かに対して違和感があるときに，ぼくらもそうだったんだけど，まずは自分たちが間違ってると思いがち。でも，そんなことはなくて，間違っているのは制度かもしれないということを考えた。歴史みたいなことを探ってみると，心理学と社会との接点というのは明治年間からあったということがわかったりして，まあ非常に勇気づけられる。歴史をやるのは，今ある制度的呪縛を解き放ち行動の自由を増やすためだ！というのが私のモットーですけれども，そういうものの一番最初の論文なわけです。ただ，それ以前であれば現状はケシカラン！的なもので終わっているとこなんだけど，さっきも言ったけれども，社会科学者ばっかりのところに来て，それだけじゃすまないことになってきて，やっぱり心理学のいいところはどうなのか，何なのかということも考えるようになった。

渡邊　（心理学に）いいとこあったの？

佐藤　無いとはいえない。

尾見　帰無仮説の棄却[*15]じゃないんだから（笑）。

佐藤　心理学のいいところを考える際に，良さを隠しているのは何かということをまず考えなくてはいけなかった。何かが混乱しているから良さが見えないと思ったわけで，たとえば，**技術論のことを方法論と**[*16]言ってるからだとかね。あと，歴史によってアイデンティティを確立すると

---

*14　この論文の副題が「心理学論（へ）の挑戦」となっていて，初めて心理学論という用語を意識した論文となっている。誰も言ってくれないだろうから，自分で言ってしまいます。ただし，この論文のネーミングは，佐藤の同僚・畏友であり，社会学者の髙橋　準（福島大学助教授）氏の「生活文化論（へ）の挑戦」（行政社会論集　第8巻4号　302-329.）に大きな影響を受けている。

*15　心理学の仮説の多くは，差があるとか，関連があるというものであるが，統計的検定では，「2群間の平均値に差がある」とか「2変数の間に関連がある」といった仮説が正しいかどうか判断するためには直接これらの仮説について判断するわけではない。統計的検定は，「2群間の平均値に差がない」「2変数の間に関連がない」という仮説を設定し，その仮説の正しさを確率的に判断する。この仮説を「無」に帰する仮説という意味で「帰無仮説」と呼び，上記の理由から，これが棄却されてほしい場合が多い。

*16　心理学においては対象をどのようなデータにもとづいて研究するのかを考えるのが方法論，データのとり方，処理など方法論を実現するための手法を考えるのが技術論と考えられる。この本の一番の強調点はこれかもしれない。

心理学のいいところを考える際に，良さを隠しているのは何かということをまず考えなくては

か，あるいは現場で何かをやってみる，つまり思弁的にやるんではなくて，経験的実証的にやるのが心理学の利点なんだ，というところがきちんと位置づけられたりして，ここでやっとポジティブ基調になったというような，まあそういうような論文かなあと思います。

渡邊 心理学のアドバンテージの中心的な部分が「実証的であること」だというのはオレももちろん同感なんだけどさ，ふつう心理学で実証的というときには，その主要な要素というのは統計なんだよね。でも，ここでそういう意味で言ってるわけではないと思うんだけど，それなら，実証的であることのエッセンスはいったいなんなの？

佐藤 まあ実証的というか，むしろ経験的といったほうが良くて，やはりぼくの場合は，アンチの対象が社会科学に移ったので，社会科学に対して心理学の利点は何なのかということを考えると，要するに経験に依拠すると。人が書いたことにであるとか，自分だけが考えていることに基盤をおくのではなくて，データを取ることが大事。そこからしか始まらない，というある種の潔さが良い。ここでデータというのは本当に広くて，相手がしゃべってることとか，もちろん実験もそうだけれど，とにかくそういうことが大事なんだということを言ったわけですね。統計使えっていうのはデータをとったあとの話なんだから分けないと。もういっぺん繰り返しになるけれども，それは方法論じゃなくて，技術論だと。これはもう明確に分けたいと。

渡邊 ということは，実証的であるというのは方法論の問題で，統計を使うとか使わないというのは技術論みたいな問題だっていうふうに言えばいいの？

佐藤 まったくその通りでございます（笑）。

尾見 ぼくが Q3 で「データにならないよ」という例を出したんですけど，これが今度はいろんなものが「データになる」ということになるわけですよね。要するに，数字にならないことをデータにならないよっていうふうに心理学業界では言っているんだけど，それは実は検定できないということが含意されている，でも，それに限定されないということですね。

佐藤 そう思います。検定するかどうかなどというレベルではなく，データに依拠して考えるという方法論が心理学の特徴なのであって，社会科学に対してはアドバンテージ

> 何かが混乱しているから良さが見えないと思ったわけで，たとえば，技術論のことを方法論と言ってるから……

*17 日本教育心理学会第38回総会（1996）自主シンポジウム（守一雄企画）「学会誌審査のあり方を巡って」で佐藤は話題提供者として、学会誌の論文審査に関する私見を述べ、その準備をもとにして書いたのが S2 である。

*18 教育心理学研究に投稿した論文の取り扱いや諾否決定について守一雄（信州大学教授）氏が教育心理学研究編集委員会に対して行なっている一連の問いかけなど。詳しく知りたい人は http://zenkoji.shinshu-u.ac.jp/mori/sampo/sampo-prb.html を参照。

*19 これは運動部で先輩からひどい仕打ちをうけると後輩にひどい仕打ちをするようなもので、ある種のチェーン現象であろう。

をもっている、と思うわけです。

渡邊 S2 に行ってほしいのですが、これは**教育心理学会の例のレフリー制度に関する自主シンポジウム**[*17]があったのでそれに用意したことを書いてみたんでしょ。

佐藤 基本的にそう。書いてみたら、意外にもいろんな事が明らかになった。もちろん、そこに至るまでには自分が論文を投稿して、落ちた経験とか受かった経験とか、あるいはそれを是正しようと意気込んでやった編集委員の時代の仕事がうまくいかなかった経験、とかがあったわけで、そういうこともふまえて書いた。

尾見 例の戦い[*18]のどっち側についてるんですか？

佐藤 基本的には、個人と制度が戦ってる時には個人の側につきたいというのはありますが、この論文はそういう話じゃなくて、ここで言いたかったことはピアレフリーだということ。要するに仲間として審査して、心理学をやっていこうということを強調したい。心理学にこだわる必要があるのかということをよく心理学の内部の人は言うんだけれども、やっぱりこれも S1 と一緒で、こだわらなければ他の分野の人たちとはうまくいかないんだと、まあそういうことが最後になっている。

尾見 でも実際には、その理想があったりする学会とかでも、なかなかそういうのがいかなかったりするということはないんですかねぇ。権威として働いちゃったりするとか……。

佐藤 それはもちろんあるでしょ。でも、レフリーは個々の人間だから変えていける。これを書いたのは要するに、これを読むことで多少何というかレフリーというものをわかってもらって、変な審査がなるべく少なくなってくれればいいかなと。自分が投稿したときに**苦しめられたから、レフリーになったときに若い奴を苦しめる**[*19]、なんて人が少しでも減ってほしい。

尾見 でも、自分が審査を受けたときの経験から、審査っていうのはこういうもんだって思って審査に臨んだとしてもある意味ではしかたがないし、実際そう言っている人を知ってます。

渡邊 査読の問題というのは、心理学の制度とか全体の構造とかと絡んでるし、そういう話はまたあとで、改めてしましょう。

権威として働いちゃったりするとか…

ここで言いたかったことは、ピアレフリーだということ。要するに仲間として審査して、心理学をやっていこうということを強調したい。心理学にこだわる必要があるのかということをよく内部の人は言うんだけれども……、こだわらなければ他の分野の人たちとはうまくいかない……

佐藤　だから結局，心理学の制度とかと絡んでるにもかかわらず全然反省されてないという問題は，大きいよね。だから，それをきっちり対象化していくというのは大事なんだよね。科学は雑誌によって知識を伝えるという意味で「ジャーナルサイエンス」[*20]と言えるわけで，ジャーナルに載せる論文を選択するレフリーの役割は大きい。レフリーという制度にもっと自覚的になってほしいというのが S2 論文のテーマです。

渡邊　論文の最後に音符マークがついてるけど。

佐藤　心理学論の挑戦は続く，という文章で終わったので，「勝つと信じたい」ということを続けてみたわけよ。小沢健二の歌のパクリです。この時期，それまでの尾崎豊的メンタリティから小沢健二的メンタリティに移行したわけで，この違いは大きい（笑）。

渡邊　じゃあ，S3 について聞きましょう。

佐藤　これは，モード論[*21]という考え方を知ったことによって，ホントに目の前が開けていくというですね，まあそういうようなことがあったんで，それを形にしたというわけです。『通史　日本の心理学』を執筆する過程で溝口先生[*22]に聞いたんだけどね。でも，それが自分の中にしみこんでいったというのは，個人的に法学者と一緒に研究したりしたことがベースにあります。ある学問と社会との関係というのは，ある意味では明らかな矛盾があって，というのも，社会と接点を持ったり様々な現場的なことをやればやるほど，自分が基盤としている学問の知識がないと相手にされないということですね。

尾見　それは当然で，もしそうでなければ，法学者で済んじゃうということになるわけですからね。

佐藤　心理学者として何が貢献できるのか，そういうときの整理に基礎，応用という言葉を使うと序列ができてしまう。基礎の方がエライとかね。そうではなくて，モードなんだと。で，モードⅠとモードⅡでいいんだ。モードというのは，要するに恋人モードとかオヤジモードと一緒なんで，そういうふうになる時とならない時がある。このモード論は，性格理論にもなっていくんですよ！

尾見　ぼくはここで，この論文で一番なんて言うのかなあ，おもしろいと思ったのが本書168ページにあるそのモードⅡの話でね。モードⅡは，結局，利害の対立する両者を説得

[*20]　この語は佐藤が金沢創（三菱化学生命科学研究所研究員）氏から聞いた。

[*21]　最近の科学社会学的議論の中で生まれてきた，学問と社会との関係に関する議論。モード論の強調点は以下のようであると思われる。
まず，研究と実践という言葉づかいをせずに，「知識生産」という語を用いること。そして，知識生産には，学問的好奇心駆動型のモードⅠと，社会問題解決志向型のモードⅡという2つのモードがあると考えるのである。さらに重要なのは，モード論では2つのモードに優劣を考えないことである。これ以上は S3 論文を読んでくれればわかるだろうから割愛。

[*22]　溝口　元（立正大学社会福祉学部教授）氏。生物学，生命科学史専攻。大村政男先生を通じて紹介してもらったのだが，その後，心理学史研究会の顧問として参加してもらい，共著論文の執筆（鈴木祐子ほか　1995「日本の心理学史研究の現状と意義」心理学評論，38，396-423.）や『通史　日本の心理学』の編集・執筆において，科学史的な視点や技術を惜しみなく教授してもらう。溝口先生の理論的バックグラウンドがなければ『通史　日本の心理学』は絶対にできなかった。

モード論という考え方を知ったことによってホントに目の前が開けていくという……

> 検定で済んでいる世界は非常に幸せな世界で、モードⅡ、異分野との格闘をやることによって……

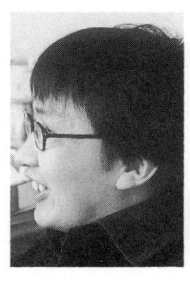

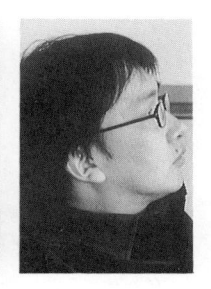

する必要があって、そのためには明確な論理、厳密な方法で行なわれた制度、再現性の高い厳格な知見が求められるのである、と。これはもう、ふだんモードⅠの中でよく言われるようなことなんじゃないのかなあと思ったんですよ。

佐藤 そこがまさに大事なとこでね、逆説的に言えば、実はモードⅠの中なんかぬるま湯だということもあるんですよ。たとえば、5％の有意水準なんていうのは厳格でもなければなんでもないと、そんなの説得の論理に全然ならないという世界もあるわけよ。

渡邊 たとえば？

佐藤 法心理学の例をとると、裁判の判決は、1つの事件について100回やるわけではない、ということがある。1つ1つの裁判が1つ1つの事件、大げさにいえば人生と絡んでいる。だから、そのときに確率をもち出されても困る、みたいなことを言われることがある。確率で示すのではなく、理論・学説としての妥当性を学界全体で考えてから示してほしい、みたいなこともある。つまり、確率に逃げるのではなく心理学者個人あるいは心理学者集団としてしっかり説を立ててもらわなきゃ困るってことを裁判実務の側は考えていたりするわけです。そういった厳しさを受け止めた上でモードⅠを進めていく必要もある。逆に言えば、検定で済んでいる世界は非常に幸せな世界で、モードⅡ、異分野との格闘をやることによって、もっと違う形でモードⅠとしての心理学が発展していく可能性さえあるということを言いたい。

尾見 つまり心理学者の中でこう自らの権威づけのために、自らの正当性のためにこんなことをひたすら言い続けてきたけど、実は外にいくとそれは怪しいということなんですね。

*23 加藤義明（元東京都立大教授）氏。1997年11月逝去。渡邊，尾見の都立大大学院における指導教官だった。
*24 馬場禮子（元東京都立大学教授，現東亜大学大学院教授）氏。
*25 言いたいことはたくさんあって，実際に喋ってはいるが，それを文章にするのは大変な作業なので，ずるずるとなし崩しになっていくことの方が多い。

佐藤　繰り返しになるけど，中の権威というのは外には通じない場合があるのよ。いくら検定を厳密にやってると言っても説得されない人もいるわけで，むしろそういった場合の説得の基準が必要になってくると思います。

尾見　ぼくは納得の基準と言ったけど，これは他の分野の人たちに対する説得の基準ですね。

佐藤　そゆこと。あと，この S3 論文は都立の紀要に載ったんだけど，それは**加藤先生**[*23]の追悼号だということも一応言っておこう。ＯＢにも書くように要請がきた。 S2 はその前の年の**馬場先生**[*24]の退官記念号に載せてもらったし，2年連続で都立の紀要に執筆の機会をもらえたことはラッキーだったかも…。そういう機会がなければ S2 ， S3 のテーマで**わざわざ論文を書こうと思った**[*25]かどうかは分からない。

渡邊　加藤先生はやっぱり偉かったね（涙）。さて，各著者からの説明が終わったところで，本書論文篇についての理解というものがだいぶ高まってきたものと期待したいんですけど，この後は論文をある程度理解してもらったことを前提に，もうちょっと先に話を進めていきたいと思います。

佐藤　要するに，ある種の権威づけというか自己防衛みたいな形で心理学は科学だという話があって，ぼくらは違和感を感じていて，それをさまざまな形で突きつけて論証していくとやっぱりおかしかったということになるわけですね。その違和感の内容，あるいはもし科学としたら，もっとこうでなきゃいけないというような内容については個々の論文に書いてあるので，それはもう繰り返さない。次に行きましょう。

自己防衛みたいな形で心理学は科学だという話があって……，やっぱりおかしかったということになる

《怒りと悔しさをバネに》

尾見　では，ここまでやり続けられていることの背景にはどういったことがあるんでしょうね。

渡邊　それこそ本当に言われるんだよね。「もうこのくらいやればいいんじゃないか」とかね。かなり早い時期から「**もういいだろう**」[*26]と言われたよね（笑）。でもずーっと10年やってるってこれはなんだろうね。

佐藤　大村先生がぼくらのことをそれでいじめるよね。

渡邊　佐藤・渡邊の2人は「**性格の一貫性はない**」[*27]と言ってるくせに，2人はずーっと同じことを言ってる，一貫性があるじゃないかって。大村先生はいじわるだね。

佐藤　正確には，ぼくらにあるのは，「一貫性」ではなくて「安定性」ですけどね。経時的安定性はぼくらも否定していない（笑）。ただ，一口で10年というけど，最初っから確固とした哲学をもってやってたわけじゃないということも言わないといけないよね。

渡邊　そんなこと威張ってどうする。

尾見　私はともかくとして，お2人がフロンティアで，ぼくなんかは畑を耕した後に言っているので別だと思うんですけど，お2人の場合はどうなんでしょうね。

渡邊　最初はほんとにすごくナイーブだったんだよね。前から何度も言っているように，素朴に違和感を感じて素朴に変だと思って考えてたらいろんな事がわかって，それでそれを書いたり学会発表し始めたのはほぼ10年前なんだけど，そんときにはね，すごく過信があったんですよ。まず1つの過信はね，こんなことを考えて，気がついてたのは自分たちだけだと思っていた。

佐藤　誰も書いてないからね，そう思っちゃった。

渡邊　確かに，後になって昔からみんなも考えてたってことがわかったんだけど……。もう1つは，こんなすごいことがわかって，こんなすごいことを考えているんだからそれを発表したりしたらもうみんなにほめられまくって感心されまくって感謝されまくるだろうと思ってたんだよね。そう思ってたのは確かです。

尾見　予想は当たらなかったわけですよね。

渡邊　えー，当たりませんでしたよね。一部で評価してくれる人もいたのかもしれないけど基本的にはもう全然無視されるというのと，「なんでそんなこと言うんだろ」みた

[*26]　言うまでもなく「もうやめろ」という意味。

[*27]　性格の一貫性論争において，佐藤・渡邊は性格は状況との相互作用で作られるので通状況的な一貫性はもたないという立場をとっている。

> こんなすごいことを考えているんだからそれを発表したりしたらもうみんなにほめられまくって感心されまくって感謝されまくるだろうと……

いな評価の方が初期は圧倒的に強かったですね。

尾見 で，そういう評価に対してどう対応したかっていうことがたぶんカギなわけですね。

佐藤 普通は評価が低かったら自分の行動を改めるとかですね，やる気がなくなるっていうこともあるんですが，そうだったのかということが問題ですね。

渡邊 まったく改めないんですよ（笑）。で，なんで改めなかったかということで1つの重要なカギになるのはね，そういうことを言い出したわれわれに対して与えられた低い評価というのは，けっして言ってることの内容についての評価ではなくて，もちろんそんなことは誰でも知ってるんだっていう攻撃もあったんだけど，それと同時に，「そういうことは言うもんじゃない，言っちゃいけない」とか「そんなことを論文に出すのはおかしい」というような感じの評価が多かったんだよね。

佐藤 とにかくボクらは，社会心理学会でデータのない発表をしたんですね，意気込んで。**1988年かな**[*28]。それはやっぱりある種怖いもの知らず，世間知らずだったということは否めませんね。だけどデータはないけど言ってる内容はすごいことだからきっと感謝され，感心されるだろうと思ってました。それと，その当時は，選択的知覚というか，褒めてくれる人のことばっかに目がいっていた面もある。ぼくらに低い評価を与えている人が少なくなかった，ということを知ったのは，少し後ですね。

渡邊 典型的な低い評価っていうのはさ，「おまえらそういうことをやってると就職できないぞ」とかね，「そういうことやってるともう認められないぞ」っていうのであって，認められていい就職をするためにはもっとデータを取った論文を書けってこと。みんな実に親切だよ。オレたちの将来まで心配してくれるんだから（笑）。まあ，だから主な攻撃対象は「データ取らないでものを言うこと」であって内容じゃなかったんだよねー。

佐藤 あとついでに言うとやっぱり，年上の人に反論するな，みたいな。そういうナマイキな部分が嫌がられたんだと**後になって気づきましたけどね**[*29]。やっぱり内容じゃなかった。

尾見 それで，ぼくなんかはその当時，巻頭の座談会でも話したように，お2人とはどちらかといえば飲み仲間に近

*28　佐藤達哉・渡邊芳之　1988年10月　パーソナリティ理論の実証的再構成に向けて（1）　日本社会心理学会第29回大会論文集，96-97.

*29　学問というのは対等な議論ができると思っていたので，このことに気づいた時には驚いた。しかし，データで勝負できる心理学はまだマシ。法学など，学会発表者が理事指名だったりする。

> とにかくボクらは，社会心理学会でデータのない発表をしたんですね，意気込んで。

かったもんだから，「電話でイジメられた」って**電話がかかってきたりとか***30，そういう愚痴話をよく聞かされて心理学の中の裏話というか恨みつらみ話みたいなものが直接聞けたという体験があって。でまあ，院生になったぐらいでもやっぱりそういうのはよく聞かされていたし，お2人がいない場でお2人の悪口を聞くこともあったりして，こういうことするのはけっこう大変だなーと。

佐藤　誰が言ってたのか知りたいですね（笑）。

尾見　それは言えません（笑）*31。で，この2人をマネするってのは，なかなか勇気がいることだなっていうのがあって。お2人は，すでに言っちゃった，学会で発表しちゃったから人の評判を気にする必要がないんだろうけど，ぼくはまだ認知されているような立場ではなかったから，まあ，こら大変なもんだなという感じはありましたね。

渡邊　攻撃の内容は1つはそういう上下関係的なモードでもあったけど，もっとつらかったのは同世代でやってる人たちからね，「おまえらみたいなこといってるとオレらの研究のじゃまだ」みたいなことを言われたんだよね，「データも取らないで偉そうなこと言うな」みたいなね。その典型的なのは**某後輩***32が言った「オレたちには評論家はいらない」っていうセリフで，もう，同じような立場にいる人たちからも「やめてくれ」って言われるってことなんだ。そこで，今から思えばだけど，「言うこと自体が生意気だ」っていうようなことだけじゃなくて言ってることの内容が心理学全体の制度とかあり方みたいなものとはからずも真っ向から対決しちゃってるという意識がそこで生じてきたよね。

尾見　その「制度」っていうのは特にどっかに明文化されているものじゃなくて，どちらかというと暗黙の制度ですよね。

渡邊　それこそ，みんながね，特に疑問に思うこともなく従っている一種の「しくみ」みたいなものに，ぼくらの言ってることっていうのはいちいち引っかかっていくものだったんだよね。

佐藤　まあたとえて言えば「王様は裸」だと言ってたわけですよね。みんな気づいても気づかない振りしているのに……。ぼくらは「子ども」だっていうことですよね。簡単に言うとね。

*30　佐藤・渡邊のどちらがかけたのかは後にわかる。

*31　誰が悪口を言っていたのか，われわれは実はよく知っている。

*32　都立大大学院における佐藤・渡邊の後輩であり尾見の先輩である。私たちの批判的シンパであり，彼との議論を通じて得たものは大きい。

> その「制度」っていうのは特にどっかに明文化されているものじゃなくて，どちらかというと暗黙の制度ですよね

渡邊・尾見　そうそう。
佐藤　ハモルなよ（笑）
渡邊　だからそういう意味では，ぼくらの過信の1つがそこでわかったわけで，オレたちが言っていたことは，オレたちだけが気づいていたんではなくて，みんな何となく知っているんだけど，言わずにいることだったんだよね。
尾見　大人は少なくとも公の場では言わない。
佐藤　えーと，よく言われたのは「批判・否定ばっかりしていてもしょうがない」みたいなね，「で，どうするんだ」みたいな。確かにそういう意味ではぼくらに，その時点では優しさがなかったので，とにかく「王様は裸だ，裸だ」と言ってただけだった。どうすれば王様が服を着てくれるのかなんてのは他の人が考えればいいみたいなね，そういう面は確かにありましたね。で，それだからやっぱり評判が悪くなってそれがフィードバックされてきて，ますます怒る，みたいな，そういう悪循環もあったと思います。
尾見　それにしてもさっきもちょっと出ましたけど，低い評価なり感情的に反発されたというときに，落ち込んでやめちゃうという選択肢というのは，十分あり得るわけですよね。で，そうしなかったというのは，何なんですかね。
渡邊　落ち込んだのは落ち込んだんだ（笑）。で，すごく

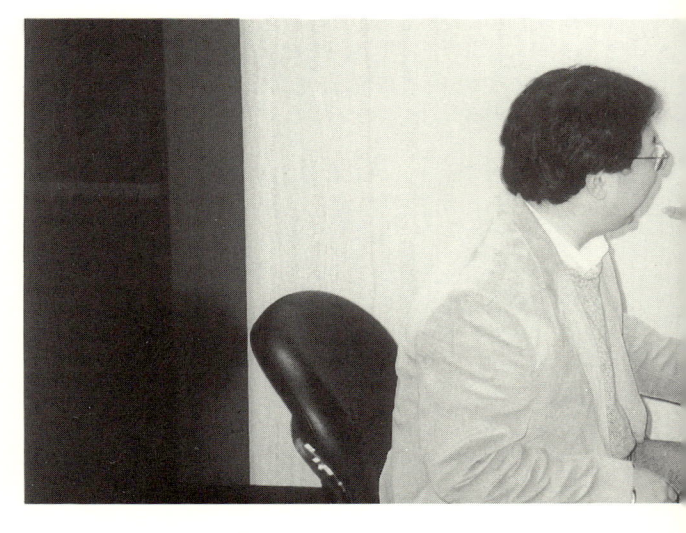

**みんな何となく知っているんだけど，
言わずにいることだったんだよね**

つらかったし，非常に悩んだよね。その時々ではね。
佐藤　まぁ，ほんとに，落ち込んだり愚痴言ったり，夜中に尾見に電話したりしたのは事実ですが……（笑）。まぁ，しかし，基本的には自分たちが正しいことだから，というのもあっただろうし。でも，確かに今から振り返ってみると，なんであんなにある意味で，強かったのかっていうのは不思議ではありますね。
尾見　怒りとか，悔しさがバネになったっていう部分が多大にあるんでしょうね。
渡邊　で，やっぱりオレたちはバカでさ。自分たちはすごく正しいと信じてるんだよ。正しいことが評価されないから，どんどん怒るわけね。と，そこでその怒りがバネになってますますやるんだよ。まぁ，あまのじゃくなんだよね。
佐藤　あまのじゃくなんです（笑）。
尾見　ボクはたぶん，あまのじゃくっていう意味では非常に共通する何かがありましたね。でも，何がそんなに怒らせたんですか？
渡邊　ホントにひどいんだよ。はっはっ（笑）。この本には収録されてないけど，私が『心理学評論』の論文*33を書いたときのことだけど。東北大で日心大会があって，パーソナリティの一貫性に関するシンポジウムで【註】。まぁ，

*33　渡邊芳之・佐藤達哉　1994　パーソナリティの一貫性をめぐる「視点」と「時間」の問題　心理学評論，**36**(2)，226-243.

【註】　本書の最終校正をしているときに，青木孝悦先生（千葉大学名誉教授）の訃報に接した。青木先生は渡邊が最初に憧れ，目標にした学者であると同時に，ここで述べられているシンポジウムでもパネリストとして渡邊の研究の発展を促してくれた恩人である。生前にきちんとお礼を言えなかったことが本当に悔やまれる。この場を借りて青木先生に感謝するとともに，ご冥福をお祈りする（渡邊）。

あまのじゃくなんです

非常に共通する何かがありましたね

その頃はパーソナリティの問題を主にやっていたから，それでおれがフロアからいろいろ発言すると，パネリストはもう露骨にいやな顔をするか，まったく理解しないか，ましてや司会者は寝てるとかっていうことが起きるわけ。

佐藤 そのとき，ぼくは口頭発表があってシンポジウムに参加できなかった。だいたい，性格に関するシンポジウムなのに，ぼくらが話題提供者になってないのがおかしい，みたいな思い上がりもあったよね。

渡邊 仕方ないからフロアから発言するしかないわけ。ホントに自分はすごくそのシンポジウムの論旨とピッタリのところで自分の意見を言ってるつもりなのに，全然誰も何もわかってくれないと言うかね。それだけでもかなり頭にくるんだけど，あげくは司会者から「あぁ，もう渡邊さん，そのへんで」なんて言われて切られちゃってよ（笑）。寝てた人に。突然起きてそういうこと言うんだよ（笑）。それだけならまだしも，その後，顔も知らない人から**悪口言われるんだよ**[*34]。もうそれなりに心理学業界長くなっていていろいろネットワークもあるから，「あいつがこんなこと言ってたよ」とか聞こえてくるわけ。「わけの分かんないこと言って**詫摩先生**[*35]も苦笑していた」とかね。それならまだしも，そのうち，「だいたい渡邊はデブだ」とかいう話をしてるヤツがいると聞かされて，で，頭にきたわけね（笑）。その時にオレはそのまま，怒りながらガアーっと東京に帰って，その日の夜から論文書き始めて，実質的に一晩で書いちゃった，怒りにまかせて書いたことがあったんだよ。

佐藤 あのスピードはすごかった。一晩かどうかは別にして。

尾見 **大先生**[*36]はおおげさだから。達哉さんの怒り体験はないんですか？

佐藤 まあ，怒りというとボクの場合は，血液型性格判断の研究を某誌に投稿したときのことがありますね。レフリーがわけの分からないことを書いてきて，さらにけしからんことに，データがついてるからだめだとか言ってきて。某誌の他の論文にはデータついてるのがあるのにさ。それなのにオレらのだけ（笑）ダメだっていうわけ（と自分には思えた）。私は怒りまくってですね，それならデータのない論文を書いて評論として投稿してやる！ と思って，

[*34] これらの部分は渡邊が平素からかなり被害妄想的であることに留意して読むべきである。

[*35] 詫摩武俊（東京都立大学名誉教授，日本性格心理学会初代理事長）氏。佐藤の指導教官。尾見の大学院修士1年まで（東京都立大学定年退官時までということ）の指導教官。性格心理学における佐藤・渡邊の活動をかげながら，しかし最も強く支援してくれた人のひとり。

[*36] 渡邊のあだ名。

怒りながらガアーっと東京に帰って，その日の夜から論文書き始めて，実質的に一晩で書いちゃった

もともと1つだった論文をレビュー論文と実証論文と2つに分けて**2つとも投稿し直した***37，ってことがありました。投稿論文を落とされたときに，そこで怒って論文を2つにして投稿し直してしまうなんてのは意趣返しとしては最高だけど，今から考えると面白いというか怖ろしいというか，そういう面がありましたね。

渡邊 怒ることでどんどん生産性が向上していくんだよね。ホントにオレなんかは，論文につけられた（レフリーからの）コメントに対する（自分の）返答が論文本体より長いとかさー（笑），そういうめちゃくちゃな怒り方とめちゃくちゃな生産ということを，一時期やったので，今の基盤がそこでできていったんでしょう。

*37 以下の2論文。佐藤達哉・渡邊芳之 1992 「現代の血液型性格判断ブームとその心理学的研究」 心理学評論，第35巻，235-269．（刊行遅れのため1992年となっているが実際には1993年に公刊された。こういうズレは心理学史家泣かせだね……）。佐藤達哉 1993 「血液型性格関連説についての検討」 社会心理学研究，第8巻，197-208．

《書くことの意味》
佐藤 そういう意味では何度も言うけどさ，しゃべったり書いたりするのって大事，特に書くものが残るっていうのが，……*38。

渡邊 そうだよね。そういう意味ではぼくらが書いていたってことが続いていることの1つの理由です。怒って，何か物を投げて壊したりとかね，そういうんじゃなくて，とにかく残したっていう面はありますよね，これじゃ成功談になっちゃうからな，つまんないな。

佐藤 単なる成功談じゃないけどね。要するに，最初の頃

*38 言うまでもないことだが，文献の読書量も少なくはない。某後輩（前述）に「遊んでるふりをするな」と言われたので若い読者のために敢えて書いておくが，大学院生とか研究者なんだから，先行論文などを読みまくるのは当たり前。当然の前提だし，ふだんは言うとカッコ悪いから言わないだけである。

しゃべったり書いたりするのって大事、特に書くものが残るっていうのが……

は，まわりの先輩・同年代の人たちがいろいろ言ってた，と。次に学会で発表すると，まわりまわって悪口が伝えられる，と。投稿するとレフリーから低い評価が与えられ（笑），そうするとレフリーに対して怒る，怒ってまた論文書くという，怒りの歴史というのがこういうふうにあるわけだよね。（笑）

尾見 ぼくはそういうのを間近で見てきたっていうのがあるんで，こういうことしたらこういうこと言われるとか，こういうこと言ったらこういう攻撃をされるっていうのはわかってしまった。で，こういうことすればこういう人は評価してくれるが，ああいう人は評価してくれない，ってのがわかった中で，修論の執筆なりドクターの院生としての研究活動をしていたということになります。

佐藤 佐藤や渡邊と一緒にいるってことで，いろいろ疎まれたり嫌な目にあったことあるんじゃないですかー？

尾見 確かにそれはあって，どうもある時から自分に対する人々の態度が変わったっていうのは……（笑）。そりゃ，別に達哉さん，渡邊さんのお２人の間でやってるように議論はしてないし，どっちかって言うと第三者的に観察してたから，あんまり学問的な話そのものを一緒に煮詰めていったわけではないから，**単にウオッチャーであった**[*39]わけだけれども。まあ，でも実際に達哉さんとＭ２の時に学会発表したのはデータのない発表論文だったりしたのもあったかもしれないけど。**それ以来**[*40]，完全に仲間だって一括りにされたことは確かです。

渡邊 それは尾見にとっては良いことだったの？ 悪いことだったの？

尾見 だからたぶん，そういうふうにまわりも見てきたのに，抗ってもしょうがないっていうか，ある種の悟りって言うか（笑），悟りじゃちょっとカッコよすぎるけど，つまり，こういうふうにやるしかないだろうなっていうには思いましたね。で，正直に言えば，もうちょっと，なんて言うかな，嫌われないで，この路線でやるにはどうしたらいいかみたいな，コスイことは考えたことがあります。だからそういう意味では，なんていうかな，ぼくはそれだけ２人に比べれば小人物なんだと思うけれども，少なくともあんまりぼくの悪口を誰か言ってたって話は聞かない。少なくともボクの耳には入ってこない。評判いいもわるいも

[*39] ウォッチャーにすぎないんだから仲間に見られたら困るというスタンスだったということ。

[*40] 尾見康博・佐藤達哉　1991年10月「性格表現用語が抱える問題点と今後の展望」日本社会心理学会第32回大会論文集，310．

こういうことしたらこういうこと言われるとか，……こういう攻撃をされるっていうのはわかってしまった

書くことで人とのつながりができていったことは大きいと思います

ないんだと思う。そんな評価がないんだと思うんですね。そんなにすごいことたぶんやってないんだと思うけども。だから，ぼくはある意味お2人と違って怒りにまかせて論文を書いたって言うよりもむしろ……，なんだろ？「論文書けよ，書けよ」っていう感じで，それはそれこそ達哉さんなり達哉さんのまわりの人に言われて書いてるような感じ。それでもまだ多少はビビリながら書いてるけど，ちょっとお2人とはたぶん境遇が違うというのはあります。

佐藤 まぁ，尾見が書く人間になってくれたのはうれしいよね。それと，悪口ばっかり言われてたわけではなくって，ぼくらは書くことによっていろいろプラスの評価も戻ってきたし，あとまぁ，人脈的なつながりもどんどんできてきた。これは大事なことですよね。だから，続けてこれたんだと。2人だけ，3人だけで素朴な疑問を掲げてやってられる時期っていうのは，あんまり続かないわけですから，**書くことで人とのつながり***41ができていったことは大きいと思います。

渡邊 そういう意味でもオレたちが書いたってことはすごく大事だよね。だから，昔からオレたちの言ってることは昔から言われてきたことであって，確かにみんな分かってたことかもしれないけど，それをこの本に入ってるみたいに実際に書いたことで，そこから次のステップができたでしょ。ホントに人脈やネットワークが広がったこととか，**定性的研究法***42のことでもそうだけど，研究の輪が広がっていったね。

尾見 うん。だからこそ，ぼくがそんなに悪口言われずにすんだっていう部分もたぶんある。だからもうすでにどっちかっていうと，従来型の心理学に敵対するようなことを言ったり書いたりすることが，それほど特異なことではなくなってきたって言うか，もうすでに読み手が見えてきたとか。で，それに対して嫌がる人でさえも，ぼくらのネットワークというか，そういうこと言う人の仲間たちがけっこう多いことに気づき始めたっていうのはあるんじゃないかなと思います。

佐藤 そういう意味では，ぼくらの活動がね，人々をつなぐ役割をしていくんだとすれば，非常にうれしいということは言えると思いますね。あとまぁ，ホント結果論だけども，ぼくら3人がそれぞれ**公募で評価された**というのも，

*41 たとえば，佐藤とやまだようこ先生との直接の出会いは次のような経緯であった。佐藤が社会心理学研究に執筆した「血液型性格関連説の研究」を愛知淑徳大教授の宇野善康先生が「おもしろい論文がある」といって当時愛知淑徳大在籍のやまだようこ先生に紹介した。その論文に椙山女学園大の宮川充司先生の論文が引用されていたため，やまだ先生が宮川先生に「面白い論文を読んだけど，そこに引用されていたね」というようなことを言った。そのことを宮川先生がかねてからの知己である佐藤に伝え，それを聞いた佐藤はやまだ先生のことはもちろん存じあげていたので，喜び勇んで日本心理学会第57回大会（1993年）で不躾ながら挨拶をした，ということである。この一連の経緯はまだ聞きもあって不完全だとは思うが，佐藤とやまだ先生の間には，宇野先生と宮川先生というふたりのキューピット（？）がいたのは事実であるし，それは論文を書いたということから始まったストーリーでもあった。

*42 日本心理学会において1994年以来「定性的研究の実際」という研究発表を続けている。様々な現場でおきている問題意識そのものを重視して研究を行っていこうとする人たちが延べ50人以上発表を行なっている。

なお定性的というのは化学研究における定性的研究に由来する，化学における定性的分析とは数値が伴わず量に還元しない分析である。液体にリトマス試験紙をつけてその色変化によって液体の性質を分析するのがその典型例。

大事なことです[*43]。これを成功話にとられるの困るのでもう少し説明すると、ぼくらはただ単に上の人たちの顔色を見て（笑）、順風満帆できたわけではないのに「捨てる神あれば拾う神あり」という感じで居場所を確保できたということを理解してほしいということですね。

渡邊　どっかの誰かが評価してくれる、ってことですね。

佐藤　そうそう。まぁ、尾見君は**教育心理学**[*44]の講座で採用されたから心理学者として評価されたわけだけど、私に至っちゃ、社会学講座の一員ですからね。大先生の場合は、**心理学研究室そのもの**[*45]ですが、**採用の際**[*46]も心理学者が一人も公募審査に関与しなかったとかっていう話もありますんで。まぁ、結果的に、書いてたことが評価される場所があったということですね。

渡邊　だからそういう意味では、「そういうことやってると就職できないぞ」っていう話に実体がなかった。実体のないそういうことをなんで言われたのかっていうことから、心理学の制度に対する疑問みたいなものが広がってきたわけでさ。そうやって発展したわけだよね。

尾見　確かにその、就職できない、つぶされるっていうのはぼくも直接というより間接的に聞いたんだけれども、それは悪口っていうよりは「つぶされる」と他人の口ぶりで語って、ほんとは自分がつぶしたいんじゃないかとか、「人事権もったら就職させないぞ」って言ってるにすぎなかったんじゃないかっていうふうに思いますね。実際に、つぶされなかったし、就職のジャマはされなかったわけだものね。

佐藤　そういう意味では、最近はぼくらの悪口が言えない、もともと言ってた人が言えない状況になってるのは非常に嬉しいと（笑）。そういうことがあるわけで。ぼくらが『通史　日本の心理学』を出したのは「イジワル」という面もある。ザマアミロっていうだけでやっている部分があったりする。確かにそういう意味では、怒りとか、ザマアミロとか、そういうのが原動力になっているのは変わらないよね。あの、これはこの本の内容とも関係してくるけど、「なんで日本の心理学はこうなのか」っていうことを言ってる人はおそらくいっぱいいたんだろうけどもそれを全部調べて、ね、歴史にしちゃうんだから。それも単にイジワルで。へへっ、ということですかね。

[*43]　大学教員の採用形式は、候補者を内外に公開で求めて審査する公募形式と、関係者が自分たちで候補者を選んで審査する折衝形式との2種類くらいに分けられる。公募形式より折衝形式の方が人間関係がものをいうが、公募であっても審査員のうち誰かひとりでも異論を唱えれば合格しないというのが現状らしい。

[*44]　教員養成系の心理学教室ということから。

[*45]　大学に心理学者がひとりだけということ

[*46]　ここであえて採用人事についてふれたのは、私たちのように毀誉褒貶が激しくても、どこかで評価してくれるところがある、ということを言いたいからであって、けっして威張っているわけではない。もっとも、大都市以外での就職を「都落ち」みたいに思っている人も多いから、威張ってるとは思われないだろうけど。

「そういうことやってると就職できないぞ」っていう話に実体がなかった

> 心理学の中にある「考えないこと」で、それを私は「反知性主義」と名づけてるわけさ

《「統計」過依存体質の心理学者》

尾見 では，ここから先は，こういった研究スタンスの今後の展開について，考えてみたいというふうに思います。で，まずはぼくらがどういうスタンスと親和的だったり敵対的だったりするのかってことについて考えてみたい。

渡邊 つまり，オレたちにとって何が味方で，何が敵かっていうことだよね。当然，敵の話からするのが早いんだけど……。結局のところ，全部まとめて考えてみると，基本的にオレたちが戦おうとしてたのはさ，心理学の中にある「考えないこと」だったんだよね。で，それを私は「反知性主義」と名づけてるわけさ。心理学の中には，反知性主義，考えることをすごく嫌うようなね，そういうものがある。で，反知性主義の中には1つには，哲学を嫌う反哲学主義，ってがあるし，もう1つは歴史を振り返ることを嫌う反歴史主義ね。もっと言えば，自分自身の内面を考えるのを嫌う反内観主義てのもある。最後のヤツは，付録みたいなものなんだけど。

佐藤 ではそれを支えているのは，心理学においては何なのだろうね。

渡邊 今の質問は，反知性主義が現にあるとして，心理学の研究者が考えなくなる，心理学の研究者に考えさせないもの，考えさせない最大のエージェント（作用主体）は何か，ということだよね。それは，結局データを採るということと統計で話をするっていうことなんだよな〜。

尾見 ほんとに，データを取ることもそうだけど，とくに統計がすごくそうだなって思う。実はぼくも，『通史 日本の心理学』の中で，はからずも「考えないことが最大の罪だ」っていうふうに書いたんだけども。ますます統計に対する依存度が強まってる今は，「共分散構造分析」[*47]とかますますブラックボックス化された世界っていうのかな，そういった統計手法が流行ると。それはコンピュータの発達に支えられてる部分もあるんだけど。まあ，そういったものが大きいですよね。

渡邊 もちろん，データを取るってことそのものを批判するつもりはないんで，むしろ心理学ってものの一番のアドバンテージ（利点）ってのはね，データを取ることだってことは言えると思う。特に一般の社会科学と比べたときのアドバンテージってのはそう。ただ，そこで，自分のやり

[*47] 多変量データを分析し，構成概念や観測変数の性質を調べるために利用される統計手法（有斐閣心理学辞典より）。

たいことは本当は何で，自分のやりたいことを研究するためにはどういうデータをどうとるのかってことを考えることが本当はなくちゃいけないのに，それがされないんだよね。しない方がいいみたいな。端的に言えば，取り方はなんでもいい，後で統計が答え出してくれる，そこが一番問題なんでしょ。

尾見 それで，統計処理さえすれば結果が出るっていう，それなりの結果がとにかく出ちゃうっていう，どんなめちゃくちゃな計画だって結果は出て，有意だとか有意にならなかったことでしか，論文というか文章が書けない。逆に言うと後付け的にいくらでも書けていくし，それをもとにイマジネーション膨らませて考察することもできる。っていう恐ろしい世界があるわけですね。

佐藤 あのー，でもね。「統計をやれやれ」って言われるわけで，統計やるのに頭を使っているじゃないですか。なぜ統計使うことがね（笑），**考えないことになっちゃうんでしょうかね？**[*48]

*48 この質問は「やらせ」である。他の質問もそうなんだけどね…。

尾見 統計使う事そのものにすごいエネルギーが必要だって事がありますよね。統計のテキストっていうか参考書を読んだりして，因子分析はこういうもんだとか，ｔ検定ってのはこういうもんだとか，二群の平均値を比較する時はどうすればいいかとかを学んだり。こういうデータ取ったときはどうすればいいかというときに，マニュアル読んだりしかるべき先輩に聞いたり，先生に聞いたりっていう作業がものすごい労力が要って。そのためにはもっとこうしなけりゃいけない，あーしなけりゃいけないとか。で，数式を最初は勉強して理解しようとする。でも，数学的に理解しようとするけれども結局できなくてウッとなったりね。

渡邊 そこで変なことが起きてくるわけよ。これ実際に私は自分の論文に対して付けられたコメントの中であったんだけれど……。

尾見 例の怒って書いた論文へのレフリーのコメントですか。

*49 渡邊芳之・佐藤達哉　1994　一貫性論争をめぐる行動観察と予測の問題　性格心理学研究, **2**(1), 68-81.

渡邊 いや，その次の論文[*49]。この論文で主張していることっていうのは，データを取るとかなんとかって言う前に，仮説が論理的におかしい場合はさ，たとえばパーソナリティに関するいろんな仮説はそもそも論理的におかしいんだけど，それでデータ取っても無駄だってことなんだ。

有意だとか有意にならなかったことでしか
論文というか文章が書けない

> データ以前の仮説の客観性とか論理性みたいなものまでも統計によって証明されるんだと思ってるバカな世界があるのを悟ったね……

ところが，それに対してレフリーからこういうことを言われるわけ。

尾見 どういうこと？

渡邊 「仮説が論理的に間違っているんだったら，データを取ったらきっと統計的に否定されるだろう。だから心理学者は仮説が論理的に正しいかなんていうことは考えないで，仮説をどんどん提出して，データを取って検定していけば，論理的に間違った仮説は自然と淘汰されていくんじゃないか」っていうことを言われたんだよ。オレはこんな本末転倒なことはないと思って，そこにやっぱりはっきりとね，統計に依存するというか，それどころかデータ以前の仮説の客観性とか論理性みたいなものまでも統計によって証明されるんだと思ってるバカな世界があるのを悟ったね。そんなことだから血液型性格判断のデータが統計的に有意*50だったりするとアタフタするんだよ。

佐藤 まぁ，逆の実例みたいな話ですが，ぼくは某達心理学研究（笑）という学術誌の常任編集委員をしてたことがあるんだけれども，共分散構造分析が使われ始めた頃は，使ってる人が，使い方というか内容を間違えてることがあった。たとえば実際に測定した変数と構成概念の間の矢印の方向っていうのか因果の方向っていうのか，それを全く理解してないで逆に考えてる人がいたりしたわけですよ。でも，計算としてはできてるわけですね。ソフトを動かせれば計算はしてもらえるから。ただ，モデルの理解が違ってるから論文で言ってることが全然分からない。だから，ぼくが共分散構造分析の理解がこれこれこのように違ってるんだっていうふうに指摘して書き直してもらった。

渡邊 そんなの落とせば良かったのに（笑）。

佐藤 ホントは落としたかったけど他の２人のレフリーがほとんど手放し状態でホメてるのよ（笑）。本来なら２人が「採択」と言っていればそのまま掲載されてしまうのだけれども，それだけは勘弁してほしかったので，「修正再審査」にして，書き直してもらった。そして，再投稿されて再提出された論文を読んだら，他のレフリーもすごく分かりやすくなったって言ってきた。「それまでは自分の共分散構造分析の理解力が足りないんだと思ってました」みたいなことを言ってるのよ，他のレフリーが。こりゃダメだと思ったよ。

*50　一部の心理学者が統計的手法で血液型性格判断を否定しようとしたため，血液型性格判断賛成陣営も統計を勉強し始め，最近では実際に有意差の出る（つまり血液型と性格に関連があるという）データを提出しはじめている。また，彼らは心理学の統計用法の問題点（サンプリングの問題等）も理解するようになり，（血液型性格判断を批判している）心理学という学問のあり方に対してかなりまっとうな批判も出るようになってきた。これらのことに対し，最初のうちは積極的に批判の論陣を張っていた心理学者たちの多くは沈黙している。血液型性格判断に対しては心理学者がより原理的，理論的な批判を行なうことだけが有効なのだ。しかし反知性主義がそれを妨げている。

尾見　つまり，学会誌のレフリーのレベルでも，ソフト使って流行り初めの統計分析が行われていれば，認めてしまうってことですか？

佐藤　残念ながらそういうことがあった。端的に悔しいとは，統計手法を理解してないで使っても，使えばどうにかなるっていう風潮……。

渡邊　それをレフリーが読んでやっぱり理解できなくても，むずかしい統計やってれば手放しで誉められるわけだ。

佐藤　新しい統計さえやれば論文が通っちゃうっていうことだよね，個人的に悔しいことはね。もちろん，ぼくの理解なんて**教科書レベル**[*51]だけど，それすら理解していなくても計算することができて，その結果を使って論文を投稿できて，それが通りかねないっていう……。

尾見　ただやればいいっていうことはホントに罪でね。共分散構造分析のほんとのエキスパートっていうのは，共分散構造分析の正しい使い方を講習したりすることで，どんどん正しい使い方の方向に向けてるのかもしれないけれども，その一方で，エキスパートが予想もしなかったような間違った使い方が流行っていくってことになる場合もあるわけだよね。

渡邊　で，またその統計がどんどんむずかしくなるにつれてね，統計を完全に理解するのはむずかしくなって，ますます考えなくなるわけよ。せめて統計の方法についてきちんと考えてればまだマシだったけど，もうそうなると仮説についても考えない，使う統計についても考えない，とにかくデータと結果，データじゃないんだ，結果だね。結果だけが研究になっていく，どんどんさっき言った反知性主義が進んでいく。考える必要はないし，そもそも考えてもわからない，ていうふうに，勇気づけられないで「反勇気づけられる」（笑）。。。「**デ・エンカレッジメント**」[*52]（笑）されるっていうことがあるよね。

尾見　ある種の悪循環ですね。

渡邊　繰り返しになっちゃうけど，心理学は統計に依存する，統計がむずかしくなる，統計はみんなに理解されるものじゃない，そうすると，もともと統計以外には何も考えなくてもよくなっている。すると統計についても考えられないということは，「何も考えない研究」ってのがどんどん生産されていくでしょ。それで反知性主義はどんどん悪

[*51] 初期のすぐれた解説書として豊田・前田・柳井　1992　原因をさぐる統計学　講談社ブルーバックス，がある。

[*52] これは「反知性主義」を受けた単なることばの遊び。勇気づけられるの反対なのだ，ということ。

「デ・エンカレッジメント」される……　　　悪循環ですね

循環で拡大再生産されていくってこともあるよね。
佐藤 本来は，実証なんだからデータを取る部分を一番考えるべきなんだよね。で，その後どうするかってのはむしろ自動的に決めたらいいんだよ。そもそも，結果として出たデータの処理，それを「測定」って言ったりあるいは「方法論」なんて言ってるのは，まったく「**テントーホンマツ，シーハナハダ**」[*53]なんだと思う（笑）。ちなみに今言ったことは「本末転倒甚だしい」っていうことです。
尾見 まさに本当にそうです。
渡邊 オレが自分の論文とかでいってることはまさにそれでさ，何かを調べたい時に何をどういうふうに採ってどうデータにしたらいいのかってことが一番大事なんだよ。で，正しいテーマについて正しくとらえたデータっていうのは，統計がどうのこうのである以前に，意味があるわけでしょ。本来はそれを保障するためにオレたちは仮説を立ててデータを取る前に本当に考えなくちゃいけないのに，それを全然考えないで「ただとにかくデータを取れ」って話になるんだよ。何も考えないうちにデータを取らせるでしょ。卒論だってそうでしょ。仮説について考えたりさせる前に「まずデータを取れ」って話になるでしょ。
尾見 それで，もう1つ。もう1つっていうか，つまり統計に強い人は崇めたてまつられるわけですよね。そういうこともあって。心理学科や心理学専攻は文系学部に所属することは多いから，数学受験せずに数学が嫌いで大学に入っているわけだし。まあ，そういう人が頻度的に多いわけね，きっと。有意かもしんない，そういう意味では（笑）。だから，統計知ってる人は「けっこう大変だ」と言いながらも，なんて言うのかな，ステータス（地位）が高い。「自分の専門じゃないのにいろいろ教えなきゃならないからめんどくさい，時間かかる」と言いつつも，ステータスは高いという現状があって，その人たちは方法論をやっているっていうふうにまわりの人も見たり，自分も思ってたりするっていうことが心理学の現状としてあるように思われるんですが，いかがでしょう？
佐藤 それ自体を責めることはできないよ。むしろ面倒見の良い人が多いってことは言えるわけだし。フィールドワークやってる人なんてのは高踏派というか，他人には教えたがらない人が多かったりするし……。

[*53] われわれは一時期，業界語というか，逆さ言葉として，こういうコトバ遣いをしていた。渡邊がよく喋っていた代表的フレーズに「むいさでも　ルービたいのみ　せいじんしいきび」という川柳がある。意味は，寒いけれどビールを飲みたい，人生はきびしいなあ，ということである。

「テントーホンマツ，シーハナハダ」なんだと……

《方法論と方法，方法論と技術論》

渡邊 図（215頁の上の写真）を見ていただきたいんですけど，心理学の研究の流れを簡単に図にしてみるとだいたいこういうふうになると思うんだけれど。

佐藤 突然だなあ（……って図を描いてるのは見てたけど）。

渡邊 まず最初に，研究すべき〈問題〉ってものが立てられる，あるいは研究対象が決定される。次に（ぼくらの心理学ってのは実証的な研究，データをとるってところがアドバンテージなわけだけど），データをとるわけですよね。そこでそのデータをどうやってとるかっていう〈データのとり方〉ってものを考える。

尾見 だから，〈データのとり方〉，どんなデータをどのようにとれば，その問題や対象についての研究ができるかってことをそこで考えるわけですよね。

渡邊 それを考えた結果，その方法に基づいてデータを集める，で，集めたデータを〈処理〉するっていうことが行なわれるわけ。で，〈処理〉されたデータっていうのはそのまま〈考察〉とか，〈問題〉をデータをもとに考える原材料になるわけなんですね。この時には一般的に，この図式で考えると，この〈データのとり方〉，データの〈収集〉，データの〈処理〉，この3つを合わせたものが「方法」であるっていうことになると思います。かつ，この3つの関係っていうのは，前が決まらなければ後ろが絶対に決まらないはずなんだよね。〈データのとり方〉を決めないで〈収集〉をすることはできないし，取ってないデータを処理することはできないし，かつ，その〈データのとり方〉とか，〈問題〉や対象とデータとの関係ってものが明確になってなければ，〈処理〉ってものもできないわけ。で，取ったデータをもとに処理するっていうことがあるわけです。つまり，「方法」っていうのは〈データのとり方〉を考え，集め，処理するっていう3つのステップから成っていて，その中の重要度っていうのは，まぁ，〈データのとり方〉が最も重要だってことが言えると思います。

佐藤 で，大事というか問題なことは，処理のところがもうほとんどが統計だっていうことですね。

尾見 別に統計じゃなくてもいいんだけど，まぁ，処理って言っていいか解析って言っていいかわかんないけど，ま

〈問題〉から〈データのとり方〉について考えるのが方法論のメイン

討論中に大先生（渡邊）が筆記

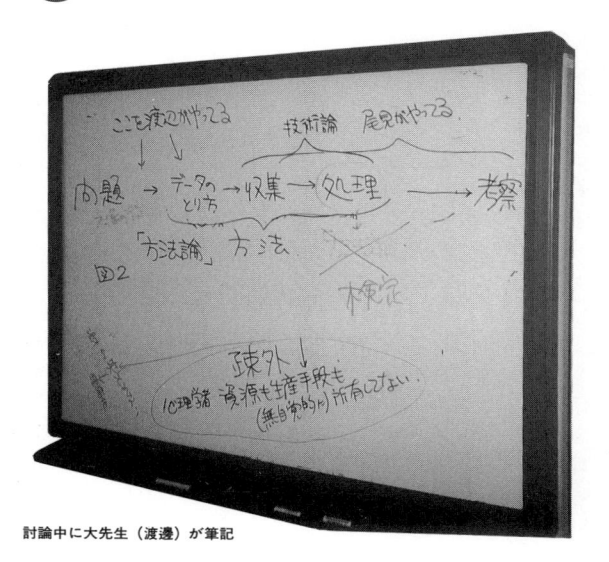

> イカの釣り方の話をしてたら「釣ったイカをなんで刺身にしないんですか」と言われるようなもんだね

ぁ，そういうことですね。で，逆に言うと，他のところは統計とはまったく無関係に進んでいくということがあります。おそらく，〈問題〉から〈データのとり方〉について考えるのが方法論のメインってわけでね。

佐藤 たとえば，ぼくらが取り組んでるようなフィールドワークであるとか，先に述べた定性的研究の実際なんていうのも，まさにこの〈問題〉，〈データのとり方〉の問題を意識してやってるわけですね。しかし，そういうことやっていて批判というか質問が出るのは，「なんで検定しないんですか？」っていうものだったりするんです。

渡邊 イカの釣り方の話をしてたら「釣ったイカをなんで刺身にしないんですか」と言われるようなもんだね。何なのかね，それは。

佐藤 いい喩えだね。「なんで検定しないのか」などという問いは，あるデータのとり方（方法論）に対応して初めて起こるような技法を，違う方法論に対してあてはめようとする点で間違ってる。だから，そんなことには答える必要すらないはずなんだ，本当は。ぼくらにとって必要なのは，フィールドワーク的なやり方をした場合に，ちゃんと発展していくような処理の仕方っていうのを洗練させるた

めの方法論の確立なわけ。そういうことこそをやらなきゃいけないのに，つまらない技術的批判をされるので，本来なすべきことが進んでいかない。

尾見 だからこそ，定性的研究の実際の一連発表をやってるわけですよね。

佐藤 その通り。

渡邊 今の話を補足すれば，統計っていうのは，心理学の方法全体の中でいえばごく一部の技術論にすぎないわけだよね。かつ，それはさっきも言ったように，技術論としての統計はデータのとり方とか，収集の仕方っていう方法論のもっと他の部分に従属するものであって，先行するものではないわけです。ただその統計を使えるかどうかっていうような話でデータの取り方を論ずるのはまったく理不尽。ナンセンス。

尾見 で，3人ともそうなんだけれども，特に〈問題〉から〈データのとり方〉へのパスについて非常に厳密にっていうか，もうちょっとよく考えようっていうのが心理学論の1つの大きな柱。

佐藤 そうです。

尾見 もちろん，心理学はこの図の全体を対象にはしているんだけど，特に処理のところに重きを置いてるような気がするんですけれど。いかがでしょう。

佐藤 技術論で一番大きいのには，検定とかがあるわけだ，事実として。要するに，今の尾見の話をつなげると，逆に現在は検定できることをしなきゃいけないんだよね。検定しなきゃいけない収集方法，データの取り方が推奨される。ついでに言うと，扱う問題も暗黙のうちに限られていたりする。やっぱり幽霊の研究なんかしちゃいけない。

渡邊 そんなの研究にならないってね。

佐藤 研究にならないって言われるのは，要するにこういう流れができないってことを言われているわけだよね。で，ほんとは問題があれば方法論的論議をして，扱えるようにすべきということですね。

尾見 O2 論文に引きつけて考えると，仮に心理学がすべて検定に基づくべきで，後戻り的に方法や問題を考えなければいけないとしても，実は検定の利用そのものがおかしかったと。心理学では検定をレトリックとしてしか使ってないということになってしまった。フィールドワークが未

> ほんとは問題があれば方法論的論議をして
> 扱えるようにすべきということです

熟だとかって批判されるけれども，従来型の方も相当もろいんだと。だからそれで，フィールドワークやる人が勇気づけられてくれれば，というのも変な言い方だけども。少なくとも「統計していないけど」とかって言いわけする必要はない，まったく憶することなく，未熟だろうがなんだろうがフィールドワークすればいいんだと，そういう意味も O2 には込められているんです。

佐藤 最近，ある理由で理系の人が書いた**重回帰分析***54 の論文を読んで評価せざるを得ないことがあって（笑），内緒だけど（笑）。こういう統計手法もホントにもう仮定がすごくいっぱいあるんだってことが良く分かった。そういう前提があるからこそ，重回帰分析なりなんなりを，数理的に研究している人はより良くしようとしてるわけです。でも，心理学をやってるとそういう仮定は全部目をつぶちゃってるわけでね。とりあえず，重回帰分析で処理できるようなデータをとればいいという風になっちゃう。それはやっぱりナンセンスだと思います。

*54 一太郎では重怪奇分析と変換された（笑）。従属変数Yのばらつきをp個の独立変数 x_1, x_2, ・・x_p によって説明したり予測するための統計的方法（有斐閣心理学辞典より）。

《常識的結論：自分でおもしろがれる研究を！！》

渡邊 つまりナンセンスなことが多すぎるっていうこと。それは語れば尽きないことなんだけど，もう1つ大事なことはね，心理学の研究をやるっていうときに，何が面白いのかってことなんだよ。ほんとはオレが自分の論文でも言いたいことは，心理学論の全体のテーマとも関わってくることだけども，ほんとに心理学ってものの面白さってのはね，どんな問題を立てて，どういう対象を選ぶのかで，そこで一生懸命頭を使ってどうやってデータを取るか決めて，自分で考えてデータの取り方を決める，データを集めて（まあもちろんここでも自分で考えてその処理の仕方を決めて），そこからまた自分で考えて考察するっていうね，その節目節目で自分で考えるってことが，心理学の研究の面白さっていうのを本来生み出していたはずなんだってことだんだよね。

佐藤 そうだ！

渡邊 それなのに，研究の中ではごくごく一部であるはずの方法論，そのまたごく一部の技術論，そのまたごく一部である検定ていうものが，そういう考えることを全て疎外して，考えさせなくしてしまう。で，検定が最重要である

> ごくごく一部であるはずの方法論，そのまたごく一部の技術論，そのまたごく一部である検定ていうものが，そういう考えることを全て疎外……

ような審査とか，業績のシステムの中で，検定さえできればってことが，このへんのデータの取り方というほんとの面白みを考えさせない構造ができてるってことが，問題で。それとオレたちは闘ってきたし，これからも闘っていくんだって，言ってんだー（叫びと爆笑と涙）。

尾見　だからとにかく，問題からデータの取り方で，研究が決まっちゃうんですね，逆に言うと。ここで，決まるんですよ。実験だろうが何だろうが，これ（データの取り方）で，もうなんて言うか，「やられた」と思うわけですよね，優れた研究に対しては。ここでもう後は見えるんですよ。どんな統計かけようが統計かけまいが，ここで結果は見えるんです。これで優れた研究ってのは決まっちゃうんじゃないかってのは，ぼくが常々思うことですね。だから，方法について統計屋さんが一生懸命処理についてやるのはそれはそれでいいんだけれども，ほんとはもっと問題からデータの取り方に至るプロセスについてもっと活発に議論することが心理学の方法を膨らますことにつながるし，心理学を膨らますことなんだ，ということなんです。

佐藤　ぼくらは要するに，何かと戦っているとしたら，面白い研究をしたいのに，それをさせないようなシステム，それと戦っている気がする。ぼくらは自分自身が関心をもった問題をなぜかスンナリとやらしてもらった感覚がないから，システムとぶつかってきたという経緯はあるわけだよね。

渡邊　で，その結果として，逆に，あきらめて妥協して他のことをやっちゃった人たちから，ある種ちょっと醒めた目で見られちゃったというのはあるよね。

佐藤　「達哉さんたちは研究面白そうでいいよね」なんて言われたりして……。でも，問題とデータの取り方の部分をちゃんと考えれば面白くなるんだよ。

渡邊　そうだ。もっといえばね，面白い方がいいに決まってるんだよ。面白くないのになんでやるんだよ。だから「大学の先生になりたいから」研究するとか「就職できたから研究はちょっと休む」とかバカなこと言うわけよ。みんな大学の先生になることだけを頼りにやるしかなくて，業績を作って論文何本あればみたいなことになって。

尾見　だから，「就職できない」と言われるとシュンとしちゃう。

問題とデータの取り方の部分をちゃんと考えれば面白くなる……

渡邊 すべては結局，問題を立ててデータの取り方を考えたり，ほんとの方法論を考える楽しみをオレたちが奪われているっていうことなんだよ。オレたちは結局何をやったかって言うと，奪われてしまった心理学研究を，研究のほんとの楽しみを，自分たちの手の中へ取り戻そうということをやってきたわけでしょ。

佐藤 それが，心理学論ということになるわけだよね。

尾見 繰り返しになっちゃうかもしれないけど，結局，統計をかけること，検定をかけることが心理学だっていうことによって，逆にここ（問題とデータの取り方の部分）が絞られてきちゃった，心理学が非常に矮小化されてきたってことが現状としてはあって，それを広げようと，心理学のありようを。それが目標で，これから私たちが心理学論をやることによって，開けていければいいね，ということがあるわけですよね。

渡邊 つまり，結局面白そうだったら何研究したっていいわけよ。さっき達哉も言ったことだけど，面白そうなことがあって，それを研究したかったらどうやったら研究できるか方法論を考えるんでしょ。それが研究ってものだよね。

佐藤 そのとーり。

渡邊 それがさっきも何度も言ってるその方法論のごく一部である技術論，技術論のごく一部である統計ってのがやたら偉くなってしまって，それによって全部が押さえつけられるようなことになってる，ということをなんとかぶち壊して先に進んでいかなくてはいけない。

佐藤 筑波大の心理学史の授業*55で言ったんだけども，検定なら検定って言う技術がね，席巻したっていうかこん

*55 1999年度集中講義。講義科目名は「心理学史」。

統計をかけること，検定をかけることが心理学だっていう……

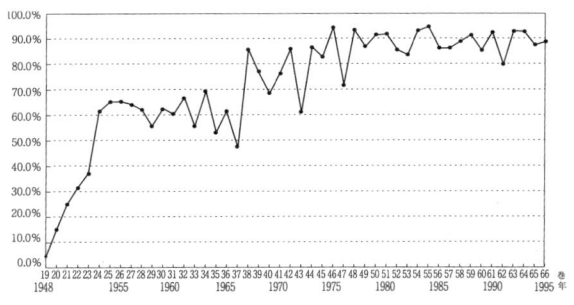

「心理学研究」における検定利用率の歴史（戦後）（尾見，1997）

*56 尾見康博 1997 研究法の変遷 佐藤・溝口[編]通史 日本の心理学 第Ⅴ部1章455ページのグラフより引用。

*57 著者らは1987年頃から心理学の知識や歴史を題材にした漫才をコンビあるいはトリオで演じ始め、研究室の行事、結婚式、はては学会の懇親会などでも披露して盛んにヒンシュクを買った。代表的ネタに「もしも結婚相手が心理学者だったら」などがある。

*58 著者らは1989年頃から2年間ほど、目黒の旧都立大キャンパス近くのスナック「ポパイ」に通い詰めてカラオケを楽しんでいた。替え歌はその中で生まれたんだと思う。尾崎 豊の歌などはすぐに、心理学徒の心情を歌った歌になってしまったりする。
♪検定して一体なに分かるというのか?
　有意差の他に何が残るというのか?
　人は誰も因果を求めるかよわき子羊ならば
　心理学者はかよわき大人の代弁者なのか?
というのが最初に作ったフレーズ。この他の歌を知りたい人は私たちをカラオケに誘ってください。

なに強く(使うように)言われるようになったのはいつなのかって言ったらば、**尾見大先生の研究***56があるんだけども(219ページのグラフ)、せいぜいこの十数年。『心理学研究』の中で検定使用論文の割合を調べてみたけども90%を超えたのはこの20年くらいだとかね。そういうことを知ることによって、ぼくらは「検定使用の言説」それ自体を疑うこともできたし、こっちはこっちで違う方法でうまくやっていこう、というふうになってきたわけですね。

渡邊 調べることが大事だね。

佐藤 だから漠然とおかしいと思って調べて考えてきたことが、結局一周して自分たちとか心理学を面白くやっていくってことに直に結びついてきたのがこの10年だよね。

尾見 そういうことね。

渡邊 なんでこんな研究やこんなことをずっとやってきたのか、結局それが研究の面白さを取り戻していくっていう実感がだんだんいろんな意味で強まってきたのがこの10年だっていうことが言えますよね。ぼくらがこういうことをやって、現実にフィールドワークだとか、質的方法の問題なんかで言えば、かなり取り戻した部分があるわけだよね。オレたちがやったっていうと、おこがましいけど、オレたちのこれがもとになって、そういうところが広がっていったっていう実感が今もうあるよね。これからはもっともっと、問題や対象に応じた、興味に応じた方法論というのをもっと自由に、もっと若い人の、20代の人たち、修論のレベルとか卒論のレベルでも、それを考えていけるような雰囲気とさ、あとはもちろん、教育のシステム。だから、これからぼくらが問題にしていかなくちゃいけないテーマの1つっていうのは、やっぱり心理学教育のありかただと思うんだよね。

佐藤 うん。

渡邊 それはこれからドンドンまた論じていかなくちゃいけない。現実にみんな教育に携わる立場になったわけだしさ。

佐藤 ちょっと関係のないことですが、ぼくらが**心理学漫才***57をやってたってことね。**漫才・替え歌***58ってのをやっていたぼくらが、自分たちの感じている違和感をどうすれば自分たちのエネルギーにできるのかっていうときに、人に対してまぁ、意見を言うってのと、漫才・替え歌をつ

自分たちの感じている違和感をどうすれば自分たちのエネルギーにできるのか……

くってやるっていうのと，論文を書くのと（笑）。さらには『通史　日本の心理学』をつくって歴史をやるのと。これらは全部つながってるんだよね（笑）。人には分かんないかもしれないけど。でも，その時々でできることをやってきたっていうのはあるね。
尾見　達哉さんの場合は本当につながってるって感じがしますね。
渡邊　要は，面白くやるってこと。研究でも漫才でも自分でやってて面白いってことだよね。で，そのおもしろさの質が全部つながってるんだよね。
佐藤　うん，そうそう。
渡邊　つまんないことをわざわざやる必要なんかないんだよ。もともとは問題が不明確だったものを書く・話すってことのなかで明確にしてきたのがこの10年だけど，その10年の意義というのが，今日こうやって話すことによって確認されるっていうのは，まさにサイコロジー・イン・アクションだね。
尾見　アクション！
渡邊　動いていくことで，未来が決まっていく。なんて楽観的な人生観なんだろうと思いますが（笑），今日*59は大変ありがとうございました**（拍手）***60。

> つまんないことをわざわざやる必要なんかないんだよ。

*59　実際には2日間（1999年8月31日，9月1日）に分けて鼎談を行なっている。鼎談にあたっては，福島大学地域政策科学研究科（社会心理学専攻）・鈴木　実，福島大学行政社会学部（社会心理学演習）・阿部映子，齋藤久美子，各氏の協力を得た。特に，阿部映子が初日の座談会のようすを録音しているそばからその日のうちにテープ起こし（ワープロ入力）して，メール送信したことは編集・関　一明氏の度肝を抜いた（と思う）し，作業の上で大変有効だった。

*60　拍手をしているのは上記協力者である。なお，最初に行なった鼎談（本書Vページ参照）の際には野崎瑞樹氏の協力を得ている。

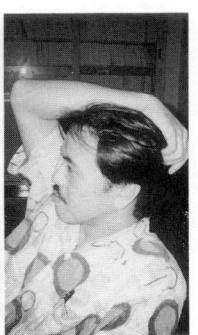

サイコロジー・イン・アクション!!

[心理学論，21世紀へつづく]

あとがき

　心理学論という題名の本が出るとは．
　10年前には想像もつかなかった，自分たちでも．
　だがしかし．
　現に出版されている．
　哲学という語が現れる前である江戸時代には哲学的思考はあっても哲学はなかった，「哲学という語が現れてこそ哲学が生まれたのである」という議論がある．
　それと同じように，心理学論，という語が作られたことで展開していくことはあると信じたい．
　この本にあとがきをつけるのは屋上屋を重ねるようなものではあるが，「あとがき」から読む人の楽しみを奪わないために，「あとがき」をつけてみたりする．私たちのこの本への思いは，渡邊が「まえがき」，尾見が「なかがき」で書いているので，佐藤は「あとがき」担当なのである．
　私たちが自慢できることが1つある．
　それは，迷惑をかけてきた人の人数である．公的・私的，限りない．願わくば，こういう新しい「心理学論」という語を冠した本を出版したことで許してもらえれば，とムシのいいことを考えている．
　そんなわけだからモチロン，この本が私たちだけの力でできたものだとは思っていない．本来ならひとりひとりお名まえをあげて感謝の意を表したいが，そのようなことをしたら本がもう1冊できてしまうので，限られた人たちにのみ謝辞をささげたい．
　まず，㈶加藤義明先生（元東京都立大学教授）と詫摩武俊先生（東京都立大学名誉教授・東京国際大学教授）．㈶加藤先生は渡邊の大学院時代の指導教官であり，尾見の大学院修士課程2年以後の指導教官である．詫摩先生は，佐藤の大学院時代の指導教官であり，尾見の大学院修士課程1年までの指導教官で

ある。私たちはこのお2人に育てられた。直接的な指導は言うに及ばず，お2人の先生方が培っていた「東京都立大学心理学研究室の文化」が私たちを育ててくれたことは見やすい。ホームグランドが安定していたからこそ，いろいろ「カゲキ」と見えることをやってこれたのだと，今になって思える。その意味で私たちは，故加藤先生，詫摩先生の手のひらの上で走り回る孫悟空のようなものだったと言えるのかもしれない。孫悟空ぐらいの活躍をしていると両先生が認めてくれることを願うだけである。

　次に，この文化を共有した東京都立大学心理学研究室の先輩・後輩の方々。ここではあえて菅原健介さん（元東京都立大学助手，現聖心女子大学助教授）の名まえをあげて感謝の意を表したい（迷惑かもしれないけど・・）。というのも，健介さんは私たちカゲキな後輩に対して，時には真摯に時には厳しく，そしていつもはおおらかに接してくれていたからである。特に渡邊・佐藤に対して「あなたたちは早く別れなさい。連名論文なんて書いてちゃだめだ」という檄を飛ばしていたことが思い起こされる。この言は結果的に私たちの行く末を予言していたからである。尾見も含めて私たち3人がそれぞれ居場所を確保した後で今回の収録論文が執筆されたことを考えれば，まさに予言は当たっていたと言える。また，次のページの図に示すようなチャートは健介さんが作ったものだが，私たちの議論を真剣に受け止めつつも楽しみに変えていくような当時の東京都立大学心理学研究室の文化を示すものとして，ここに掲載しておきたい。

　さらにもうひとり，大村政男先生（日本大学名誉教授・文京女子大学客員教授）。出身大学も年齢も違う私たちに対してエールを送っていただいている方は多いが，「都立の大学院生たちは盆栽みたいに針金をまかれていない」という大村先生の言葉を私たちは最大のホメ言葉として受け止めている。その一方で「渡邊たちは性格は変わると言ってるくせに10年間同じことを言っている」というイジワルに身を焦がしてもいる。

　鼎談部分でお名まえをあげさせていただいた方々にもあらためてお名まえをあげはしないがここで深く感謝したい。

　さて，心理学論という言葉を造語しての展開については，佐藤が赴任した福島大学行政社会学部の同僚たちに感謝したい。「社会福祉とは何か」を研究す

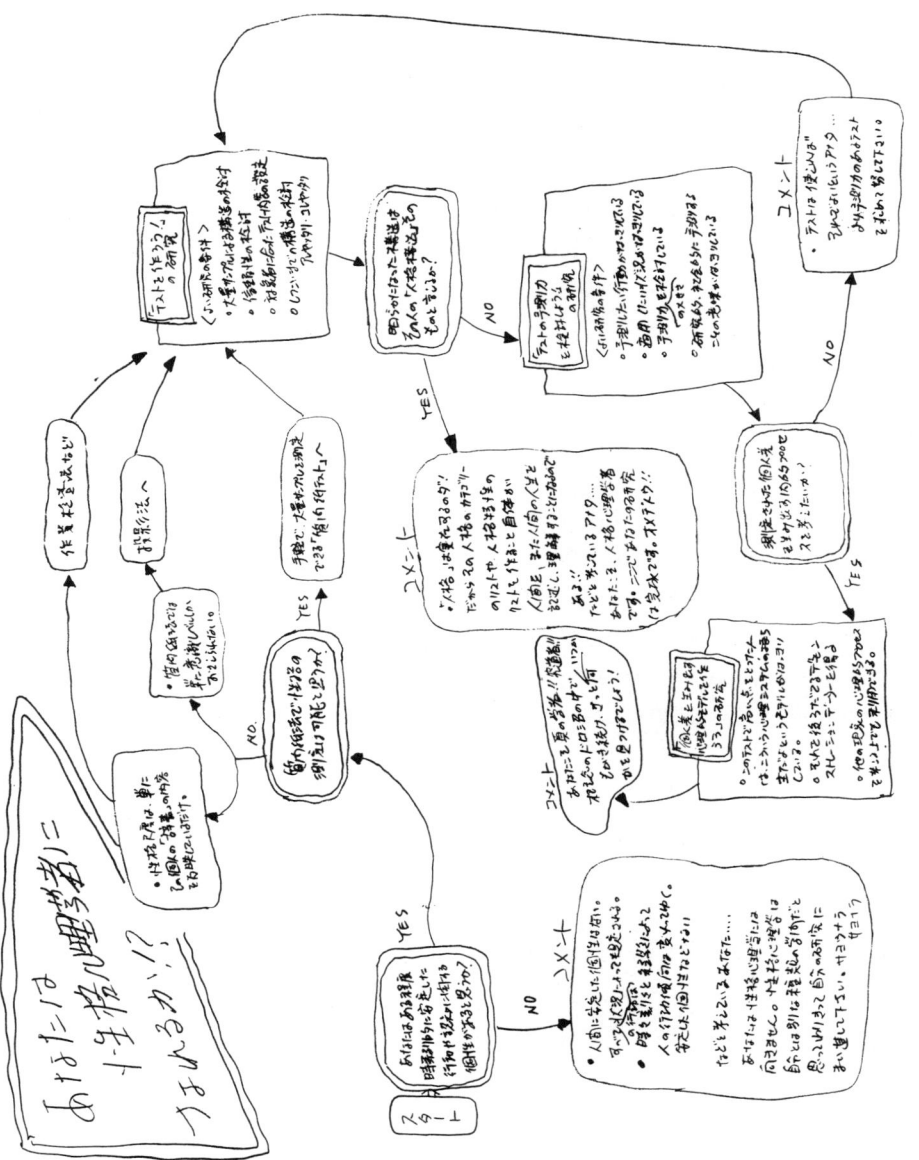

図 「性格心理学者になれるか」チャート

る姿勢（藤松素子さん＝現在仏教大学），「生活文化論（へ）の挑戦」というカッコつきの論文表題をつける姿勢（高橋準さん＝福島大学），法学に心理学の知見を導入しようとする姿勢（菅原郁夫さん＝現在千葉大学），その他諸々。そういった姿勢には本当に啓発されたし，これらに接しなければおそらく今回のようなネーミングの本は誕生しなかっただろうと思う。

　また，3人に教わっている（教わった）学生・院生・後輩のみなさん。私たちのような者が先輩・助手・教師として生活できるだけでも自分たちにとっては幸せだと言えるのに，今回の本に関しても私たちに対してさまざまな援助と勇気を与えてもらった。

　言いたいことを言っている，やりたいことをやっている，そして敵の多い（？）私たちのような者を「先輩」「先生」と呼んでくれる人たちがいることは，気恥ずかしいことではあるが本当に嬉しいことだし，私たちのパワーの源泉でもある。自分たちの恩師が私たちに接してくれたようにすることはできていないだろうし，普段はお礼など言えないが，ここで改めて「ありがとう」と言わせてほしい。教師・先輩が不良だと学生・後輩は苦労すると思うし・・・。

　特に，本書刊行にあたって鼎談につきあって写真をとったり，テープ起こしをしたり，草稿を読んだりしてくれた皆さんの名まえをあげて謝意を表したい（敬称略・順不同）。野下可奈巳，渡部宏，厚海和子，萩原俊彦，西川公平，鈴木実，高橋千枝，斎藤久美子，亀井美弥子，阿部映子，野崎瑞樹。

　最後の最後に北大路書房の関一明さん。『通史　日本の心理学』（1997年刊）の執筆の機会を作っていただいた上に，今回のような論文集＋鼎談という破天荒な本を出すことにゴーサインを出してくれた。また，2度も合宿につきあっていただいた。この本が出るまでには，構成合宿，鼎談1，鼎談2，鼎談3，校正合宿という大河ドラマのようなプロセスがあったのだが，最初と最後の合宿におつきあいいただいたわけである（本書に収録しているのは鼎談2の記録である。なお，これはライブ版であってライブそのものではない）。著者と編集者の間には日常的にもメールのやりとりがあり，おそらく500通くらいのメールがとびかったと思われる。私たちの鼎談記録や論文集に何らかの秩序が存在するとしたらそれは関さんのおかげである。写真付きの「吹き出し」を付け

るアイディアは関さんのものであり，この本の特徴を作ってもらって私たちも喜んでいる。

　私たちは，3人の過去・現在において関係を形づくっている全ての人たちに感謝の意を表したいと思っている。だがそれ以上に，未来において，この本をきっかけにネットワークができていけば良いと思っている。鼎談3の内容はテープにとってあるがまだ公表されていない。いつか公表したい。つまり，心理学論をこの本だけで終わらせるのではなく，展開するように私たちもがんばりたいと思っている。読んだ感想は私たちのうちの誰かにメールなどで送ってもらえればと思う（著者紹介欄参照）。

"あとがき"担当　サトウタツヤ

　　追記：まったく個人的なことだが，自分の誕生日にこのような本が出版されるのは望外の喜びである。そういうことが人生のうちに一度くらいあっても許してほしい。次は渡邊・尾見のどちらかの誕生日に本を出そう！結局3巻本かな＞関さん。

収録論文初出一覧

●渡邊論文1 [W1]
渡邊芳之　1995年　心理学における構成概念と説明
『北海道医療大学看護福祉学部紀要』No. 2　pp.81-87.

●渡邊論文2 [W2]
渡邊芳之　1996年　心理学的測定と構成概念
『北海道医療大学看護福祉学部紀要』No. 3　pp.125-132.

●渡邊論文3 [W3]
渡邊芳之　1997年　メタファーとしての「こころ」～心的概念が意味しているもの
『北海道医療大学看護福祉学部紀要』No. 4　pp.75-82.

●尾見論文1 [O1]
尾見康博・川野健治　1994年　人びとの生活を記述する心理学
　　　　　　　　　　　　　　　　——もうひとつの方法論をめぐって
『東京都立大学心理学研究』No. 4　pp.11-18.

●尾見論文2 [O2]
尾見康博・川野健治　1996年　納得の基準——心理学者がしていること
東京都立大学人文学部『人文学報』No.269　pp.31-45.

●尾見論文3 [O3]
尾見康博　1998年　フィールドワーク，現場（フィールド），心理学
東京都立大学人文学部『人文学報』No.288　pp.101-114.

●佐藤論文1 [S1]
佐藤達哉・尾見康博　1996年　心理学論（へ）の挑戦
福島大学行政社会学会『行政社会論集』第9巻第1号　pp.109-131.

●佐藤論文2 [S2]
佐藤達哉　1997年　わが国心理学界における学会誌の論文査読のあり方を巡って
　　　　　　　　　　　　　　　　——心理学論（へ）の挑戦（2）
東京都立大学人文学部『人文学報』No.278　pp.123-141.

●佐藤論文3 [S3]
佐藤達哉　1998年　進展する「心理学と社会の関係」モード論からみた心理学
　　　　　　　　　　　　　　　　——心理学論（へ）の挑戦（3）
東京都立大学人文学部『人文学報』No.288　pp.153-177.

【著者紹介】

サトウタツヤ（佐藤達哉）
- 1962年　神奈川県に生まれる
  東京都立大学人文学部卒，東京都立大学大学院博士課程中退
  東京都立大学助手を経て
- 1994年より　福島大学行政社会学部助教授
  （1997年度東京大学文学部心理学研究室に内地留学）
- 専　攻　社会心理学，心理学論
- 著　書　『通史 日本の心理学』（北大路書房），『知能指数』（講談社）など
- 趣味は，「心理学替え歌作り」
- モットーは「楽をするための努力を惜しんではならない」
  　　　　「ゆるやかなネットワーク，軽やかなフットワーク」
- e-mail:a096@ipc.fukushima-u.ac.jp

渡邊芳之（わたなべよしゆき）
- 1962年　新潟県に生まれる
  東洋大学社会学部卒，東京都立大学大学院博士課程満期退学
  信州大学助手，北海道医療大学講師を経て
- 1999年より　帯広畜産大学畜産学部助教授
- 専　攻　性格心理学，心理学論
- 著　書　『性格は変わる，変えられる』（自由国民社），『図説心理学のことが面白いほどわかる本』（中経出版）など
- 趣味は，古いレコードや古いマッキントッシュなど古いもの集め
- モットーは「リアルな現状認識とポジティブな将来展望」
- e-mail:ynabe@obihiro.ac.jp

尾見康博（おみやすひろ）
- 1967年　茨城県に生まれる
  東京都立大学人文学部卒，東京都立大学大学院博士課程中退
  東京都立大学助手を経て
- 1998年より　山梨大学教育人間科学部講師
- 専　攻　心理学論，社会心理学
- 著　書　『性格研究の技法』（福村出版），『通史 日本の心理学』（北大路書房）など（いずれも分担執筆）
- 趣味は，旅でしょ，スキューバダイビングでしょ，テニスでしょ，スキーでしょ，といいたいけど，家事と育児に追われてほとんどしてない。
- モットーは「『見るからに学者，いかにも学者』にならない！」
- e-mail:omiyas@edu.yamanashi.ac.jp

心理学論の誕生　「心理学」のフィールドワーク	
2000年6月20日　初版第1刷印刷 2000年6月27日　初版第1刷発行	定価はカバーに表示 してあります。

著　者	サトウタツヤ 渡　邊　芳　之 尾　見　康　博
発　行　者	丸　山　一　夫
発　行　所	㈱北大路書房

〒603-8303 京都市北区紫野十二坊町12-8
　　　　　電　話　(075) 4 3 1 ― 0 3 6 1㈹
　　　　　FAX　(075) 4 3 1 ― 9 3 9 3
　　　　　振　替　01050-4-2083

©2000　印刷/製本　㈱亜細亜印刷
検印省略　落丁・乱丁はお取り替えいたします。

ISBN4-7628-2187-X　　　　Printed in Japan